Theodor Lessing

Geschichte als Sinngebung des Sinnlosen

Theodor Lessing

Geschichte als Sinngebung des Sinnlosen

ISBN/EAN: 9783955641122

Auflage: 1

Erscheinungsjahr: 2013

Erscheinungsort: Bremen, Deutschland

EHV
HISTORY

Geschichte als Sinngebung des Sinnlosen

Von

Theodor Lessing

Zweite, unveränderte Auflage

C. H. Beck'sche Verlagsbuchhandlung Oskar Beck
München 1921

ἔστι δε πίστις ἐλπιζομένων ὑπόστασις

*

‚Überhaupt vergiß eines nie, daß du nicht in der Absicht, von deinen Zeitgenossen gelobt und geehrt zu werden, sondern mit stetem Hinblick auf alle kommenden Geschlechter der Menschheit schreiben sollst. Von diesen erwarte *den* Lohn für dein Werk, daß man einst von dir sage: Da war nun doch *einer*, von freier Seele und fern von aller zeitdienerischen Knechtschaft, ein Mann, der sich nicht scheute, in allen Stücken die Wahrheit ohne Rückhalt zu sagen. Ein solches Zeugnis wird der Edeldenkende hoch über alle Vorteile stellen, welche er sich von der Gegenwart hätte verschaffen *können* und die ja doch nur von recht kurzer Dauer sind.‘

Lukian, ‚Wie soll man Geschichte schreiben‘, c. 61.

Inhaltsverzeichnis

Geschichte als Wirklichkeit

Geschichte als Ideal

Geschichte als Wirklichkeit

„Lasset nichts unversucht, denn nichts geschieht von selbst, sondern alles pflegt vom Menschen her zu geschehen."

Herodot VII c 9, 3.

Die Vorhalle.

§ 1. Der Scheingegensatz: Natur und Geschichte.

Seit Herodot, der Vater der Geschichte, seines Volkes Chronik im Glauben an Gerechtigkeit schrieb, jenem Glauben, der geneigt macht, das Bewährte gut, das Unterliegende schlecht zu nennen, ist immer und immer wieder dieser fromme Wahn verkündet worden, daß Geschichte Vernunft und Sinn, Fortschritt und Gerechtigkeit wiederspiegele. Und zwar wirklichen Fortschritt, wirkliche Gerechtigkeit, Vernunft und Sinn als wirkliche Befunde einer unmittelbar gegebenen Wirklichkeit dieses unseres Menschenlebens. Keineswegs aber nur als Unterschiebung oder Unterstellung einer vom Geschichte Schreibenden nachträglich zurechtgebogenen oder gar vom Ich erdichteten Wirklichkeit.

Das eben (so meinte man) beweise ja den Unterschied von Geschichte und Naturwissenschaft: Naturwissen erdichte fiktive Wirklichkeiten, wie z. B. die Atome, Monaden, Naturkräfte und zuletzt die mathematischen Definitionen der Mechanik. Geschichte hingegen offenbare eine ganz unmittelbare Beziehung zu dem, was lebt. Die Naturwissenschaft freilich sei wohl nur menschliche Gedankentat. Sie enthalte notwendige Unterstellungen, Arbeitshypothesen, Entschlossenheitsstandpunkte, Definitionen als Mittel und Mittelchen, mit deren Hilfe der Mensch das an sich unausmeßbare Leben bändigen, gewältigen, entwirken, übermächtigen könne. Geschichte dagegen schaffe und setze keine Wirklichkeiten, sondern spiegele die eine, die wahre, echte, eigentliche, unmittelbar gegebene Wirklichkeit. Geschichte sei daher das Leben selber, wenigstens in dem Sinn, in welchem Fichte, Schelling und Hegel Geschichte als ‚Einheit des Weltgeschehens‘ definierten und abgrenzen zu können wähnten vom ‚bloß Historischen‘ als von der Beschreibung oder Erzählung gelegentlicher Einzelgeschehnisse in Raum und Zeit.

Zahllose Geister hielten und halten seither an diesem Wahne fest, die Inhalte der Geschichte seien wirklicher oder doch in einem anderen Sinne wirklich als Inhalte der Naturwissenschaft. Ja neuere Schulen der Philosophen (gegen die ich frondieren muß) haben die ‚Naturwissenschaften' und die 'Geisteswissenschaften' (und zu diesen soll auch Geschichte gehören) auseinander gerissen, in der Art, daß nur den Geisteswissenschaften die Fähigkeit zuerkannt wird, die 'Innenseite' des Lebens zu offenbaren, während Naturwissen, kraftsparend-pragmatisch und bloß Symbole schaffend, über das Leben orientieren müsse. Daher verzichte denn freilich Geschichte (handle es sich nun um Kriegs-, Staats-, Literatur-, Kultur- oder Philosophiegeschichte) auf die strenge Methode einer exakten Wissenschaft. Sie schildere, sie reproduziere Wirklichkeit unter dem Gesichtspunkt des Wertes. Dennoch aber dürfe diese recht eigentlich nicht-exakte Wissenschaft behaupten, das Leben unmittelbarer einzufangen, dem Wirklichen näher zu stehen und aus viel wärmerer Teilhabe das Wirklich-Seiende wiederzugeben, als z. B. die Atomformeln der Strukturchemie, physikalische Formeln über Energieumsetzung, generelle Gesetzmäßigkeiten der Biologie oder Verallgemeinerungen der Psychologie je vermöchten. Die Historiker erkennen freilich willig an, daß sie (in bestimmtem Sinn) 'subjektiver' sind als Naturforscher, weil man menschliche Wertgefühle und Wertvorurteile aus der Geschichte nie hinauswerfen könne. Anders als in der Naturwissenschaft! Denn es hätte ja freilich keinen Sinn, z. B. eine preußische, katholische oder buddhistische Zoologie zu schreiben. Dagegen müsse Geschichte durchaus auf Grund solcher a priori Sinn gebender Willenschaften geschrieben werden. Diese Willensbeteiligung wird von jedem besonnenen Geschichteschreiber zugestanden. Dennoch erhebt der Geschichteschreiber den Anspruch, etwas Wirkliches zu bieten. Ja, er behauptet sogar recht eigentlich die Wirklichkeit, unmittelbar und ohne Umschweif für künftige Geschlechter aufzubewahren. 'Geschichte ist die Wirklichkeit selber', sagt Leopold v. Ranke, und seine Nachfolge, in Deutschland zahllos, glaubt auch heute, daß 'historische Wirklichkeit sinnvolle Folgen am Faden der Kausalität aufreihe und im Verlaufe der Ereignisse eine natürliche, ja eine göttliche Vernunft offenbare'. . . .

Bekenne ich vorweg, Geschichte weder für Wirklichkeit noch für Wissenschaft zu halten, so kann man solche Skepsis schon auf der Schwelle billig ablehnen: ihr ermangele wohl 'der Sinn für das Wirkliche'; ihr fehle wohl 'die Anschauung von Realitäten'; sie habe wohl nicht dasjenige ‚Organ‘, welches besonders häufig bei Europäern in staatlichen Berufen und mit akademischen Titeln sich vorfindet und ‚historischer Sinn‘, ‚politischer Geist‘, ‚geschichtliches Organ‘ genannt wird (vergleichbar dem wohlbekannten ‚metaphysischen Sinn‘ und ‚religiösen Organ‘, auf welche seine Pächter als auf die Quelle ihrer weit tieferen Einsichten sich berufen). Entgegne ich aber, der Besitz dieses ‚Organs‘ stamme aus dem Mangel, — aus Mangel des Sinnes für Wert, aus Mangel an sittlichem Trotz gegen das Notwendige, so wären wir in das alte, ganz trostlose Karussell hineingeraten. ‚Pragmatiker‘ schimpfen auf ‚Vernünftler‘; ‚Aprioriker‘ lächeln vornehm über ‚bloße Empirie‘. Was aber fruchten alle solche Streitereien? Wen förderten je die Kämpfe der Schulen?

Ich habe im folgenden das allen gemeinsame Gebiet der Erkenntniskritik aufzusuchen, um dieser die Frage vorzulegen: Was bedeutet Wirklichkeit, Fortschritt, Entwicklung, Sinn, Vernunft in der Geschichte? ... Ich wünsche den ersten entschiedenen Versuch zu einer historischen Kategorienlehre darzubieten.

§ 2. Leben, Wirklichkeit, Wahrheit.

(vitalité, réalité, vérité.)

Nennen wir die Geschichte ‚Wirklichkeitswissenschaft‘, so wird selbst der naivste Geschichtsgläubige das Wort Wirklichkeit nicht in dem Sinne auffassen, als ob die Wissenschaft der Geschichte das absolute lebendige Urelement des Lebens selber unmittelbar wiederspiegele, da ja schon der Stoff aller Geschichtswissenschaft das sogenannte historische Leben eine bearbeitete Wirklichkeit, nämlich den Wirklichkeit genannten Inhalt menschlichen Bewußtseins darbietet; somit also die Anschauungs- und Bewußtseinsformen wo nicht menschlichen, so doch sicher ‚des Bewußtseins überhaupt‘ schon voraussetzt, indem Bewußtsein selber mitsamt seiner ganzen Welt und Wirklichkeit eben nur *eine* Art Darlebung des lebendigen Elements ist.

Und wie wir die Welt des Bewußtseins, als welche allein Gegenstand von Geschichte ist, vom ‚Leben an sich‘ abgrenzen, so müssen wir nach einer anderen Seite hin diese unsere Wirklichkeit auch gegen die Sphäre Wahrheit abgrenzen.

Auch der naivste Geschichtsgläubige, der ‚nur Wirkliches für wahr hält‘, wird nicht wähnen, daß eine historische Feststellung in dem

Sinne ‚wahr‘ sein könne, in welchem mathematische Anschauungen oder rein rationale Erkenntnisse wie bloß logomathische, begriffsanalytische, gegenstandstheoretische Feststellungen eben ‚wahr‘ sind. Geschichte hat in der Tat nur mit Wirklichkeit zu tun. Wahrheit aber ist eine normative Sphäre zur Beurteilung oder Auswertung von Wirklichkeiten; also nicht aus Wirklichkeit ableitbar und nicht auf Wirkliches zurückzuführen. Was die Bücher der Geschichte enthalten und überliefern, das ist Leben im Spiegel bewußten Wollens; also weder Element des Ansich-Lebendigen, noch auch wahr in zeitlosem Sinne. Geschichte ist zeitliche Wirklichkeit und wie jeglicher Bewußtseinsinhalt eben auch aktiv gestaltet durch jene Kategorien, ohne die Bewußtseinsinhalt überhaupt nicht da wäre: durch die Formen des Zusammenhangs in der Zeit, des Fortschreitens, der Bewegung, worin ein ‚historisches Subjekt‘ als Träger der Geschichte sich selber hat, hält und erhält. Keineswegs aber wird durch Geschichte ein verborgener Sinn, ein Kausalzusammenhang, eine Entwicklung in der Zeit per se offenbar; sondern Geschichte ist Geschichteschreibung, das heißt die Stiftung dieses Sinnes, die Setzung dieses Kausalzusammenhangs, die Erfindung dieser Entwicklung. Sie vorfindet nicht den Sinn der Welt; sie gibt ihn.[1]

[1] Für die Terminologie erwächst Schwierigkeit daraus, daß die Sprache keine Begriffe darbietet, mittels deren man eindeutig einmal das Unmittelbar-Lebendige vom bloß Bewußtseins-Wirklichen und sodann innerhalb des Bewußtseins-Wirklichen historische Wirklichkeit von ‚Wirklichkeit‘ der Naturwissenschaft unterscheiden kann. Meine Leser müssen dreierlei festhalten. 1. Alles, was der Mensch ‚wirklich‘ und ‚Wirklichkeit‘ nennt, ist nicht unmittelbar lebendig, sondern ist ‚Feststellung‘ und somit Geschichte gewordenes, d. h. mechanistisches, in das Lebenselement eingebautes Leben. 2. Der Leser hat sich vor dem liederlichen Sprachgebrauch zu hüten, ‚wirklich‘ im Sinn von bündig, sicher, wahr zu gebrauchen, wie es in nahezu der gesamten modernen philosophischen Literatur (z. B. fortdauernd bei Lipps, Külpe, Simmel, Rickert, Bergson) geschieht. 3. Ich bezeichne das unmittelbare, nur zu erlebende, aber nie bewußt zu ‚erfassende‘ Lebenselement als das Vorbewußte. Dieses ‚Vorbewußte‘ darf aber nicht mit dem ‚Transzendentalen‘ der deutschen, kritischen Philosophie verwechselt oder untermengt werden. Diese nennt das Bewußtseinsformale (also: Anschauungsformen, Kategorien, Ideen) vorbewußt.

Erstes Buch.

Erkenntniskritik der Geschichte.

„Großer Dünkel und allgemeine Begriffe sind immer auf dem Wege, das größte Unheil in der Welt anzurichten."
Goethe.

§ 3. Was ist Geschichte?

Was ist Geschichte? Das deutsche Wort Geschichte, von Geschehen kommend, und das lateinische historia, von dem griechischen ἱστορέομαι = erfragen abgeleitet, scheinen darauf hinzuweisen, daß die ‚Feststellung aller Vorkommnisse in der Zeit' die Aufgabe der Geschichtswissenschaft sei. Indes wird niemand bezweifeln, daß es nicht Geschichte ist, wenn ich z. B. feststelle, daß heute in der Morgenfrühe eine Spinne über meine Hand lief, daß Punkt sieben Uhr der erste Regentropfen fiel und daß soeben eine große blaue Wolke über den Himmel zog. Und zwar wird jedermann sagen, daß solche Feststellungen darum nicht Geschichte seien, weil sie keinerlei Belang (Interesse) böten, daß sie andrerseits aber wohl Geschichte werden könnten, wenn sie im Zusammenhang von ‚Schicksalen' eine Stelle hätten und in diesem Zusammenhange ‚bestimmte Rollen' spielen. In dieser Einsicht aber liegt schon der Hinweis auf die Schiefheit jener bekannten Unterscheidung von Geschichte und Naturwissenschaft, welche behauptet, Naturwissenschaft mache Feststellungen in Form genereller Regeln; Geschichte hingegen habe individuelle und qualitativ bestimmte Tatsachen zum Gegenstande, wie das ein neuerer Geschichtsphilosoph mit den folgenden Worten behauptet:

‚Wenn ich sage, Natrium und Chlor bilden Kochsalz, so ist das eine naturwissenschaftliche Feststellung, insofern ich nicht von einem bestimmten Ereignis in der Zeit berichte, sondern eine generelle Erfahrung formuliere; dagegen würde die Aussage, daß in einem bestimmten Zeitpunkte ein bestimmtes Stück Natrium mit einem bestimmten Teilchen Chlor zu Kochsalz sich verbunden habe, eine historische Angabe genannt werden müssen.'

Wer sähe nicht, daß in diesen Sätzen der Schnitt zwischen ‚naturwissenschaftlich' und ‚historisch' schief geführt wird? Es ist nicht richtig, daß jede Geschehnisfeststellung von individueller Art Geschichte ist. Nur dann, wenn ich das ‚Schicksal' jenes bestimmten Stückchens Natrium und Teilchens Chlor oder das ‚Schicksal' einer Person, welche die beiden zusammenbringt, aufzuzeichnen habe, gewinnt das individuelle Faktum historische und das heißt eben überindividuelle, mehr als bloß zeitlich-pragmatische Bedeutung.

Diesen Unterschied von geschichtlichem Ereignis und mechanischem Geschehnis möchte ich mit einer wesentlichen Unterscheidung Kants vergleichen, nämlich der von Wahrnehmungs- und Erfahrungsurteilen.[1] Kant sagt darüber, daß eine bloße Feststellung von Wahrnehmungen niemals Wissenschaft und überhaupt bedeutungslos sei. Vielmehr begönne Wissenschaft gerade dort, wo aus bloßen Wahrnehmungen ‚Erfahrung' erblühe. Dafür gibt Kant das folgende Beispiel. Wenn ich feststelle, daß ein Stein warm ist, während die Sonne am Himmel steht, so erhebe ich mich nicht über bloße Wahrnehmung. Sage ich aber: ‚Die Sonne erwärmt den Stein', so gehe ich über die Wahrnehmung hinaus, denn ich will sagen, daß die Sonne Ursache der Erwärmung des Steines sei, und damit hat meine Behauptung mehr als nur subjektive und psychologische, hat wissenschaftliche Gültigkeit erlangt. Aus dem bloßen Wahrnehmungsurteil ist das Erfahrungsurteil geworden.

Ich behaupte für Geschichte den selben Unterschied. Die bloße Feststellung individueller Geschehnisse in der Zeit ist niemals Geschichte; sonst würde jedes Tier Geschichte besitzen, indem es Erinnerungen besitzt. Geschichte wird erst dann, wenn in einer nach einem Wertgesichtspunkt geordneten Zeitreihe das Geschehnis den Charakter des Ereignisses erhält. Man kann daher die Muse der Geschichte nicht unter der Gestalt der Parze denken, welche einen Faden von beliebiger Länge endlos von der Spindel rollt und zuletzt irgendwo abschneidet; sondern die Geschichte ist eine Teppichweberin und besitzt vorgezeichnete Kategorienmuster, in welche sie alle Fäden der Wirklichkeit, alle Fäden zu Wirklichkeit hineinverweben muß.

‚Sie läßt den Sturm zu Leidenschaften wüten
Das Abendrot in hohem Sinne glühn!'

---

[1] K. d. r. V. I 21 Abt. 1. 2.

§ 4. Die Verschiebung des Begriffes Geschichte.

1. Geschichte ist Geschichteschreibung,
2. Geschichte ist der Inhalt von Geschichteschreibung,
3. Geschichte ist der Gegenstand von Geschichteschreibung.

Indem man im Begriff Geschichte diese drei Bedeutungen zusammenwirft, bereitet man dem Wort das selbe Schicksal wie den unseligen deutschen Wörtern auf -ung, im Englischen und Französischen auf -ion.

Wenn z. B. Kant die Welt Erfahrung, Schopenhauer Vorstellung, Mach Empfindung nennt, so kann der Leser unmöglich wissen, ob mit dem Substantivum die psychischen Akte (Erfahren, Vorstellen, Empfinden) oder aber die in den psychischen Akten gegebenen Bewußtseinsinhalte oder endlich ihre der Außenwelt zugehörigen Gegenstände gemeint seien (welch letztere doch von seelischen Akten getragen und durch Bewußtseinsinhalte hindurch gedacht sein müssen).

Am verhängnisvollsten wirkt, daß Geschichte als Geschichteschreibung ohne weiters zusammengeworfen wird mit Geschichte im Sinne von gegenständlicher historischer Wirklichkeit. Bei allen Geschichteschreibern oder Geschichtephilosophen begegnet man z. B. Begriffen wie: Einheit, welthistorischer Zusammenhang, Entwicklung, Stufenfolge, historisches Endziel, Periode, gesetzmäßiger Ablauf — Begriffe, bei denen teils erkenntniskritische, teils psychologische Voruntersuchungen notwendig wären, ehe man sie aus geschichtlichen Inhalten herausholen oder ihnen anhaften kann. Aber nicht zufrieden damit, daß man Kategorien wie: Einheit, Kontinuität, Wert usw., statt sie wie Vorformen der Geschichtestiftung zu behandeln, ohne weiters als inhaltliche Eigenschaften einer dem Historiker sich darbietenden Bewußtseinswirklichkeit betrachtet, läßt man obenein die historische Wirklichkeit das Ding an sich, d. h. eine letztinstanzliche, ja absolute Wesenheit sein.

Stillschweigende Übereinkunft erklärt Begriffe der exakten Wissenschaft für ‚bloße Arbeitsökonomie'. Dennoch aber fordern dieselben skeptischen Geister, wofern es sich nicht um den sachlichen, sondern um den religionistischen Teil der europäischen Wissenschaft handelt, einen Aberglauben, der viel weniger harmlos ist, als ein Glaube an die Evidenz der Mechanik.

Ein Wortführer solcher skeptischen Dogmatik sagt von der Geschichtewissenschaft:

‚Jene Skeptik, welche angesichts der Methoden und Begriffsbildungen der Naturwissenschaften am Platze ist, hat keinen Sinn, wo es sich nicht um bloße Definitionen, sondern um die Wirklichkeit selber handelt, und nicht mehr, wie in den Naturwissenschaften, bloße Regeln, sondern sichere historische Tatsachen in Rede stehen.‘ (Rickert.)

Ich aber gedenke darzutun, daß ‚Wirklichkeit‘ (die einzige, die wir besitzen) nur von Naturwissenschaften übermittelt wird, während Geschichte, aus Wunsch und Wille, Bedürfnis und Absicht entsteigend, Traumdichtungen des Menschengeschlechtes verwirklicht.

Ich gedenke die Beziehungen des Bewußtseinsinhaltes oder Gegenstandes Geschichte zu den Präokkupationen, d. h. zu den Vorurteilen und Vorwertungen der Geschichteschreiber unwiderleglich klarzustellen.

Dabei wird sich denn zeigen, daß Einheit der Geschichte nirgendwo besteht, wenn nicht in dem Akte der Vereinheitlichung; — Wert der Geschichte nirgendwo, wenn nicht in dem Akte der Werthaltung. Sinn von Geschichte ist allein jener Sinn, den ich mir selber gebe, und geschichtliche Entwicklung ist die Entwicklung von Mir aus und zu Mir hin.

§ 5. Das Verhältnis der Geschichte zur ‚Wahrheit‘.

Der Gedankengang der folgenden Untersuchungen wäre somit klar vorgezeichnet. Weder bloße Empirie noch Mystik, d. h. weder der ‚Wirklichkeit‘ genannte Inhalt von Geschichtebüchern, noch auch jenes Urelement der Geschichte, welches durch das Medium menschlichen Bewußtseins sich zu ‚Wirklichkeit‘ niederschlägt und als vorbewußt nur gelebt werden kann, steht in Frage; unsere Aufgabe ist vielmehr: die Wandlung von Erlebnis in Geschichte zu belauschen und für das kleine Gebiet der Geschichtsforschung das zu leisten, was Kant für die Gegenstandswelt fordert: ‚Nicht die menschlichen Angelegenheiten aus Wirklichkeit, sondern Wirklichkeit aus Bewußtsein zu begreifen.‘

Ein solcher Vorsatz stellt uns zum Teil vor erkenntniskritische, zum größeren Teil vor psychologische Aufgaben. Läßt sich die prinzipielle Verschiedenheit dieser beiden in diesem Buche weder klar darlegen noch praktisch zum Ausdruck bringen, so darf man daraus nicht folgern, daß der Verfasser sie nicht sieht.[1] . . .

[1] Es empfiehlt sich, das Studium der vorliegenden Geschichtsphilosophie durch das der ‚Wertaxiomatik‘ des Verfassers zu ergänzen. (2. Aufl. 1913, Verlag Felix Meiner, Leipzig.)

Unserer Geschichtskritik kommt nicht in den Sinn, zu bestreiten, daß es gültige Normen des Urteils bezüglich Geschichte gibt. Aber die der Vernunft zugehörige Sphäre der Wahrheit, an Hand deren wir Geschichte beurteilen, ist nicht selber historisch und enthält kein Prinzip, mit dem wir Geschichte stiften können. Urteilen über . . . nimmt Bezug auf eine logomathische Welt. In dieser gibt es keine Geschichte! Vielmehr sind ihre Wahrheiten zeitlos, entstehen nicht, sondern werden aufgefunden. Geschichte aber ist immer werdende, immer entstehende zeitliche Wirklichkeit; und diese wurzelt nicht in Logik, sondern entquillt aus Wünschen und Bedürfnissen, die sich nicht um Mathematik kümmern, sondern alles Rationale als bloßes Werkzeug für Willenszwecke zu verbrauchen pflegen. Umgekehrt freilich kann und muß Vernunft in ihrem eigensten Bereiche von Wünschen und Wunscherfüllung unabhängig bleiben, und die Wahrheit ist nicht dem Bedürfnis untertan, wenn sie ‚von nach hinein beurteilend an fertiger Geschichte der Völker darlegt, was wahr und falsch, schön und häßlich, gut und schlecht gewesen ist.

§ 6. Geschichte als Zeitmechanik.

Jede Wissenschaft ist entweder beschreibend (deskriptiv, phänomenologisch) oder erklärend (genetisch, kausal).

Beschreibend ist Wissenschaft, wofern sie sich allein an die vorliegenden Phänomene hält und diese wiederzugeben, zu formulieren oder zu ordnen versucht, wobei sie nicht nach Zustandekommen und Gewordensein zu fragen hat. Erklärend dagegen ist Wissenschaft, wofern sie, den Zusammenhang der Phänomene in der Zeit feststellend, des Leitfadens Ursache und Wirkung nicht entraten kann.

Es dürfte nun wohl feststehen, daß es niemals eine rein beschreibende Geschichtswissenschaft gegeben hat in dem Sinne, in welchem es eine reinbeschreibende Physik, Botanik, Zoologie, Psychologie gibt. Auch die ursprüngliche, nicht pragmatische Geschichte (Annalistik, Chronistik) versuchte in der Zeit verlaufendes Geschehen zusammenhängend darzustellen und konnte auf Kausalität, als auf die unvermeidliche Verknüpfungsform von Erfahrung nicht verzichten.

Da nun aber Geschichte Geschehen in der Zeit zum Gegenstande hat, so ist gewiß, daß sie aus dem Erleben selber heraustreten, es vergegenständlichen, vom Träger des Erlebens abstellen und ihm gegen=

überstellen muß. Dieses aber ist nicht unmittelbarer Ausdruck des Lebens selbst, sondern ist Mechanisierung des Erlebens.

Man hat in Europa die Übereinkunft erlangt, die Welt der ‚äußeren Erfahrung' als ein Instrument (μηχανή) zu betrachten, womit wir Leben abtötend gewältigen, d. h. man sieht in der Raumwelt nicht das Element des Lebens, sondern nur ‚Bewußtseinswirklichkeit'. Diese klare und reinliche Unterscheidung des Lebenselements vom Bewußtseinswirklichen wird aber sofort verleugnet, wenn von sogenannter ‚innerer Erfahrung' die Rede ist. In dieser nämlich behauptet der moderne Europäer sozusagen das Leben selber am Rockzipfel erfassen, ‚unmittelbare Evidenz', ‚intuitive Sicherheit', ‚adäquate Gewißheit' erlangen zu können. Daher wird das Psychische mit dem Psychologischen vertauscht.

Nehmen wir einmal an, wir wären Geschichte, purus actus, unmittelbares Geschehen selbst, so besäßen wir weder Geschichte noch Zeit. Vielmehr besteht ja die Zeitreihe grade darum, weil wir die Möglichkeit haben, als bewußte Wesen aus vorbewußtem Erleben heraus- und ihm sachlich gegenüberzutreten. Es ist keineswegs so, daß erst die ‚Zeit' (als fluxus metaphysicus) da ist und dann die Uhr erfunden wird, um Zeit zu messen und in geschichtliche Perioden, Rhythmen, Abschnitte abzustellen; sondern die historische Zeit entsteht mit der Uhr und dem zeitmessenden Gesetz. Lebendig ist nur Leben jenseit von Raum und Zeit, so daß man wohl sagen kann, daß eine maschinelle Welt, eben die sogenannte historische Wirklichkeit sich allmählich zwischen das Leben und das Bewußtsein vom Leben eingedrängt und beide so voneinander abgedrängt hat, daß zuletzt die Wirklichkeit, d. h. das maschinelle Instrument zur Lebensübermächtigung sich an die Stelle des Lebens selber setzte und nun der Mensch (als Triumph lediglich mechanistischer Intelligenz) Geschichte mit Leben verwechselt.[1]

[1] Daß die historische Denkart, welche niemals unmittelbare Gegenwart, Vision und Augenblick hat, das Vorurteil abendländischer Menschheit ist, während Altertum und Morgenland Geschichte in unserm Sinn nicht besaßen, habe ich ausführlich in meinem Buch ‚Europa und Asien' (Berlin 1917) dargelegt; besonders verweise ich auf Kap. XIV, überschrieben ‚Das Weltbild. Wirklichkeit oder Leben'. — Daß aber die innere Erfahrung genau die selbe Mechanik und nie ‚unmittelbar' ist, habe ich klar begründet in dem im ‚Archiv für System. Philos.' 1918 veröffentlichten ‚Entwurf der universalen Charakterologie'.

I. Das geschichtliche Subjekt.[1]

§ 7. Geschichte als Einheit.

Indem wir Zeit als Form der Geschichte voraussetzen, betrachten wir nunmehr die Einheit der Geschichte in der Zeit, d. h. nicht Geschichte als bloßes Neben- und Nacheinander zeitlicher Wahrnehmungen, sondern Geschichte als den Zusammenhang der Ereignisse.

Es ist vollkommen klar, daß dieser Zusammenhang die Konstante eines tragenden Ich (nenne man das nun: Staat, Nation, Volksgeist, genereller Mensch, objektiver Geist oder sonstwie) schon voraussetzt: jenes geschichtliche Subjekt, auf welches wir alle Geschichte beziehn, als seine Geschichte und welches keineswegs in den Inhalten der Geschichte durch Erfahrung gefunden wird, noch auch etwa durch diese Inhalte hindurch magisch sich offenbart, sondern Form ist, um Geschichte aktiv schreiben, aktiv denken zu können. Reden wir z. B. von einer Geschichte Europas, der sozialistischen Partei, der Vegetariergesellschaft Pomona, so muß eben Europa, die sozialistische Partei oder die Vegetariergesellschaft Pomona schon als wirklich gedacht sein, ehe ich ihre Geschichte feststellen kann; sie entsteht keineswegs erst durch Geschichte und mit Geschichte; sie ist kein Erfahrungsinhalt von Geschichte.

Was aber ist dieses durch Geschichte schreitende geschichtliche Subjekt anders, was kann es anders sein als eine ichbezügliche Spiegelung unseres eigenen Bildes? Eine Art Anbild-Mensch mit allen Interessen, Glücksbedürfnissen und Erhaltungsbestrebungen unserer Gattung? — Der generelle Mensch! Das heißt aber auch der zu bloßer Gedankenschablone gewordene, völlig person- und eigenheitfreie, völlig uninteressante, sozusagen ausgelaugte Mensch, der Mensch ohne Sonderzüge. . . . Denn wie Deutschland nur aus deutschen, Hellas nur aus hellenisch-, das Christentum nur aus christlich-fühlenden Einzelseelen besteht und es keinen Sinn hätte zu behaupten, der Körper

[1] Schon Herodot bezeichnet das Erzählen von Geschichte mit dem Wort logos (von λέγειν = aufsammeln). Darin liegt ein Hinweis, daß es Sammellinsen (Kategorien) zur Bildung von Geschichte geben muß. Deren oberste nennen wir das ‚geschichtliche Subjekt'. Die Bezeichnung des Trägers von Geschichte als Subjekt, nicht etwa als Gegenstand oder Objekt, schließt an den vor Kant geltenden Sprachgebrauch.

bestehe auch dann, wenn alle die Zellen, deren Wechselwirkung ihn bildet, nicht mehr da sind, so ist geschichtliche Wirklichkeit zunächst gebunden an ein Chaos fühlend bewegter Einzelseelen, deren jede ihr eigenes Sinnsystem in sich trägt. Und aus allen diesen einzelnen Sinnsystemen wird die sogenannte geschichtliche Wahrheit erst durch Übersehen aller Teilwerte und -interessen gewonnen. Durch einen desqualifizierenden (auslaugenden) Vorgang sehr weiter Abstraktion von aller erlebensnahen Wirklichkeit. Sie wird durch den denkend-ordnenden Verstand aus den unmittelbareren Wirklichkeiten des Lebens gleichsam herausgefiltert. Und wie in Logik und Mathematik die Formeln um so wahrer sind, je umfassender, und um so umfassender, je inhaltloser sie werden, bis sie zuletzt als bloße Gedankenfiktion sich abscheiden vom Leben, welches gelebt wird, so ist auch Geschichte als Geschichte objektiver Geschichteträger zuletzt die völlig leere Form, welche erst mein Wollen, mein Leiden, mein Bedürfen, meine Liebe und mein Haß, kurz gesagt meine Eins- oder Gegenfühlung mit bestimmter Lebendigkeit bestimmter Wirklichkeiten erfüllen kann; mit meiner Lebendigkeit! Denn ohne diese Teilnahme Für oder Wider wäre alles Historische völlig tot und das Eine so gut wie das Andere. Indem wir aber den an sich gleichgültigen, unübersehbaren oder uferlosen Geschehnissen Wertakzente verleihen, je nachdem wir uns selbst und unsere Einzel- oder Gruppenvorurteile durch sie bestätigt oder verworfen finden, kommen wir zum sogenannten geschichtlichen Zusammenhang.

Dieser Zusammenhang ist ein Gewebe, bei dem wir gleich der Spinne in ihrem Netz immer selber das Zentrum und den Ursprung aller Fäden bilden. Der Gedanke z. B., daß eine hellenische Geschichte von einer römischen und diese zuletzt von einer germanischen abgelöst worden sei, ist lediglich ein Arbeitleitgedanke unseres heutigen Kulturkreises, dessen Wirklichkeitsbild mit uns selber entstand und wieder zugrunde geht. Wir beurteilen beispielsweise die gräßlichen Blutorgien des alten Römerreiches darum als historisch vernünftig und notwendig, weil wir uns selber an ihrem Ende als Erben ihrer Resultate vorfanden, und wir hätten wahrscheinlich keinerlei Fluch für dieses Imperium zu hart erachtet, wenn wir selbst Sklaven unter seinem Joche geblieben wären. Wir beurteilen sogar die unsinnigste historische Wirklichkeit, etwa die Bluttaten und Greuel eines Timur, als historisch unvermeidlich und notwendig, weil ohne Timurs geschichtliche Erscheinung heute Türken in Europa herrschen würden und unsere eigene wertgehaltene Weltgeschichte nicht vorhanden wäre. So liegt aller Geschichte eine logificatio post festum zugrunde, was auch immer auf Erden geschehen mag.

Unsere Geschichtsquellen bewahren nicht die Schicksale der bei der Eroberung Lüttichs zertretenen Veilchen, nicht die Wolkenbildungen vor Belgrad, nicht die Leiden der Kühe im Brande Löwens, sondern mit ungeheuer verengter Einstellung das für gewisse menschliche Interessegruppen Selektiv-Wirksame; und auch keineswegs alle Umstände dieses Wirksamen, denn alles Nicht-Soziale, Nicht-Politische, also just das eigentlich Seelische, soweit es bloß einmalig, nur personal, nur intim ist, wird grob überrädert, wofern es nicht als ‚wesentlich' gelten kann für jene zuletzt doch nur gespenstisch-abstrakten und wertlosen Staat- und Landkartenverschiebungen, die der Mensch, seiner selber spottend, zuletzt ‚geschichtliche Wirklichkeit' nennt. —

So ist jedes Ereignis historischer Wirklichkeit zuletzt nur ein mechanisches Anereignis. Vereignet (owned) durch Menschengruppen an Hand menschlicher Nutzinteressen.

‚Sic modo quas fuerit rudis et sine imagine tellus
Induit ignotas hominum conversa figuras.'

§ 8. Entsprechung zur Naturwissenschaft.

Dieser Vorgang der Gewältigung oder Übermächtigung des Lebens zu Geschichte ist nun aber der naturwissenschaftlichen Begriffsbildung durchaus analog.

Auch in den Naturwissenschaften handelt es sich um ein Beiseiteschaffen oder, wie ich das oben nannte, um eine Auslaugung (Desqualifikation) alles Einmaligen und Besonderen, wodurch eine erlebte und nur im Erlebnis fühlbare Welt intensiver und qualitativer Empfindungen umgerechnet werden muß in das gedanklich-symbolische Schattenreich der Beziehungen zwischen fiktiven Quantitäten (etwa Atomen, Monaden, Molekülen, Energieeinheiten usw.). Sogar mein eigenes ‚Ich', insofern es gedacht ist, ist kein unmittelbares Erlebnis, sondern ist gedankliche Setzung, so gut wie ein Gegenstand von vermeintlich größerer Ferne und Äußerlichkeit. Immer handelt es sich (in Naturwissenschaft und in Geschichte) um Bindung und Rhythmisierung von ‚Leben' kraft des Gedankens. Dieser bildet aus dem an sich

Unermeßlichen und Unzugänglich-Unfaßbaren Symbole berechenbarer, begrenzter, harmonischer, ausmeßbarer ‚Wirklichkeit‘. Beide Wirklichkeiten fiktiv! beide gegenüber dem Unmittelbar-Gegebenen transzendent. Und die eine nicht wahrer und nicht wirklicher als die andere.

§ 9. Ist Geschichte Natur oder Vernunftstiftung?

In dem in § 8 Gesagten liegt nun freilich ein Scheingegensatz verborgen, der Gegensatz von Naturtatsache und Vernunftstiftung. Ist Geschichte vereignet (owned) durch Menschengruppen, so kann sie nicht Naturtatsache sein, ist sie Naturtatsache, so sind auch die menschlichen Geistesprozeduren, die zur Bildung von Geschichte führen, Naturtatsache und von historischen Gesetzen mit umgriffen.

Man könnte z. B. behaupten, daß das Umherschieben von Menschengruppen, das Andersaufteilen der Länder, das Herumlaborieren an dem natürlichen Gruppierungs- und Niederlassungsprozeß, ja daß überhaupt Kriege, Revolution, Revolten usw. etwas Künstliches und das Werk der Geschichtemacher seien, demgegenüber man besser die Natur gewähren lassen sollte. Aber man kann auch mit gleichem Rechte behaupten, daß umgekehrt die Natur nie etwas anderes als Kriege, Revolutionen und Revolten aufweisen würde, wenn nicht die Geschichtemacher versuchten, das natürliche Chaos der Gruppierungs- und Niederlassungsverhältnisse, so gut als man das vermag, in ein Netz sachlicher Ordnung zu zwängen.

Der hier in Rede stehende Gegensatz von Geschichte als Natur und Geschichte als Vernunfttatsache scheint mir am klarsten an einem bestimmten Falle der englischen Geistesgeschichte sich darzustellen, nämlich an dem Streite, welcher im Jahre 1804 zwischen dem Nationalökonomen William Godwin und dem Naturphilosophen Thomas Malthus ausbrach. Malthus nämlich versuchte in seinem vortrefflichen ‚Essay on the principles of population‘ Armut, Übervölkerung, Laster und Not als notwendige Naturgesetze zu erweisen, während Godwin geneigt war, nur die menschlichen Einrichtungen, besonders eine verkehrte Ethik und Sozialpolitik, für die Notstände und Schmerzen der bürgerlichen Existenz verantwortlich zu machen. In diesen Streit aber tönte ein viel älterer Gegensatz hinein zwischen zwei Historikerschulen, deren eine von einem Naturrecht, deren andere von einem Vernunftrecht fabelt.

Wer hat Recht? Durchaus beide. Denn ob ich die Leiden des Lebens, Hungersnöte, Revolutionen, Kriege als Naturereignisse oder als die Folge menschlicher Einrichtungen betrachte, kommt nur auf leere Begriffsstreiterei hinaus. Und leere Begriffsstreiterei ist es, zu erfragen, ob man gleich den englischen Pragmatikern die ganze Welt menschlicher Einrichtung, eingeschlossen die Ideale, als natürlich, naturgeworden, naturgesetzlich zu bezeichnen habe oder wie die deutschen Kantianer Natur und Wirklichkeit eine ‚Vorstellung' nennen solle.

Diesen Begriffsunklarheiten aber fällt der Geschichteschreiber auf Schritt und Tritt zum Opfer. Er redet von Wirklichkeit, wo Illusion vorliegt. Er verwirft als Illusion, was durchaus dem Wirklichkeitsdenken entquillt. Er fabelt von der ‚grauen Theorie' und ‚des Lebens goldenem Baum'. Aber niemals weiß er klar zu sagen, wo die Theorie beginnt und wo das Leben aufhört. Er spricht z. B. gern von Realpolitik. Aber was ist das? Glauben sogenannte Realpolitiker nicht an: Entwicklung, Fortschritt, Vernunft? Wähnen sie nicht zu wissen, was Staat sei? Meinen sie nicht zu kennen, was der Menschensumme nottue, die sie ‚das Volk' nennen? Ja phantasieren sie nicht von dem Menschen, dem Menschengeschlecht? Und sind das nun Naturgegebenheiten? Sind Staat, Volk, Fortschritt, Entwicklung natürliche Realitäten? Nein! Das sind die Gesichtspunkte, die wir selber an unser Erleben heran-, in unser Erleben hineintragen. Was also ist ‚graue Theorie', was ‚goldener Baum des Lebens'?

Weder Natur noch Geschichte, weder das uns gleichgültige Geschehen noch jenes, das wir als ‚historisch' zu ergreifen vermögen, trägt in sich selbst den Sinn, nach welchem es zu begreifen wäre. Weder Natur noch Geschichte offenbart ein geistiges Reich unabhängig von erfassendem Bewußtsein und gestaltendem Wollen. Noch auch stößt etwa der Geist als vis a tergo Geschichte empor. Sondern die normative Sphäre, nach welcher wir historische Wirklichkeit machen, indem wir sogenannt natürliche Vorgänge beurteilend durchsieben, kann aus Inhalten der Geschichte nicht entnommen sein.

§ 10. Die Inhalte von Geschichte.

Was denn nun sind — vom Wertgesichtspunkt der Ideologie abgesehen — von Natur die Inhalte der Geschichte? Sinnlose Lebenstragödien eines Ameisenhaufens, der, von Hunger, Brunst, Eitelkeit getrieben, dahinlebt, bis er, sei es durch die Erkaltung der Erde, sei es durch eine andere kosmische Katastrophe spurlos zugrundegehen wird, wie alles verging.

‚Junge Könige, die, schlecht beraten, Fehler begehen, alte Könige, die dafür büßen, exilierte Favoriten, weggeschickte und wieder zurückgerufene Minister, dynastische Allliancen, ist es wirklich wahr, daß, wie man in den Büchern liest, solche Gleichgültigkeiten die Geschichte eines Volkes sind? Wir sind das Opfer einer Illusion. Vom Vergangenen bleibt nur ein Bild in den Büchern und dieses Bild ist von den Historikern hergestellt, die alle die Geschichte zugunsten ihrer Vorurteile schreiben. Die Geschichte, das sind die Vorurteile der Historiker in Erzählung gebracht. Was sind die Elemente der Geschichte? Worte, immer Worte! Worte eines Monarchen, eines Ministers, Verteidigungen eines besiegten Generals, Pamphlete eines in Ungnade gefallenen Günstlings, Worte irgendeines Versammlungspräsidenten. — — Worte, in Stein gemeißelt, an Wände gemalt, auf Papyrus, auf Pergament geschrieben, auf Papier gedruckt und dieses von Mäusen verwaltet, die, was sie nicht fressen, als Historie auf spätere Zeiten kommen lassen.‘ (Diane Paalen in der ‚Aktion‘ 1916.)

Wenn nun dieses der Inhalt der Geschichte ist, warum meinen dann die Historiker, daß das in den Büchern aufgefangene Leben um ‚Ideen‘ sich drehe? Nur darum, weil sie selber, indem sie es auffangen, sich um Ideen drehn. Ideen sind die Leitpflöcke der Geschichtestiftung. Jedes beliebige historische Ereignis, jeder System- oder Beamtenwechsel, jeder Krieg, jede Revolution scheint die Wirksamkeit irgendwelcher idealer Mächte zu verbürgen. Und doch brennt auch hinter den historischen Idealen nie etwas anderes als die aufsummierte Selbstsucht und aufsummierte Dummheit vieler Einzelnen. Hinter jeder Ansicht Absicht, hinter jeder Einsicht Notdurft.

Also: von der einen Seite gesehn besteht der Inhalt von Geschichte aus nichts als aus ichbezüglichen Gewaltakten, Räubereien, Metzeleien, deren Kern immer der Diebstahl der einen an den andern ist — (man begreift kaum, warum man mit diesem ewigen Hin und Her von Schlachten und Schlächternamen sich den Kopf anfüllen und den Sinn der Jugend von früh an verderben soll). — Von der andern Seite jedoch scheinen bei allen diesen ewigen ichbezüglichen Gewaltakten, Räubereien und Metzeleien ‚Ideale‘ im Spiele zu sein; wenigstens werden die im Munde geführt.

Gab es denn je in Geschichte eine Niedertracht, für die nicht subjektiv-edle Motive, Tröstungen der Religion, Sophismen der Philosophen in Hülle und Fülle zur Verfügung stunden? Lasset nur das Objektiv-Ruchlose irgendwo zur Regel oder zur Notwendigkeit werden und die gesamte Welt schönen Gefühls, alle das Gesindel, welches eure gelehrten Bücher und zarten Gedichte, eure Dramen und eure Zeitschriften schreibt, wird wahrhaftig nicht zu Märtyrern der reinen Vernunft werden, sondern ganz wie es die Väter taten, ihre Ideale nach der jeweiligen historischen Notwendigkeit strecken. Es gibt keinen einzigen reinen Enthusiasmus, den der Geschichtsgeist nicht mißbraucht, nicht geschändet hätte.

So scheinen denn das Reich der normativen Werte und das der Historie schon im Prinzipe einander feindlich zu sein. Man kann an Hand von Vernunftnormen wohl das geschichtliche Chaos beurteilen. Man kann aber niemals Vernunft und Ethik in der Geschichte selber vorfinden; vielmehr ist es grade das Wesen von Geschichte, daß in ihr alle menschlichen ‚Ideale' in den Dienst der großen Notforderung geraten. Kein Handelnder entgeht der Erkenntnis, welche Goethe in die Worte faßt: ‚Der Handelnde ist immer gewissenlos', und Napoleon: ‚J'ai bientôt appris en m'asseyant sur le trône, qu'il faut bien se garder de vouloir tout le bien qu'on pourrait faire, l'opinion me dépasserait'. (Februar 1800.)

Man hat an Pflanzen die Beobachtung gemacht, daß eine jede im Laufe eines Tages in einem vorbestimmten Umkreise immer um ihren Schaft rotiert; die Botaniker nennen das die Zirkumnutation. Auch von den Gestirnen wissen wir, daß ein jedes, gleich der Erde, die wir bewohnen, immer nur sich selber umkreist. Und so drehen Menschen, Familien, Glaubens- und Überzeugungsgruppen, alle einzig erfüllt von ihrer Gegenwart, beständig um sich selbst und möchten wie die Blumen ein jedes mit seinem Samen die ganze Erde überpflastern, möchten wie die Sterne jeder einen jeden aus der Bahn zerren, in unfaßlicher, nur durch die Not des Widerstreites aller gegen alle auf sich selbst zurückgestauter und geistwerdender Ichbezüglichkeit.

Betrachten wir nunmehr furchtlos, aus nächster Nähe die handelnden Schauspieler und Schauspielerinnen in dem großen Narrentrauerspiel, welches europäische Gelehrsamkeit Weltgeschichte nennt.

Was sind das für Seelen? Von welcher Art ihre Geister?

Richtige und unbezweifelbare Narren, wie z. B. Englands Jakob I und Georg III, Preußens Friedrich Wilhelm I oder Sachsens August I; ganz zu schweigen von all den zahllosen kleinen Voll- und Halbkretins wie Schwedens Karl XII, Dänemarks Gustav III, Neapels Ferdinand IV, Spaniens Karl IV. — Geniale Verbrecher und großartige Räuberhauptleute wie Rußlands Peter und Frankreichs Bonaparte. Gekrönte Bluthunde und Henkersknechte wie die Timur, Dschingiskhan, Iwan. Komödianten und Komödiantinnen wie Louis XIV, Katharina II. Bloße Kleiderständer und Nullen wie die deutschen Kaiser Karl VI, Franz I, Franz II, Karl VII. Wüstlinge gleich Frankreichs Ludwig XV, Englands Georg IV, Österreichs Leopold II, Preußens Friedrich Wilhelm II. Gewissenlose Händler mit Menschenfleisch, wie weiland so mancher Landesvater in Braunschweig, Hessen-Kassel, Hessen-Hanau, Hannover, Waldeck, Ansbach, Anhalt-Zerbst. — Notorische Dirnen wie die Dubarry, hübsche Grisetten, die ihr Glück machten, wie die Pompadour, Lagerdirnen, die weder lesen noch schreiben konnten, wie Katharina I. . . . Solche ‚Gleichnisse Gottes‘ haben auf Erden über ganzer Völker Schicksale entschieden und die Bahnen der sogenannten Weltgeschichte festgelegt. Und wen von ihnen könnte man je verantwortlich machen? Sind doch diese Gleichnisse Gottes nicht nur die verderblichsten, sondern auch die unseligsten aller Geschöpfe. Ein Scheusal wie Caligula, ein Tropf wie Claudius, eine Julia oder Messalina, sie wurden schon im Mutterleibe verbogen. Sind nicht die Menschen schuldig, die alle diesen Mißgestalten die Füße küssen? Joseph II oder Wilhelm III von Oranien, seltene Männer und Menschen auf Königsthronen, ernten den Haß ihrer Völker, aber scheußliche Bestien wie Iwan IV und Heinrich VIII sind bei ihrem Tode von ihren Völkern ehrlicher und tiefer betrauert worden als Jesus und Buddha.

Verrat am Wert nenne ich jenen gräßlichen Logismus der beiden Köpfeverwüster des 19. Jahrhunderts, Darwins und Hegels, deren einer die Natur, deren anderer die Geschichte, als hätte nie ein Kant gelebt, zur Selbstoffenbarung logischen Sinnes machte.

Verrat am Geist nenne ich den Idealismus der deutschen Geschichteschreiber und Geschichtsphilosophen, welche die selbstgerechte Reichsgeschäftsalgebra der alleinseligmachenden Politik oder am Ende gar die Chronik ihrer Fürstenhöfe für Angelegenheiten halten, um die eine Weltvernunft sich zu bemühen habe.

Wenn Diltheys bekannte Definition von Geschichtewissenschaft richtig ist: ‚Was der Mensch sei, das erfährt er nicht durch Grübeln über sich, auch nicht durch psychologische Experimente, sondern durch die Geschichte,‘ dann hat diese ‚Selbsterkenntnis‘ den Menschen nie etwas anderes lehren können, als daß er das Gemisch ist von einem Narren und von einer Bestie.

§ 11. Der Historismus.

Wir haben in den §§ 6–10 über Geschichte als Einheit in der Zeit abgehandelt. Für diese Annahme, daß Geschichte als ein einheitlich charakterisierbarer Vorgang in der Zeit mit einheitlichem geschichtlichem Subjekt aufzufassen sei, gebrauchen wir den seit 200 Jahren üblichen Ausdruck: Historismus.

Der Typus des Historismus ist die Hegelsche Geschichtsphilosophie, welche annimmt, daß die Geistesgeschichte der Erde die Selbstentwicklung der in Thesis, Antithesis und Synthesis sich selber denkenden ‚Idee‘ offenbare, wobei immer der letzte Geisteszustand alle vorhergehenden historisch ‚überwindet und aufbewahrt‘. Danach soll Literatur-, Geistes-, Kunst-, Völkergeschichte betrachtet werden als Keimen, Blühen, Früchtetreiben eines sich im Weltall erlebenden Geistes.

Daß dieser Historismus die tollhäuslerische Annahme birgt, daß das Denken eines Prozesses der Prozeß selber sei, daß also z. B. ‚der Gedanke eines sich selber denkenden Gottes‘ eben auch die Selbstentwicklung dieses Gottes sei, ferner, daß die Vorstellung eines nach Zielen und Zwecken sich selbstbewegenden Geistes eine Vorstellung der Mechanik ist, das wäre niemals beizubringen den ‚historischen Köpfen‘, die ihre dürftige Nüchternheit an Phrasen wie: Fortschritt, Entwicklung, Prozeß, Selbstbewegung der Vernunft billig berauschen.

Indessen sollte wenigstens stutzig machen, daß weder das Altertum noch das Morgenland den Begriff einer universalen Geistes-, Kunst-, Völkergeschichte usw. besessen hat. Grade darum aber konnten die Schöpfungen der Vergangenheit Jahrtausende dauern, erschüttern, bewegen, weil sie unbeschwert von Geschichte, nur Augenblick und Gegenwart mit höchster Innigkeit lebendig darlebten. Dagegen ist die Einreihung der Lebensläufe in die Kette der Tradition ein Gedanke der Mechanik. Man setzt dabei Einheit in Zeit und Raum voraus und rekonstruiert nach der blassen Analogie des Organismus eine geistige Maschine. Diese aber ist nicht das Leben, sondern Lebensnachbild.

Die ehrlichste Art von Geschichteschreibung ist noch jene, die ihren begrenzten völkischen, ihren bestimmten landschaftlichen Boden bewußt behauptet, während keine leerere Windbeutelei erfunden werden kann, als sogenannte Universal- und Weltgeschichte aller Zeiten, Länder, Kulturen usw. Vergessen wir nie, daß auch unsere umfassendste ‚Weltgeschichte' die abendländische Angelegenheit eines eng umgrenzten Geschlechtes bleibt und in der nicht allzu fernen Stunde, wo die europäische Kultur zugrundegeht, mit zugrundegehen muß.

§ 12. Geschichte als Leben und Wirklichkeit.

Da die in Büchern überlieferte Geschichte immer Spiegelung von Leben im Bewußtsein, nicht aber das Leben selber ist, so muß die selbe Kluft, die zwischen Leben und Bewußtseinswirklichkeit klafft, auch zwischen geschichtlichem Leben und Wirklichkeit der Geschichte klaffen.

Das Bewußtsein mitsamt den von ihm umfaßten Inhalten ist kein fließendes Kontinuum, sondern ist intermittierend gleich einem immer wieder verlöschenden und neu auflodernden Fünkchen. Grade darum, weil Bewußtsein intermittiert, kann es nur annäherungsweise zum Spiegel lebendigen Lebens werden. Notdürftig überbrückt der Geist diese Kluft durch die Hypothese des Unendlich-Kleinen, durch welche jeder kontinuierliche Vorgang gedacht wird als zusammengesetzt aus unendlich vielen uns unbekannten Elementen oder Differentialen, die uns immer nur durch ihre Summe, ihre Integrale bekannt sind. So jagt denn unser funkengleich aufleuchtender Geist dem unhaschbar verfließenden Leben nach, welches selbst durch die zartesten Maschen seines Netzes ihm entschlüpft, bis er das allerzarteste Gespinst einer aus unendlichen Ruhepunkten zusammengesetzt gedachten Bewegung ihm überwirft. Aber auch noch dieser Gedanke ist Mechanik. Die Welt der Geschichte, sofern sie uns als Bewußtseinswirklichkeit gegeben ist, ist nie das Lebendige selbst. Der Geschichteschreiber mag, so fein und zart, so geduldig und gewissenhaft wie er will, dem Leben nachspüren; nie wird er es erreichen.

II. Die imaginären Kräfte.

§ 13. Die Unterstellung der Kräfte.

Dem Subjekt der Geschichte, an welchem der Geschichteschreiber in großer vermenschlichender Ichübertragung zusammenhängende Folgen der Schicksale ablaufen läßt (ähnlich wie ein Naturforscher die Natur, die Wirklichkeit, die Welt zu betrachten wähnt), gesellt sich eine weitere Fülle engerer und personaler Unterschiebungen, die man den Fiktionen von Naturkräften (wie Schwerkraft, Elektrizität, Wärme usw.) zu vergleichen hat.

Aus klarer Nähe betrachtet verläuft die Weltgeschichte, soweit sie nicht Autobiographie (und übrigens auch als solche nichts als Selbstentlastung und Selbstgestaltung) ist, an Wirklichkeiten, welche eben durchaus nicht wirklich sind. Denn Körperschaften, Sekten, Gruppen, Parteien, Völker, Städte, Nationen, Staaten usw. sind ja nicht anders wirklich, wie ein Regiment, welches heute aus anderen Soldaten zusammengesetzt ist denn gestern, und morgen aus anderen denn heute, und doch eben seine Geschichte hat, welche fortdauert, wenn nichts von allen diesen Leuten übrig blieb als ein Fetzen Fahne, ein Name, eine Ziffer. — ... Es läßt sich zunächst leicht einsehen, daß für die eingebildeten Instanzen, wie Staat, Gesellschaft, Volk usw., jenes allgemeine Wertgesetz gelten muß, nach welchem Bedeutung, Aufmerksamkeit, Wert, Interesse im selben Maße absinkt, als neue gleichartige Glieder einer Wertgruppe zuwachsen. Die Geschichte einer kleinen Sekte, Partei oder Gruppe mag wichtig, wertvoll und Interesse erregend sein; eine ‚Geschichte der Menschheit' aber kann nur entweder Geschichte aus Geschichten oder die hohlste aller Windblasen werden. Überhaupt wird die Geschichte im selben Maße gleichgültig, als sie von den besonderen und persönlichen Einzelereignissen absieht, um im Sinne Hegels oder Schellings (im Gegensatz zu ‚bloßer Historie') geschichtsphilosophisch zu werden. Als Bilderflucht wertvoller und wichtiger Einzelschicksale ist Geschichte immer erfreulich, belebend und begeisternd; als philosophische Konstruktion von allerlei höchst allgemeinen Zusammenhängen kann sie nie aus dem Zirkeltanz bluttränkter Jahres- und Ortsdaten, langweiliger Schriftsätze und eintöniger Machtwechselzufälle unter meist recht unbedeutenden und oft ganz erbärmlichen Geburts- und Standesvorberechtigten herauskommen, wofür mit bestem Recht Montaignes Wort gelten muß: ‚Die meisten pragmatischen Geschichtstatsachen sind Farcen.‘

§ 14. Gesetz des abnehmenden Werts objektiver Instanz.

Wie in einer Schulklasse der Lehrer nicht nach der Fassungskraft des mittleren Durchschnitts, sondern so unterrichten muß, daß auch der am mindesten Begabte ihn noch eben zu verstehen und mitzukommen vermag (so daß also recht eigentlich der am schwächsten Begabte die Lehrweise bestimmt); oder wie in der Landwirtschaft die Regel gilt, daß bei unrichtiger Zusammensetzung der Düngemittel, die man auf den Acker bringt, der Ertrag sich nicht nach dem für den Boden vorteilhaftesten, sondern nach dem schädlichsten Bestandteil richtet, so kommt ganz allgemein jede Werthaltung ab imo zustande. So soll nach der Lehre österreichischer Nationalökonomen auch der Preis nicht vom Durchschnittsmarktpreise der Ware, sondern vom billigsten Hersteller her geregelt werden.

Gäbe es somit, wie die Philosophen orakeln, einen ‚objektiven Geist‘, als empirischen Träger von Völkerschicksalen und Massenereignissen, dann müßte dieser ‚objektive Geist‘ jedenfalls inhaltloser sein, als selbst der mittlere Durchschnittsmensch. Jedenfalls könnte z. B. der ‚objektive Geist‘ der deutschen Geschichte durchaus nicht gehalt- und inhaltreicher sein als die einzelnen Spitzen dieser Geschichte, z. B. als die individuellen Personen Kants, Friedrichs des Großen, Goethes, Schopenhauers, Nietzsches; vielmehr: alle Gesinnungen, Motive, Entäußerungen einer Gruppe als Gruppe sind so gewöhnlich und so gemein, daß jeder einzelne innerhalb der Gruppe in der Regel reifer und tiefer ist als die Gruppe als Ganzes. Hierfür gilt das bekannte Sprichwort: ‚Senator Romanus bonus vir, senatus Romanus mala bestia‘ und das deutsche Volkswort: ‚Einer ist ein Mensch, mehrere sind Leute, viele sind Viecher.‘

Ja, man könnte mit Recht behaupten, daß die Sonderrechte und Bevorzugungen jeder Gruppe als Gruppe einzig dadurch gerechtfertigt werden, daß diese Sonderrechte erst den Boden schaffen, auf welchem einzigallein geschichtlich-bedeutende, geniale oder doch in irgendeiner Weise die gemeine Menschheit überragende Einzelpersönlichkeiten wachsen können. So würden Vorrechte des Adels oder der Fürstenhäuser nur dann gerechtfertigt sein, wenn sich erweisen ließe, daß einzig eine solche

Kastenzucht den gemeinen Menschenwuchs überragende Persönlichkeiten hie und da möglich macht, die auf andere Weise eben nicht zustande kommen können. Nur unter diesem Gesichtspunkt läßt sich die Auffassung der Geschichte als einer Familienchronik bevorrechteter Geschlechter, eben der sogenannten Großen dieser Welt durchführen und aufrechterhalten. Es ist dann aber nicht die führende Gesellschaftsschicht als solche historisch bestimmend. Sondern der große und bedeutende Einzelne rechtfertigt und trägt den Kreis, dem er zugehört, und kanonisiert die Gesellschaft, aus der er hervorbricht.

Und somit wird Geschichte, wie immer man sie darstellen mag, zuletzt auf große Einzelschicksale und Einzelpersönlichkeiten hin gerichtet sein müssen.

Spielt man aber die ‚generellen Instanzen' aus, so steckt darin Schwäche, Unfähigkeit, Begrenztheit und Angst. Denn alle objektiven Instanzen sind zunächst nur als Bollwerke gegen Macht und Eigenheit, Laune und Willkür des immer gefährlichen starken Einzelindividuums aufzufassen, nicht nur des verbrecherischen, sondern überhaupt des reformatorischen. Das Objektive, das ist der Durchschnitt. Denn der Durchschnitt verschanzt das persönliche Gewissen hinter letztlich leere Abstraktionen, wie Staat, Gesellschaft, Nation, Vaterland usw. Hierfür gilt das ungemein wahre Wort eines erfahrenen Staatsmanns:

> ‚Alle Menschen sind froh, wenn eine Instanz da ist, die ihnen sagt, was sie mit sich machen sollen. In zweifelhaften, aber entscheidenden Lagen der Selbstverantwortung entbunden zu werden, das wirkt wie das Aufhören der Seekrankheit.'

In der Tat gehört es zu den Lebensbedürfnissen aller unfreien und gedankenlosen Massenwesen, daß ihnen die Gruppe, in der und mit der sie leben und von der sie alle ihre Wertungen und Ehren beziehen, im entscheidenden Augenblicke die Verantwortungen abnimmt, welche vor einer bloß personalen Ethik (und eine andere gibt es nicht) nie der Einzelne als Einzelner zu tragen vermöchte. So verhält es sich z. B. mit der Beseitigung, ja Heiligsprechung aller atavistischen und bestialen Antriebe in Revolutionen, Kriegen, Massenaufständen, Revolten. Die statistische Tatsache, daß in Krisenzeiten der Geschichte die Anzahl der Verbrechen und Verbrecher abnimmt, erklärt sich keineswegs (wie z. B. J. Burckhardt sehr naiv behauptet) daraus, daß in solchen ‚großen Zeiten' die Menschen edler und bessergesinnt werden, sondern einzig daraus, daß der Staat, die Gruppe, die Nation die Verantwortung für viele Verbrechen übernimmt und eine Anzahl tierischer und verbrecherischer Antriebe plötzlich im Dienst eines ‚objektiven Zwecks' erlaubt, ja heiliggesprochen sind.

So werden wir, lebendige Einzelmenschen aus Fleisch und Blut, von früh auf eingestellt in das große Riesenreich der imaginären Gespenster: als da sind Gesellschaft, Behörde, Staat und Kirche, Kaste und Gruppe und alle die unbarmherzigen und rein imaginären Abstrakta: das Recht, das Gesetz, die Schule, die gute Sache, die Majestät, der Mensch, die Ehre, die Ehe, das Gemeinwohl, die Ordnung, die Wissenschaft, die Familie, das Vaterland usw. Innerhalb dieser eingebildeten Gewalten wird jeder lebendige Einzelmensch, auch der beste, im Namen von Irgendetwas zum Spürhund und Teufel wider jeden anderen lebendigen Einzelmenschen erzogen, so daß das menschliche Einzelleben just als Triumph von lauter Idealen schließlich eine höchst reale Hölle ist.

§ 15. Grenzen des Geschichtszweifels.

Diese Kritik an den ‚imaginären Kräften', die doch eben nur vermöge unserer Einbildung Kräfte und vermöge des Gehorsams Gewalten sind, gilt nun freilich wohlgemerkt nur vom Standpunkt nüchternen Wirklichkeitdenkens. Sie wendet sich gegen Realitäten, die keine sind. Gegen Abstrakta, Gespenster! Aber behauptet damit nun keineswegs, daß sie nun gar nichts seien.

So wie ein Chorgesang vieler Menschen, vielleicht brüchiger und unheiliger Menschen schöner und reiner sein kann als jeder Singende, oder wie ein gotischer Dom frommer und heiliger sein kann als alle, die an ihm bauten, so kann Geschichte als Menschentat und -ziel Höheres und Wertvolleres enthalten als alle Wirklichkeit. Und was Geschichte als vermeintliche Wirklichkeitswissenschaft durch unsere Erkenntniskritik endgültig verlieren wird, das wird der Geschichte als Auferbauung am Ideale zugute kommen.

III. Die geschichtliche Ursächlichkeit.

> ‚Siehe doch!‘ so sagte ein Bücherwurm, als er sich durch das Papier fraß, ‚wie logisch zusammenhängend ist die Natur. Wohin auch ich forschend komme, überall ist ein Weg‘ ... ‚Törichter Bücherwurm,‘ erwiderte ein Denker, ‚das müßte ja aller Wunder Wunder sein, wenn uns, die wir nur dort Wege bohren, wo wir bohrend atmen können, jemals Erfahrungen begeanen würden, die in die Fabeln unsrer Übereinkunft nicht hineinpaßten.‘

§ 16. Vorbemerkungen über Kausalität.

Sobald wir Wissenschaft — handle es sich nun um Wissenschaften der äußeren oder der inneren Erfahrung — nicht mehr als bloß beschreibend, sondern als *erklärend* zu betrachten bemüht sind, sind wir unweigerlich auf Verknüpfung der in Erfahrung gegebenen, oder besser gesagt durch Erfahrung festgestellten Phänomene mit dem Leitseile von Ursache und Wirkung angewiesen.

Die Geschichte aber wird niemals zum Range einer beschreibenden Wissenschaft sich erheben (§ 6). Schon im Begriffe des Geschehens liegt der Hinweis auf Kausalität. Man hat daher *jedes* Denken an Hand von Kausalität historisches Denken genannt.

Hierbei getröstet man sich gern mit dem alten Satze vere scire est per causas scire. Aber man könnte diesem Leitsatze des historischen Denkens auch das Umgekehrte entgegenhalten, daß von wahrem Wissen nur auf solchen Gebieten die Rede sein könne, auf denen der Erkennende nicht auf Erklärung im Sinn kausaler Begründung angewiesen ist, das heißt, wo er nicht die Erscheinungen beherrschen und übermächtigen will, sondern nichts ist als ein ruhig schauendes Auge, welches sagt, was es schaut. Das gilt insbesondere für die logisch-mathematische Sphäre, in der keine Realursachen aufgewiesen werden, das Denken zeitlos erkennt, und die Erklärung in der Tat nichts anderes als Beschreibung ist. Wie aber sollte Geschichte zum Range mathematischer Gewißheit kommen?

Die Geschichte ist also darum, weil sie niemals anschauend, beschreibend und phänomenologisch arbeiten kann, sondern Wirklichkeit für andere Wirklichkeiten unterstellen muß, dem strengen, eigentlichen Wissen entgegengesetzt, und eine große Selbsttäuschung ist es, wenn z. B. Erich Marcks und Friedrich Meinecke gelegentlich die aktenmäßige Sicherheit mit der *mathematischen* Sicherheit vergleichen.

Im selben Maße, als Geschichte auf Anschauung und Beschreibung des Angeschauten sich beschränken und der kausalen Unterstellung entraten kann, verdient sie höheres Vertrauen, ja sogar in höherem Maße den Namen Wissenschaft als die pragmatische Geschichte der Völker und Staaten, welche erklären will, wie ein Zustand aus dem andern hervorgegangen ist und wie wir uns den Zusammenhang der Ereignisse zu denken haben.

Es ist nun die großartige Erdichtung des Menschen, so zu verfahren, als sei Kausalität das Normale, dagegen Durchbrechung des Kausalzusammenhangs (z. B. Wunder, Chaos, Verbrechen, Zufall) recht eigentlich abnorm, während doch umgekehrt Kausalität der Faden der Ariadne ist, an welchem wir durch ein Labyrinth irrationalen Lebens uns hindurchtasten.

Dank dieser einen großen Vernunftforderung aber ist der Mensch eben Mensch, d. h. beurteilender Geist. Kausalität, so heißt das Gehäuse, darinnen er lebt und einzig leben kann, so wie der Krebs in seinem Panzer, die Seemuschel in ihrer Schale, die Schnecke in ihrem Schneckenhaus. Welche Gewalt diesen Damm gegen Leben aufwerfen ließ, ob Angst, Not, Selbsterhaltung, lebensnotwendige Beschränkung, das bleibe unerörtert. Genug der Damm besteht! Er versperrt jede Aussicht und läßt uns niemals aus dem Gefängnis: Wirklichkeitswelt, herauskommen.

Zurückweisen aber wollen wir den Aberglauben, daß dies Schneckenhaus unserer Lebensnot eben d a s Leben und daß die Wirklichkeit, mit welcher wir uns umzirken, eben schlechthin das Elementarisch-Seiende, Ursprüngliche, Letzte sei. Das hieße, daß die menschliche Sinngebung des Lebens eben auch schon im Elemente des Lebens liege.

Wir gleichen vielmehr Bewohnern einer Pfahlbauernstadt, die auf Pfählen in einem Meere leben, das sie nicht kennen. Von dem sie darum nichts wissen, weil sie ihre noterbaute S t a d t für das schlechthin Gegebene, für den ‚Boden der Wirklichkeit' halten.

Selbst der Trost, daß unserm logischen Bedürfnis nach Sinn das An sich-Lebendige geheimnisvoll entgegenklinge (indem es wenigstens die M ö g l i c h k e i t kausalen Erfassens berge), ist völlig leer, weil ja eine Welt, die nicht kausal verknüpfbar wäre, eben nicht unsere Welt sein könnte. . . .

§ 17. Kausalität als Aufgabe.

Die wohlbekannte Unvermeidbarkeit der historischen Fakta ist somit nichts anderes als Forderung der Vernunft. Nachdem das Unerwartete, Widersinnige, Absurde, Abrupte plötzlich eingebrochen und Ereignis geworden ist, wird der Mensch immer Gründe suchen und immer Gründe finden, warum alles so habe kommen müssen, wie es eben kam.

Die historische Darstellung, wie Kriege, Revolutionen, Staatsbankerotte, Reichsuntergänge, Massenrevolten ‚entstehen' und wie sie notwendig so und nicht anders haben kommen müssen, überhaupt die Übertragung einer vermeintlichen Naturkausalität auf Menschengeschichte steht wissenschaftlich auf gleicher Stufe mit jenen verrufenen Krisentheorien mancher Nationalökonomen, welche z. B. die Periodizität von Börsenkrisen in Verbindung mit dem Erscheinen von Nebelflecken oder von Sonnenprotuberanzen gebracht haben.

Die Art, wie das Kausalbedürfnis sich befriedigt (indem es jedem von Menschen unabhängigen (und daher freiem) Geschehen eine möglichst nahe Kausalreihe unterschiebt), gleicht durchaus dem Verfahren des Naturmenschen, der, weil ihn Zahnschmerzen plagen, den nächsten besten Vorübergehenden überfällt und durchprügelt.

Auch während des gegenwärtigen Krieges (1914) haben Physiker, Astronomen und Philosophen jeden beliebigen Kausalaberglauben erneuert. Ein Professor der Physik (Zenger) erklärt in einem Werk ‚Die Meteorologie der Sonne und ihres Systems' (1916) das Eintreten des europäischen Krieges aus den Sternen; ein anderer (Mewes) macht in einem Buch ‚Die Kriegs- und Geistesperioden im Leben der Völker' (1916) den niedrigen Grundwasserstand für den europäischen Krieg verantwortlich; ein dritter (Löwenfeld), der ein dickes Buch ‚Über die menschliche Dummheit' geschrieben hat, erteilt in einer Schrift ‚Der Weltkrieg im Lichte des Kausalitätsgesetzes' (1916) die beruhigende Auskunft, daß ‚der Weltkrieg seine Notwendigkeit zweifellos der absoluten Gültigkeit des Kausalitätsgesetzes verdankt'. Und wie der eine den Krieg aus Wind und Wetter erklärt, so kann ein anderer auch Wind und Wetter aus dem Kriege erklären. Als der Sommer 1916 besonders regenreich geriet, veröffentlichte ein Astronom (Stentzel) in einer Fachzeitschrift eine Abhandlung, welche darlegte, daß Geschoßexplosionen, Waldbrände, Rauchentwicklungen, Artilleriebeschießungen notwendig sogenannte barometrische Tiefs erzeugen. Das Wetter des

Jahres 1916 sei also nur eine Folge des Kriegs. Darin aber zeige sich ein welthistorischer Sinn. Denn das nasse Wetter sei in Deutschland, während seine Feinde es aushungern wollten, der Ernte günstig, und somit habe der Krieg, welcher das Vaterland bedrohe, grade dadurch eine Fürsorge göttlicher Zweckmäßigkeit offenbart. Mit ähnlicher Logik haben Geologen aus Erdveränderungen, Chemiker aus Vorgängen des Stoffwechsels, Physiologen aus Nervenprozessen, Psychologen aus seelischen Gesetzen den Krieg ‚erklärt'; und die eine Kausalreihe ist ebenso gültig und ebenso beruhigend wie die andere.

Statt in neuen Periodizitäts-, Ablaufs- und Rhythmengesetzen der Geschichte (Domäne jeder Pfuscherei!) zu schwelgen, sollte man die kritische Frage stellen: wie denn eigentlich Gesetze aufgestellt werden sollten ohne Zahlenmäßigkeit und Rhythmenabläufe, wie denn der Mensch es anfangen sollte, seinen Turnus von Entstehen, Blühen und Vergehen nicht in alles und jedes einzuahmen?

Zunächst ist alles, was für uns und von uns aus Periodizität, Stufenfolge und Wiederkehr des Identischen offenbart, in Milliarden Spielarten immer gleichzeitig vorhanden. In jedem Augenblicke blüht irgendwo Sommer und lastet gleichzeitig irgendwo Winter. Irgendwo beginnt Kultur und irgendwo endet sie. Irgendwo lebt schon das Höchste, was der Mensch je erreichen wird und irgendwo zugleich das Niedrigste, was jemals war. Erst von mir aus und zu mir hin gewinnt das bunte Beisammen aller nur möglichen Formen genetische Folge. Und von mir aus kann ich dann von Notwendigkeit reden als von Wende meiner Not.

§ 18. Die geschichtliche Motivation.

Vollkommen konstruktiv aber wird geschichtliches Denken erst dann, wenn es sich nicht um die äußere Ursachenkette der Staatengeschichte, sondern um jene innere Ursächlichkeit handelt, die man Motivation nennt. Daß diese auf eine Mechanik hinauskommt, welche die in der Sprache gegebenen orientierenden Begriffe an Stelle des nur durch Ahmung nacherlebbaren persönlichen Lebens setzt, kann man deutlich an der folgenden hölzernen Fiktion Kants bemerken: ‚Wenn es möglich wäre, in eines Menschen Denkungsart ... so tiefe Einsicht zu haben, daß jede, auch die mindeste Triebfeder dazu uns bekannt würde, ingleichen alle auf diese wirkenden äußeren Veranlassungen, so könnte man eines Menschen Verhalten auf alle Zukunft mit Gewißheit, wie eine Mond- oder Sonnenfinsternis ausrechnen.' — Das ist denn doch die ungeheuerlichste Mißkennung des Lebens, die sich denken läßt: menschliche Orientierung über . . ., d. h. Begriffe der Psychologie werden naiv an Stelle des Lebendigen selbst gesetzt. Der Historiker aber begnügt sich nicht einmal mit solch personaler Mechanik. Er läßt kühnerhand sogar zwischen Völkern und Gruppen Motive walten, von denen die einzelnen Bestandteile dieser Völker und Gruppen, nämlich die Individuen, entweder gar nicht oder doch erst viele Jahre später erfahren können; so wie jedermann erst nachträglich aus Büchern erfährt, wie der Zeitgeist oder der Volksgeist, überhaupt der Stil und Charakter seiner Zeit gewesen sei, obwohl er ein Stück dieser Zeit eben selber war.

So liegt es z. B. immer, wenn den Völkern mitgeteilt wird, ob sie sich lieben oder hassen. Im gegenwärtigen Augenblick, Januar 1916, erfahre ich aus Millionen Zeitungen, daß die Bulgaren glühende Liebe und Freundschaft für die Türken hegen, während vor Jahresfrist ein Krieg zwischen Bulgaren und Türken beständig auszubrechen drohte, weil sich die einen als Befreier vom Joche der anderen aufspielten. Ebenso blüht gegenwärtig (1916) eine sehr große Freundschaft zwischen Japanern und Russen, welche einige Jahre zuvor sich grausam abschlachteten. — 1750 bestand ein scheinbar ewig unüberbrückbarer Gegensatz von Frankreich und Österreich, dagegen eine nahe Verbindung Österreichs mit England; zwei Jahre darauf aber hatte das Bild sich verändert: Österreich und Frankreich gingen Hand in Hand und kämpften gegen das mit England verbündete Preußen. — Im Mai 1866 überlegten die beiden Regierungen von Österreich und Preußen in freundschaftlichem Verkehr, ob ihre Völkerschaften Deutschland untereinander aufteilen und dann gemeinsam Frankreich überfallen sollten. Zehn Tage nachher erklären dieselben Regierungen, daß ‚der unüberbrückbare Gegensatz Österreichs und Preußens nur durch den Völkerkrieg ausgetragen werden könne', und die Völker, welche noch die Woche zuvor Bundesbrüder und Blutsfreunde genannt worden waren, sind nun entschlossen, Erbfeinde zu sein. — Es erweist sich in allen Fällen, daß größere Volksmassen mit jeder Regierung von heute auf morgen sich abfinden lassen, wofern nur die privaten Egoismen nicht berührt werden. Völker als solche haben einander weder je geliebt noch gehaßt, obwohl der Historiker beständig von Freundschaft oder Feindschaft der Völkergruppen zu fabeln hat. — In der englischen Monatsschrift ‚Arbitrator‘ veröffentlicht (Januar 1916) ein Achtzigjähriger, Edward Owen Greening, ein Verzeichnis der verschiedenen Völkerbeurteilungen und Sympathien, die er (vom Standpunkt englischer Geschichte) in einem langen Leben erlebt hat; sehr ergötzlich ist zu lesen, wie z. B. jeder Franzose in den Straßen Londons 1852 geprügelt, dagegen 1853 geküßt wurde; die Russen um 1890 heldenhafte Retter Europas, um 1900 Verschwörer gegen Kultur, um 1915 wieder Helden geworden sind; die Türken 1890 verfolgte Gentlemen, 1900 feile Mörder, 1910 erleuchtete Reformer, 1913 elende Werkzeuge Preußens für den englischen Historiker gewesen sind. Oft wird die Welt innerhalb von vierundzwanzig Stunden durch die Nachricht überrascht, daß zwei Völker einander grimmig hassen, während am Tage vorher von den Politikern darüber verhandelt wurde, ob sie sich lieben oder hassen sollen.

§ 19. Die Vereinfachung in der geschichtlichen Motivation.

Wenn ferner die Historiker große Krisen, Kriege, Revolutionen, Staatsumwälzungen, Religionskämpfe pragmatisch zustande kommen lassen, wobei nach Vorgang des Thukydides Gründe (causae, *αἰτίαι*) von Bedingungen (conditiones, *ἀρχαί*) unterschieden zu werden pflegen, so geht das niemals ohne lapidare Vereinfachungen ab.

Der Historiker kann nämlich nicht einmal von der schlichtesten Handlung des eigenen Ich mit Gewißheit sagen, aus welchem ‚Motive‘ sie geschah oder daß sie überhaupt aus einem Motive geschah, sondern der handelnde Mensch enttaucht einem Chaos von Möglichkeiten und logifiziert von nachhinein sein Handeln, indem er es auf ein einzelnes bewußtes, seinem Wunsche oder Urteil über die Handlung entsprechendes ‚Motiv‘ abschiebt. Die Motivation betrifft also nicht die Handlung als solche, sondern das Bild, welches die Handlung ins Bewußtsein wirft.

In der Geschichteschreibung wird nun aber eine hanebüchene Psychologie von lauter gradlinigen Motiven nicht etwa nur Personen, sondern ganzen Weltteilen zugeschoben. Und das geschieht selbst dann, wenn der Historiker wohl weiß, daß diese vermeintlichen Motive in keiner Seele je in der angenommenen Art lebendig waren noch lebendig sein konnten. Man unterschiebt z. B. kriegerische Aktionen oder sonstwie entscheidende Volksbeschlüsse der Habsucht Preußens, dem Neide Englands, der Ruhmsucht Frankreichs, dem Ehrgeiz Japans usw.; aber kein Historiker würde darum wähnen, daß diese allzu gradlinigen Motive in dem einzelnen Preußen, Engländer, Franzosen, Japaner usw. nun wirklich lebendig gewesen sind. Denn selbst wenn diese Motivreihen in den Einzelseelen der wirklichen Menschen unter anderen Triebkräften entscheidend mitwirkten, so würden sie doch beständig durch andere und oft entgegengesetzte Antriebe durchkreuzt, umgefärbt, gelähmt.

Es ist gewiß nicht zu bezweifeln, daß Habsucht, Neid, Ruhmsucht usw. in den Völkern mehr oder minder stets lebendig sind, aber alle diese Willensimpulse kehren sich ebenso gegen die Mitglieder der eigenen wie gegen die unbekannten Personen eines fremden Volkskörpers. Wenn also ein Staat oder Volk wirklich aus Machtwille, Gerechtigkeit oder sonst einem ‚Motiv' in einen Krieg eintreten könnte, so könnte doch kein einzelner innerhalb des Staates oder Volkes jemals aus solchen Motiven Kriege beginnen. Nehmen wir etwa Machtwillen als geschichtliches Völkermotiv, so würde jeder einzelne, indem er einen Krieg will, ebensoviel Macht dabei entäußern wie gewinnen müssen; er kann Freunde, Verwandte, Interessen, Werte auch in dem feindlichen Volkskörper besitzen; ja wird in der Regel als Privatmann ganz andere Begriffe von Macht und Recht haben, als das Abstraktum Staat hat.

Wo denn eigentlich liegen nun die Motive der Geschichte? Wer hat sie? Wer trägt sie empor? Ich meine jene Motive, von denen der Historiker faselt, indem er etwa schreibt: ‚Der Handelsneid Englands verschuldete den Krieg von 1914.' ‚In edlem Zorne erhob sich das gesamte Deutschland.' ‚Der Ruf nach Rache durchzitterte ganz Frankreich.' ‚Ganz Italien war von Begeisterung durchglüht' usw. Alles dieses sind Abbreviaturen analog symbolischen Abbreviaturen, mit denen die Naturwissenschaft die unübersehbare Verwickeltheit und Buntheit lebendigen Lebens auf möglichst vereinfachende, kraftsparende Formeln zurückzwingt. Mit den realen Lebensvorgängen haben diese Unterstellungen der Geschichte nur sehr indirekt zu tun. Denn weder die Psychologie noch Physiologie von heute wäre entfernt imstande, auch nur annähernd exakt die lebendigen Vorgänge am Menschen nachzeichnen zu können, die von Fall zu Fall immer neu und anders verlaufen.

Wer ermißt z. B., aus welchen Motivzuflüssen eine allgemeine Volksbewegung, wie der heroische Enthusiasmus des August 1914, den künftige deutsche Historiker nie ohne Begeisterung schildern werden, im einzelnen eigentlich gespeist wurde. Wie viel Herdentrieb, psychische Überrumpelung, ungesunde Angstneurose, Massensuggestionen, Machtwilligkeit, Urteilslosigkeit, Abenteuerlust, Dummheit, Wahn usw. in eine solche scheinbar einheitlich zu charakterisierende Massenerregung eigentlich eingeht, edelste Herzenshoheit und Einfalt nicht minder als jeglicher Verbrecherinstinkt und jegliche Selbsttäuschung.

Genau aber wie die ‚Wirklichkeit‘ der Naturwissenschaft, z. B. die Strukturformel des Chemikers, nur eine Unterstellung ist zu knappester Erläuterung und Beherrschung der an sich immer nur erlebbaren Prozesse, genau wie in der Naturwissenschaft die ‚Konstatierung‘ eines Prozesses schon die Vereinfachung, Übermächtigung, ja Vergewaltigung des Unmittelbaren in sich schließt, indem ein menschliches Interesseprinzip verfügt, daß just dieser Prozeß aus einem an sich selbst irrationalem Zusammenhang herausgehoben werde, genau so ist geschichtliche Überlieferung eine Unterstellung, nach der Regel des kleinsten Kraftmaßes und angereat durch Vorurteil, d. h. Interesse.

So nenne ich's denn Gespensterglaube, daß geschichtlicher ‚Wirklichkeit‘ eine andere Würde als der aufsammelnden Formel des Naturforschers zuteil wird. Aberglaube ist es zu wähnen, daß Geschichte das Leben selber spiegeln könne oder lebensnäher und lebenswärmer sei, als es irgendeine Mechanik ist. Wer glaubt denn in der Tiefe des Herzens an Völker, Staaten, Gruppen, Genera? Wer glaubt an historische Motive? Jeder praktische Mensch fühlt und weiß genau, daß er es immer nur mit anderen Seinesgleichen in Liebe oder in Haß zu tun haben wird. Erst der theoretische Mensch, d. h. der Historiker, welcher doch den ‚Wirklichkeitssinn‘ in Pacht zu haben wähnt, führt von nachhinein das lebendige Leben auf die Gespensterfabel einander liebender und hassender Abstrakta zurück, womit er das irrationale Chaos logifizieren zu können und die sogenannte Wahrheit besitzen zu können wähnt, eine Wahrheit, welche um so wahrer wird, je weiter das ursprüngliche lebendige Geschehnis in den Schoß der Vergessenheit zurücksinkt und seine Formulierung sich weiter und weiter vereinfacht.

§ 20. Über Unzulänglichkeit der Motivation.

Sehr merkwürdig, ja tragikomisch enthüllt sich diese Unzulänglichkeit der historischen Motivation, wenn die historische Persönlichkeit als

Träger und Repräsentant eines historischen Ereignisses völlig andere Motivketten tragen muß, als der ursprüngliche lebendige Mensch rechtfertigen könnte. Über dieses Verhältnis sind die Historiker noch im unklaren! Daß alle Motive geschichtlicher Handlungen nach kaum tausend Jahren völlig unbegreiflich sind, schon darum, weil das Seelenleben inzwischen sich veränderte, hat Karl Lamprecht, während er gleichwohl der deutschen Geschichte eine höchst plumpe Psychologie unterstellte, überzeugend dargelegt (Einführung in das hist. Denken, 1913, S. 60 ff.). — Oft läßt der Historiker Könige und Staatsmänner Kriege verlieren und gewinnen aus Motiven, die eigentlich genau das Gegenteil zum ursprünglichen Erlebnis des lebendigen Menschen sind. Was denn eigentlich ist wahr von alle den Charakteristiken der Historiker, die oft, wie z. B. die meisten Charakteristiken Macaulays, nicht im mindesten von einem historischen Roman sich unterscheiden? —

Der Historiker führt die Zerstörung Magdeburgs am 20. Mai 1631 auf die Grausamkeit des Grafen Tilly zurück; aber die Legende, daß Tilly diese Zerstörung *gewollt* hat, wurde aus politischen Gründen von seinem Feinde Gustav Adolf verbreitet; in Wahrheit wurde er durch die unfreiwillige Einäscherung Magdeburgs ähnlich geschädigt wie Napoleon durch den Brand von Moskau. — Die vielumstrittene Konvention von Tauroggen am 30. Dezember 1812, mit welcher die Wiedergeburt des preußischen Staates beginnt, entsprang wahrscheinlich viel mehr einer unfreiwilligen Verlegenheit als einem heroischen Entschlusse des Grafen York von Wartenberg. Nachträglich aber sind dann die Motive des historischen Aktes so durchaus verstellt worden, daß heute eine ganze Bibliothek von Schriften da ist, deren jede das Vorkommnis anders motiviert und ausmalt. — Nach der Regel ‚Ich bin ihr Führer, also muß ich ihnen folgen‘ stehen grade die führenden Persönlichkeiten den historischen Ereignissen, deren bloße Exponenten sie sind, meistens ohnmächtig, fremd, ja ahnungslos gegenüber. Die Eroberungskriege, die der Person Ludwig XIV das Omen der Raubgier und Ländersucht eintrugen, hätte dieser Regent sicher gerne vermieden, wenn er sie nur hätte vermeiden können, ohne Revolutionen heraufzubeschwören. — Politische Handlungen und Entschlüsse können also vom einzelnen her aus ganz anderen Motiven unternommen werden, als im Spiegel der Weltgeschichte, nachträglich, nach Erfolg oder Mißerfolg ausdeutend, der Historiker anzunehmen für Recht befindet. Der in einer Lage geopferte und duldenmüssende Teil wird, indem er das historische Urteil gestaltet, schwerlich für die Erwägung zugänglich sein, daß der leidenmachende Teil vielleicht keinen anderen Ausweg besaß oder erkannte als den, der leiden machte, und wird die Gefühle, die die Lage in ihm auslöst, naturgemäß immer auf den Urheber oder vermeintlichen Urheber der historischen Lage übertragen.

Die Geschichte kennt viele Fälle, in denen ein Wagnis, das dem Wagenden den Ruf des Heldentums einträgt, aus Angst, Feigheit, Ehrgeiz usw., kurz aus jedem, nur nicht aus heroischem Motiv unternommen wurde. Auch liegt eine notwendige Ungerechtigkeit darin, daß der Historiker seinen Helden alles aus heldischen, seinen Stiefkindern alles aus niedrigen Motiven deutet. Zudem wird das Charakterbild mancher Personen, z. B. das eines Herostrat und Ephialtes, von einer einzelnen Handlung aus gezeichnet, während in vielen anderen Fällen die einzelne Handlung im Sinne eines Gesamtbildes retouchiert wird.

Besonders tragisch erweist sich die Doppelheit von Geschichte und Leben in dem gar nicht seltenen Falle, daß die als Sündenbock dienende geschichtliche Persönlichkeit für Notausgänge verantwortlich gemacht werden muß, die ihren eigenen Absichten sehr unwillkommen waren. Von den am gegenwärtigen Kriege (1914) beteiligten Regenten dürfte für keinen der Krieg so qualvoll sein wie für den Zaren Nikolaus II, welcher zur Einwilligung in den Kriegsausbruch durch eine Reihe peinlicher Gewaltakte, die ihn vor den Verlust der Regentschaft oder des Lebens stellten, schließlich gezwungen wurde; das wird aber den Historiker nicht hindern, diesen Zaren für die unter seiner Regentschaft geführten Kriege und ihre Mißerfolge verantwortlich zu machen. So hat nach des Thukydides Bericht der besonnene Staatsmann Nikias seinen ganzen Einfluß aufgeboten, um die Heerfahrt der Athener nach Sizilien im Jahre 415 zu hintertreiben, nachdem sie aber dennoch beschlossen war, ward er gezwungen, ihren Oberbefehl zu übernehmen, und als sie endlich mißglückte, mit seinem Leben für die verkehrte Unternehmung zu büßen.

§ 21. Zusätze über Motivation.

Alle diese Erwägungen stellen klar, daß die Motivationsketten der Historiker vereinfachende Fiktionen sind. Die Gründe, aus denen der Geschichteschreiber Völkerschicksal werden läßt, sind nirgendwo anders

‚wirklich‘ als im Kopfe derer, welche Geschichte stiften. Wo denn auch sollten sie sonst lebendig sein?, da ja die Wesen, um deren Motivation es sich handelt, die Abstrakta Volk, Staat, Nation, Partei usw. (wie wir in §§ 4 und 5 ausführten) eben gedacht sind. Nachdem aber einmal der Motivationszusammenhang als brauchbar angenommen worden ist, gilt er (gleich einer naturwissenschaftlichen Hypothese), solange nicht neue und unabweisbare Forschungen zu seinem Umsturz und zur Konstruktion eines anderen Zusammenhanges zwingen, als geschichtliche Wirklichkeit. Im Falle von Zwistigkeiten zwischen Erleben und Wirklichkeit (wobei übrigens jede Wirklichkeit schon Konstatierung von Erlebnis, d. h. Geschichte ist) wird das Erlebnis allemal nach der geschichtlichen Überlieferung gestreckt. Man glaubt in jedem Einzelfall der Geschichte mehr als der eigensten persönlichen Wahrnehmung. Daher die so häufige Redewendung: ‚Dies kann nicht stimmen, denn es widerspricht den historischen Tatsachen.‘ Auf diese Weise ist alle einmal entstandene Tradition, mag sie so wahr oder falsch sein, wie sie will, schon die Vorform zur Gestaltung alles späterhin Geschehenden. Glied um Glied der Geschehnisse scheint durch die Jahrhunderte hin sich logisch aneinander zu schließen und die Wahrheit einer einzigen tragenden Einheit zu verbürgen. Aber diese Einheit und dieser Zusammenhang ist Gedanke.

Schließlich geraten alle konkreten Erlebnisse wirklicher lebendiger Menschen (wofern diese überhaupt bekannt und den konkreten Menschen selber je erfaßbar sein sollten) vollkommen in Vergessenheit. An ihre Stelle tritt die historische Wirklichkeit und ihre Motivationskette und -einheit, d. h. eine Welt der bloßen Analogie; genau wie an Stelle der lebendigen Naturerlebnisse die gedachte und mechanische Welt der Naturforschung tritt. Darum scheue ich nicht zu behaupten, daß das Ziel der Geschichte, dieser vermeintlichen Wirklichkeit, auf Mechanik hinausläuft.

§ 22. Die Beruhigung bei Tatsachen.

In vielen Fällen tritt das Grob-Konstruktive und Mechanische aller Geschichte, die sogenannte Geschichtsklitterung, selbst den Historikern allzu derb ins Bewußtsein. Dann zwingt ein merkwürdiger Instinkt, dennoch an den bloß analogischen und mechanischen Fiktionen der sogenannten historischen Wirklichkeit festzuhalten.

Es handelt sich bei diesem Vorgang um den selben Instinkt, der uns z. B. bei Duellen, Zweikämpfen, Rechtsprozeduren, deren Ausgang zufällig, jedenfalls aber für das ethische Recht unverbindlich ist, gleichwohl dazu führt, an eine höhere Stimme, eine immanente Vernunft, eine sittliche Weltordnung oder an eine logische Welteinheit, ‚die auch das Unvernünftige mitumfaßt‘, als an ein Ordal oder Gottesurteil uns vertrauend zu wenden. Da nämlich der beurteilende Verstand dem alogischen Leben ohnmächtig und dürftig gegenübersteht, so pflegt das Kausalitätsbedürfnis selber in vielen Fällen beim Erfolge sich zu beruhigen und diesen als letzte Vernunft anzuerkennen. Wir geben es dann auf, irgendetwas uns dabei zu denken. Wir nehmen vielmehr eine historische Schicksalswendung einfach hin in der bekannten ergebenen Stimmung: ‚Sint ut sunt, aut non sint.‘ Aus diesem Hinnehmen des jeweils Gegebenen mit dem ironischen Achselzucken, welches sagt: ‚Ja, so ist das Leben, und weil es so ist, darum wird es wohl so sein müssen‘, macht der ‚historische Kopf‘ eine Tugend, indem er solchen, die sich beikommen lassen, gegen ‚historische Wirklichkeit‘ (z. B. gegen Vorhandensein von Hunger und Not, Krieg und Knechtsstaaterei, Raub und Politik) zu frondieren, den ‚historischen Sinn‘ abspricht, womit dann die Sache freilich erledigt ist. Somit kümmert sich die Geschichte, politische wie sogenannte Geistesgeschichte, schließlich immer nur um die endgültigen Erfolgs- und Machttatbestände. Nachträglich aber begegnet uns der höchst naive Schluß, daß nun diese endgültigen Erfolgs- und Machttatbestände ein Spiegelbild der Werte oder Bedeutungen von Menschen seien.[1]

Man hat sogar das Recht auf dem Flugsande der Geschichte aufzubauen unternommen und die Erzwingbarkeit von Rechtssatzungen mit dem historischen Dasein der Satzung begründet. Die historische Rechtsschule, welche das Faktum Recht mit der Sanktion des Rechtes vermengt, dreht sich in dem Kreise: ‚Das Recht besteht, weil es recht ist, und es ist recht, weil es besteht.‘ — Würde morgen die heilige Inquisition, die Guillotine oder der Islam zur historischen Tatsache, so würde übermorgen der Beweis da sein, daß sie notwendig seien;

[1] z. B. macht Francis Galton in seinem Buch ‚Hereditary Genius‘ die Berühmtheit zum Gradmesser der Genialität. ‚High reputation is a pretty accurate test of high ability‘ (p. 2). ‚The men who achieve eminence and those who are naturally capable are, to a large extent, identical‘ (p. 34).

würde Not dazu zwingen, Menschenfleisch zu essen, so würde die Wissenschaft beweisen, daß das gesund sei. Darum sagt Friedrich der Große: ‚Die Geschichte beurteilt uns nie nach unseren Gründen, sondern nach unseren Erfolgen. Was bleibt uns also zu tun übrig? Wir müssen Erfolg haben.‘

§ 23. Das Verhältnis des historischen Erfolgs zur Werthaltung.

Die Beruhigung beim Erfolge und die Ableitung eines Rechtes oder Wertes aus einem Erfolg- oder Machtverhältnis ist eine sacrificatio post eventum (logificatio post festum), durch welche der Mensch seine Freiheit von nachhinein zu erretten versucht.

Die Sache ist diese: In jedermann besteht die Tendenz, das, was er ohnehin annehmen müßte, weil er es doch nicht ändern kann, nun auch scheinbar freiwillig anzunehmen, von nachhinein zu billigen und somit aus einer bitteren Notwendigkeit in Freiheit umzuwandeln. Das aber heißt eben: kausal begründen.

Wir gleichen allesamt einem Zuge von Schlachttieren, die, während der Metzger sie zur Schlachtbank treibt, einander heldenhaft versichern, daß sie dem Imperativ der Pflicht nachzuleben gedächten und zum Wohle des Vaterlandes, ja des Menschengeschlechtes sich dem Tode weihn.

Hierzu kommt, daß die bloße Einsicht in die Ursache und den Zusammenhang eines Ereignisses auch schon eine Art Erlösung vom Naturjoch und einen Akt geistiger Befreiung in sich schließt. Deshalb würde man, selbst wenn Ursache und Zusammenhang fiktiv wären, lieber an einer solchen Einbildung festhalten, als in vollkommener Wehrlosigkeit bloß passiv sein Leben erdulden; ja mir schien zuweilen, als ob der Mensch dadurch, daß er Ursachen postuliert, eine ungeheure Vermenschlichung am Leben vornähme und gleichsam alles, was er hinnehmen muß, mit kühnem Entschlusse so umdenkt, als habe er Macht darüber.

Daher pflegt man z. B. auch bei den verwegensten und offenkundigsten Rechtsbrüchen, z. B. im sogenannten Kriegsrecht oder im sogenannten Völkerrecht, wo das Urteil eigentlich schon vor der Rechtsfindung fertig ist, dennoch den Schein eines Rechtsverfahrens aufrechtzuerhalten, vor anderen und sogar vor sich selbst nicht eingestehend, daß es Fälle gibt, in denen der Mensch im Bann der

Naturnotwendigkeit die Zufälle eben nimmt wie sie sind und jedes freien Urteils sich begibt.

Daß der historische Erfolg immer das Erste, der Werthaltungsakt aber das Zweite ist, d. h., daß Erfolge das Wirksamwerden von Werten, nicht aber auch umgekehrt Werte den Erfolg verbürgen, das zeigt sich in tragischer Art, wenn historische Personen, die auf Grund ihrer Erfolge vergöttlicht wurden, sofort erniedert werden, wenn sie etwa nachträglich Mißerfolge leiden.

So scheiterte der Ruhm des Miltiades, nachdem er soeben der Retter Griechenlands geworden war, an einer einzigen verkehrten Berechnung. Ebenso scheiterten Themistokles, Aristides und Kimon an ihren ersten Mißerfolgen. Der Ruf des Alkibiades schwebte, je nach Erfolg und Mißerfolg, beständig zwischen Vergötterung und Verwünschung. Ähnliches sehn wir beim Perikles. — Pausanias, der im Falle des Erfolges König über ganz Griechenland und der entscheidende Mann der alten Geschichte geworden wäre, starb elend an seinem Mißerfolg. — Nehmen wir an, dem Albrecht von Wallenstein sei um 1631 sein Plan geglückt, mit Hilfe schwedischer und sächsischer Truppen den Kaiser Ferdinand II abzusetzen, und sodann die Schweden selbst aus Deutschland herauszudrängen, so wäre er eine der segensreichsten Figuren der deutschen Geschichte geworden. Was wurde er nun? Ein erfolgloser, also wirklicher Verbrecher. — Karl Stuart handelte gewissenlos, verkehrt und verbrecherisch, als er entgegen seinen beschworenen Königspflichten auf die Vernichtung der Verfassung und Gesetze Englands ausging, aber falls er der Mann gewesen wäre, sein Vorhaben durchzuführen, falls er Erfolg gehabt und über die Verfassungspartei den Sieg erlangt hätte, er würde ein Held, ein großer Mann, ein Gesellschaftsretter heißen. — Wenn dem Marschall Bazaine, als er 1870 in Metz eingeschlossen lag, seine Absicht geglückt wäre, sich und seine Armee über den Krieg hinaus intakt zu halten, so wäre er nach Friedensschluß wahrscheinlich der entscheidende Mann in Frankreich geworden; weil aber der Mangel an Lebensmitteln, seinen Plan vereitelnd, ihn zwang, sich mit 170000 Mann den Preußen zu übergeben, so wurde er als Verräter zum Tode verurteilt. — Napoleon III wäre im Falle des Fehlgangs seiner Kaiserträume nichts als ein Narr, ja vielleicht sogar nur eine komische Figur: ein Abenteurer, der, ohne einen Tropfen Napoleonischen Blutes in den Adern, von dem Wahne besessen war, sich zum neuen Bonaparte emporzuschwindeln. Aber der Staatsstreich vom 2. Dezember 1851 gelang und ganz Europa, Fürsten wie Völker, Geistlichkeit und Literaten katzbuckelten und speichelleckten vor dem Erfolge, natürlich nur grade solange, als der Erfolg vorhielt. — Wie würde wohl das Urteil der Geschichte über Cavour lauten, wenn sein teuflisches Ränkespiel von 1860 ihm mißglückt wäre? Man würde ihn Schuften nennen, aber so nennt man ihn einen großen Staatsmann. — Ein denkwürdiges Beispiel für die Unberechenbarkeit der Volksgunst und ihre Beugung durch den Erfolg entnehme ich der Geschichte Englands. Georg IV wollte, als er 1821 die Thronfolge antrat, seine Gemahlin Karoline loswerden; daher ließ er ein unerhörtes Parlamentsverfahren gegen sie einleiten, das sie des Ehebruchs mit dem Stallmeister Bergami bezichtigte. Der Prozeß endigte zugunsten der Königin, der das Volk großartige Huldigungen bereitete. Acht Tage lang wurde London illuminiert und Personen, welche kein Licht in ihre Fenster stellten, wurden mißhandelt. Auf den Straßen schrie man: ‚Die Königin für immer!‘ ‚Nieder mit dem König!‘ Dieser aber, das Volk wohl kennend, ließ ruhig den Jubel vertoben, dann rüstete er zum 19. Juli 1821 seine Königskrönung mit großen Volksbelustigungen und unerhörtem Prachtaufwand und gab den Befehl, die Königin, wenn sie zur Krönung vorfahre, einfach zurückzuweisen. Als das Volk, fressend und saufend, in Festjubel schwelgt, kommt die Königin vor Westminster vorgefahren, um sich mit dem Könige krönen zu lassen, aber wird am Portal mit dem Bescheide zurückgewiesen, daß sie — keine Eintrittskarte vorzeigen könne. Empört wendet sie sich an die johlende Menge, aber keiner rührt für sie eine Hand. Der König wird allein gekrönt. Zwei Wochen später stirbt die Verstoßene gramgebrochen, und nun benutzt das Volk die Leichenfeierlichkeit zu einer ganz gegenstandlosen Demonstration zugunsten der Königin. —

Auch der größte Wert wäre so gut wie nicht vorhanden, wenn er nicht zufällig faktische Macht erlangte. So wie der Elendeste die Macht hat, das Dasein des größten Kunstwerks zu vernichten, indem er nur die Augen schließt, so ist überall der Sachwert abhängig von der Frage, ob er irgendwo wirksam wird. Was vermag das reinste

Herz, was der lichtvollste Gedanke da, wo er nie gesehn, oft nicht einmal geahnt werden kann? Umgekehrt sehen wir an sich mittelmäßige Figuren, Kanzler und Minister, Staatsmänner und Generale, deren Namen in beruhigten und toteren Zeiten kaum sich erhalten hätten, zu führenden Gestalten der Geschichte werden; nicht selten auch Männer, die ohne den historischen Zufall spurlos dahingeschwunden wären, zu einer plötzlichen und ungeahnten Bedeutung kommen. So wurde Daun der Führer im siebenjährigen Kriege nur dadurch, daß der fähigste General, Graf Lippe, mit einer Schauspielerin nach London durchgegangen war; Blücher war aus preußischem Dienste weggejagt, Hindenburg in preußischem Dienste kaltgestellt, als ein unerwarteter Augenblick der Geschichte diese beiden in die Lage brachte, über Völkerschicksale zu entscheiden.

§ 24. Über den Zufall in der Geschichte.

Shakespeare hat das kühne Wort gesagt: ‚Wenn die Nase der Kleopatra um einen Zoll kürzer oder länger gewesen wäre, dann stünde Rom noch, wo es stand.‘ Er wollte sagen, daß im geschichtlichen Zusammenhang die am wenigsten sichtbaren und unbewußten Tatbestände die eigentlich weltumwandelnden Momente sind. So hing Roms Untergang an der Leidenschaft des Antonius wie an der Unbewegtheit Octavians gegen Kleopatra, und diese Affekte wieder hingen an einer jener Unsagbarkeiten, von denen Alfred de Musset singt:

> ‚Welche Tragödien der Geschichte
> Hast du vollendet, kleines Zucken der Lippe.

Das will besagen: die sogenannte Kausalität, mit der wir das Chaos zufälliger Begebenheiten zu Geschichte zusammenbinden, ist durchaus Oberflächenkausalität, unterströmt von anderen Zusammenhängen, welche ihrerseits psychologische, physikalische, vielleicht mathematische Reihen geben. Diese kausalen Reihen unterhalb von Geschichte sind aber keineswegs selbst Geschichte, sondern diese ist zunächst, wie ihr Name besagt, nichts anderes als Feststellung der äußeren Geschehnisse in Menschenwort. Überall, wo wahrhafte Historiker befunden werden, da werden sie zuerst gute Erzähler sein. Nichts anders! Der pragmatische Wahn, alle nur möglichen Wissenschaften, wie Psychologie, Geologie, Soziologie, Nationalökonomie, Staatskunde usw., in Geschichte hineinzumengen, hat die eigentlichen Fragen der Geschichte lediglich vertrübt. Hüten wir uns, historische Kausalität mit sozusagen subhistorischen Kausalitäten zu verwechseln.

§ 25. Beispiele für historischen Zufall.

Man hat mit Recht behauptet, daß die Geschichte Frankreichs eine andere wäre, wenn Napoleon I drei Jahre früher gestorben wäre. Wäre Cromwell, wie er beabsichtigte, erfolglos und unbekannt, nach Jamaika ausgewandert, so wäre Karl I von England am Leben geblieben; nur eine zufällige Verordnung Karls I verhinderte diese Auswanderung, womit dieser selber sich das Todesurteil schrieb. Hätte der Vater Mirabeaus seinen hoffnungslos vorbeigeratenen Sohn nach den holländischen Besitzungen Frankreichs verschickt, woran wiederum nur ein zufälliger Erlaß Ludwigs XVI ihn im letzten Augenblick hinderte, so wäre die französische Revolution in ganz andere Bahnen gekommen, so wie im vorigen Beispiel die englische. Der deutsch-französische Krieg 1870/71 wurde durch eine Laune Emile Olliviers nicht verhindert, und wie meine Hemdenknöpfe das Königreich Hannover gestürzt haben, habe ich ‚Philosophie als Tat' S. 457 f. aufgezeichnet. — Lord Bute zu Richmond mußte mit dem Prinzen von Wales Whist spielen, da es am vierten Mann fehlte; er sah ihn hier zum ersten Mal, fand so viel Behagen an ihm, daß er ihn einlud, nach Kew zu kommen, und so veranlaßte ein Whist den Pariser Frieden, Amerikas Freiheit und mittelbar die Revolution Frankreichs. — Die Reformation war in England das Werk der Liebe, in Frankreich das Werk eines Gassenhauers und in Deutschland das Werk des Eigennutzes. — Brandenburg reformierte wegen einer Ohrfeige, und die Traktate zwischen Heinrich VIII und dem Papst scheiterten, weil der Hund des englischen Gesandten beim Pantoffelkuß ihn in die große Zehe biß. — Als Maria Stuart am 6. Februar 1587 in Fotheringay enthauptet wurde, da erschien sie den tiefergriffenen Augenzeugen als edle Märtyrerin ihres Glaubens, aber ein Zufall verwandelte die furchtbarste Tragik des Augenblicks zur Posse. Die Unglückliche hatte, um zu verbergen, daß in siebzehnjähriger Kerkerhaft ihr das graue Haar ausgefallen war, mit letzter weiblicher Eitelkeit eine Perücke aufgesetzt und als der Henker den abgeschlagenen Kopf bei den Haaren ergreifen wollte, blieben ihm diese in der Hand, während das glatzköpfige Haupt über den Boden rollte. —

Ein italienischer Historiker veröffentlicht soeben (Mai 1916) in der italienischen Zeitschrift Minerva folgende Sätze über die Schlacht bei Waterloo:

‚Napoleon war es unvorstellbar, seine Truppen anders als vom Pferde aus befehligen zu können. Der Gedanke, vom Wagen aus den Oberbefehl zu führen, kam ihm gar nicht, und grade das wurde sein Verhängnis. Bekanntlich war es ein großer Fehler, daß Napoleon die Schlacht bei Waterloo zu spät am Tage begann. Dieser Verzug entstand aber durch ein langes Bad, welches Napoleon seines Darmleidens wegen verordnet war, bevor er wieder in den Sattel stieg. Um einen Wagen zu besteigen, hätte er das Bad nicht gebraucht, und so wäre durch die Zeitersparnis alles anders gekommen.‘

Endlich möge noch das folgende Beispiel hier Platz finden, weil es lehrreich ist für die Art, wie historische Überlieferung zustande kommt. In den Berichten der Pariser Académie des sciences von 1916 veröffentlicht ein französischer Historiker eine Geschichte der Zykladen auf Grund der von ihm für einen Zeitraum von 150 Jahren durchforschten Rechnungen der Verwaltung des delphischen Apollotempels. In diesen Rechnungen spielt besonders der Posten für Erdpech eine Rolle, welches bei den delphischen Festen der Griechen zum Bohnen der Fußböden und Altäre gebraucht wurde. Dieses Erdpech wurde aus Mazedonien bezogen, von wo seine Ausfuhr preisgegeben, Zollabgaben unterworfen oder völlig verboten wurde, je nachdem Mazedonien mit dem Auslande freundschaftliche oder feindliche Beziehungen unterhielt. Der französische Gelehrte konnte daher aus den Preislisten der Tempelverwaltung eine Kriegsgeschichte Mazedoniens konstruieren.

§ 26. Geschichte als Schicksalslotterie.

Schon im Sinnsystem des Einzel-Ich bestimmt Zufall, wen du während des Lebenslaufes kennen lernst, wer dich liebt, wer dir zu Freundschaft, Kameradschaft, Ehe entgegenkommt, welches Land, welche Eltern, welche Gaben und Bedingungen dir zufallen. Gleichwohl greift das menschlich-logische Bedürfnis in jedem Falle, wo ein Kern oder Wert der Seele berührt wird, nach fatalistischen Notwendigkeiten. Die Sympathie der Liebe z. B. wird aus einem früheren Leben, Leidenschaften aus einem unwiderstehlich naturgewaltigen Zwange, unerwartetes Schicksal aus Vorgeburt oder Karma erklärt. Das ist die einzig mögliche Art, über das scheinbar Zusammenhanglose, Unsagbare, Elementarische aller ursprünglichen Erlebnisse ruhig werden zu können. Wir unterschieben damit dem Lebenselement Kausalreihen sogenannter Wirklichkeit. Die Weltgeschichte aber ist in noch viel höherem Maße als die Geschichte des einzelnen ein undurchdringliches Dickicht von lauter Überrumpelungen! Nichts läßt sich vorhersehen, da Wind und Wetter eines zufälligen Tages alle menschlichen Berechnungen zuschanden machen. Alle diese Überrumpelungen können freilich ihrerseits wieder in kausale Reihen strengerer Art eingestellt und umgedacht werden, aber sie bringen darum doch nicht eine besondere Kausalität wurzelhaft mit sich, die man geschichtliche Kausalität nennen dürfte. — Daher scheint mir nichts so anfechtbar als die gegenwärtig tausendfach wiederholte ganz trügerische Behauptung, daß Kriege und Katastrophen tatsächliche Kraft- und Machtrelationen oder am Ende gar Wertverhältnisse zum Ausdruck brächten. Dies kann man nicht einmal von einem Wettlauf zwischen Automobilen, von einem Pferderennen, einem Wettschwimmen, einem Examen sagen, wobei doch Chancen und Werte leidlich berechenbar sind, geschweige denn von Völkerkriegen, die für alle Zeit den Charakter des ehernen Würfelspiels oder der Schicksalslotterie beibehalten werden. Es hieße Selbstverständliches breittreten, wollte ich hier des längeren ausführen, daß das Regenwetter einer Entscheidungsstunde, die Laune oder das Temperament eines einzelnen, ein Lächeln, ein Erröten, ein Todesfall, eine Heirat, ja ein Calembourg und eine Eitelkeit über Völkerschicksale entschieden hat. Insbesondere können weltgeschichtliche Entscheide, die von hinterher sinnvoll und wertoffenbarend scheinen, von ganz banalen Zufällen der Nerven abhängen. Es ist sehr fraglich, ob die europäische Politik so verlaufen wäre, wie sie verlief, wenn Friedrich der Große zwischen 1759 und 1763 so schlecht verdaut hätte, wie er später verdaute, oder wenn Napoleon seine unbegrenzte Fähigkeit, nach freiem Willen schlafen zu können, die er seit 1815 einbüßte, schon 1797 verloren hätte.

In zahllosen Fällen geschieht es auch, daß belanglose Ereignisse die Phantasie zu beschäftigen beginnen und alsbald die gewaltigsten Tatsachen überwuchern. So konnten die überschwenglichsten Mythen und Legenden an die höchst einfache Geschichte eines jüdischen Demagogen anknüpfen; auch haben neuere Forschungen gezeigt, daß das Historische, welches den Sagen von König Arthur, dem Nibelungenlied, sowie der Ilias und Odyssee zugrunde liegt, höchst unbedeutend und gleichgültig gewesen ist.

Daß der Ruhm, die sogenannte Entwicklungslehre begründet zu haben, an den Namen Darwin und nicht an den Namen Wallace anknüpfte, der der Erfindung des Buchdrucks an den Namen Gutenberg und nicht an den Namen König, der der Entdeckung der induktiven Elektrizität an den Namen Galvani und nicht an den Namen Volta, der der Erfindung des lenkbaren Luftschiffs an den Namen Zeppelin und nicht an den Namen Schwarz, das alles ist Zufall; Zufall, den man freilich von nachhinein psychologisch begründen kann, wie sich eben alles von nachhinein begründen läßt.

Will man jedoch die Zufälligkeit des Unmittelbar-Geschichtlichen, der gegenüber Kausalität nur als Forderung der Geschichtsstiftung besteht, nicht anerkennen, so bleibt nichts übrig, als Kausalität für Naturtatsache und somit alles Leben, auch unabhängig von der Zurechtbiegung im Schrifttum, für logischer Natur zu halten.

Dies ist denn auch der geheime Aberglaube aller Kriegs- und Staatstheoretiker. Ein deftiger metaphysischer Realismus, der zuletzt auf den Fatalismus der Orientalen, das große Kismet der Gleichgültigkeit, hinausläuft, das ist die notwendige Grundlage des Wissenschaftsaberglaubens an Geschichte. Damit verzichtet der Mensch, der Notwendigkeit sich beugend, auf persönliche Selbstverantwortlichkeit (selfreliance) und auf freie Weltgestaltung, indem er, ohnehin in Gott ruhend, als Glied einer logischen Weltordnung diese Weltordnung eben nur nachzuzeichnen und anzuerkennen hätte.

IV. Über logificatio post festum.

(Da ich diesen Kernbegriff schon viele Male früher dargelegt habe, so führe ich, um nicht immer wieder mich selber abschreiben zu müssen, zunächst einige Stellen an, an denen Inhalt und Umfang des Begriffs ausführlicher dargelegt worden ist: Wertaxiomatik 2. Aufl. S. 56, 57, 71, 81, 89—95, 97. Bruch in der Ethik Kants. Wert- und willenstheoret. Prolegomena, 1908, III 50—71. Philosophie als Tat; Wissenschaft als Kraftökonomie S. 30—74; Schopenhauer, Wagner, Nietzsche S. 117 f.)

§ 27. Der Begriff der nachträglichen Sinngebung.

Auf den Begriff der logificatio (sacrificatio) post festum führten mich vor mehr als einem Jahrzehnt sprachliche Überlegungen, nämlich die Wahrnehmung, daß das griechische *αἰτία*, das lateinische causa und ebenso das deutsche ‚Grund' ursprünglich nicht im Sinn logischer Bestimmung, sondern mit einem Hauch von Anklage im Sinn von ‚entgegenstehend' oder schuldig gebraucht wurde, etwa entsprechend der Definition David Humes ‚causality is some forcible'; sodann die weitere Wahrnehmung, daß in einigen Sprachen, z. B. im Chinesischen, der Schuld- und der Ursachbegriff zusammenfallen, so daß diese Sprachen einen eigenen moralischen Schuldbegriff nicht kennen; nicht etwa darum, weil (wie Antichrist I 41 f. Fr. Nietzsche ausführt) ihnen der christliche Schuldgedanke fremd ist, sondern darum, weil der logische und der moralische Ursachbegriff zusammenfallen und alles Logische ursprünglich von moralischer Art ist.

In dieser Annahme nun, daß dem logischen Kausalbedürfnis ein weit ursprünglicherer moralischer Werthaltungsakt zugrunde liegen müsse und daß die Aufstellung von Ursachen (des Geschehens oder Daseins) also recht eigentlich ein Schuldsuchen (Auswerten) in sich berge, bestärkten mich vielerlei Beobachtungen psychologischer Art. Einiges davon sei im folgenden mitgeteilt. —

Wenn Unglücksfälle, Krankheiten, Beschwerden, Notstände eines Individuums die Umgebung zur Anteilnahme herausfordern, so macht sich in dieser alsbald das Bestreben geltend, den Grund des Notstandes aufzusuchen oder, wie man im Deutschen sagt, ‚nachzusehen, woran denn die Schuld liege'. Überall fordert der Notstand und die Hemmung innerhalb gewohnten Seelenabflusses, das heißt innerhalb des Gewohnheitsablaufes von Vorstellungen zur Aussonderung der Ursache, das heißt des störenden oder abzustellenden Faktors heraus. Ist nun aber diese Ursache entdeckt, so tritt auch eben damit eine Beruhigung oder Entlastung ein. (Ich bezeichne sie als ‚Entwirkung', vgl. Schopenhauer-Wagner-Nietzsche III S. 107—115.) Kann die Umgebung beim Notstande eines ihrer Mitglieder erst sagen: ‚Hättest Du nicht ...' oder ‚Wärest Du nur ...' oder ‚Hättest Du bedacht, daß ...', so ist die Schuld auf die leidende Person abgeschoben und die zur Tätigkeit oder Teilnahme herausgeforderten andern können — sich beruhigen.

Eine ähnliche Wahrnehmung finde ich bei allen Gerichtsvorgängen. Sobald die Ursache eines Tatsachenkomplexes, der ausgewertet werden muß, in die Person des Angeklagten abgeschoben werden kann, beruhigt sich ein Rechtsbedürfnis, welches dem Bedürfnis nach Kausalität so ähnlich ist wie ein Ei dem andern. Es handelt sich um ein offenbar noch primitives Rechtsbedürfnis, da man für ein Verbrechen geradesogut die Gesellschaft, die Voreltern, die Erziehung, die zufällige Verwicklung verantwortlich machen könnte, wie die Person des Täters.[1]

Schließlich aber hat sich in mir die Überzeugung verfestigt, daß Richter ihre Rechtsurteile gar nicht um des Angeklagten willen (etwa aus den vorgegebenen Gründen ethischen Erziehertums), sondern schlechtweg zu ihrer eigenen Beruhigung fällen. Nur dann, wenn die Schuld nicht in die Person abgeschoben werden kann (was übrigens bei den meisten Anklageakten gelingen muß), kommen Richter zu freisprechenden Urteilen. . . .

Verfolgen wir diesen Gedanken, so kommen wir schließlich zu der scheinbar unerhört paradoxen, aber dennoch wohl möglichen Annahme, daß alles Moralische oder Soziale recht wohl eine Art Abwälzen von Verantwortlichkeit, ein Sichentbindenwollen von Selbstgesetzgebung der Vernunft, ja ein Sichentschämen der Person (und somit ein Vorwand der Nichtethik) sein könne. Überall gehört es zu den Schutzwehren der Schwäche, daß Handlungen, die sie aus sich selbst nicht verantworten kann, ‚im Namen von' begangen werden. So legitimiert der Massenwahnsinn alle die hemmungslosen Instinkte jener, die im eigenen Namen ihre Triebe nicht verantworten können; ja er benötigt und organisiert diese Triebe, ein Umstand, der nicht wenig dazu beiträgt, daß Epochen allgemeiner Barbarei, wie die gegenwärtige, als die großen Epochen der Geschichte begrüßt werden.

Das Beruhigungs- und Abwälzungsbedürfnis als Quelle moralischer und logischer Urteile stellt das Störsame meist sehr kurzerhand vom Menschen ab, so wie in China die Hausgötzen aus Holz bei schlechtem Wetter oder bei unliebsamen Ereignissen kurzerhand Prügel bekommen. Möglicherweise sind auch alle wissenschaftlichen Kausalketten viel zu schnelle Abwälzungen und Beruhigungen kurzerhand. Ja vielleicht ist das Kausalbedürfnis selber eine mythologische Ichbezüglichkeit. Jedenfalls steckt in jeder historischen Kausalität etwas von dem alten Schuldgeben und Schuldsuchen, das heißt ein pathisch-anthropopathisches Element, welches Geschichte von aller strengen, das heißt gefühls- und willensfreien Wissenschaft für immer abtrennt. . . .

[1] Wertaxiomatik IV, 13 Epochen der Schuld.

§ 28. Schuld- und Verschuldungsursache.

Die naive Annahme, daß das Schädliche und überhaupt die Hemmung immer einer Schuld entsprechen müsse (die man dann späterhin Ursache nannte), macht nun freilich die Geschichte schreibende Person nicht nur geneigt, Ursachen, im Sinn von Schuld, ausschließlich bei fremden Personen zu suchen, das heißt bekanntermaßen ‚historische Sündenböcke‘ aufzustellen (Potentaten, Staatsmänner, verantwortliche Persönlichkeiten), welche doch allesamt keineswegs freischaffende Götter, sondern eben auch nur ein Index von Geschichte sind (selbst dann, wenn sie glauben, Geschichte zu machen). Es geschieht vielmehr ebensooft, daß die Ursache (im Sinn von ‚Schuld‘) in der eigenen Person des Feststellenden aufgesucht wird. Man könnte die historische Kausalität daher in zwei Modi zerlegen: in die Sündenbockkausalität und in die Versündigungskausalität.

Im Falle der Versündigungskausalität wird Mißerfolg, Leiden und unabwendbare Hemmung vom einzelnen als Ausfluß seiner Schuld logifiziert. Das ist ein Vorgang, der an die Wurzeln aller Ethik und Logik rührt. Bei allen leidensgewohnten oder passiv erduldenden Gruppen besteht eine Neigung, das Unerträgliche dadurch leichter zu machen, daß eine Art sittlicher Gerechtigkeit und Wille hineingedeutet wird. Auf Grund dieser Neigung haben noch so brutale Regierungen, wie wir z. B. gegenwärtig an der russischen Tyrannei in Polen, an der englischen in Indien sehen, es immer leicht, unglücklich ausgehende Maßnahmen, für die man sie zur Rechenschaft fordern könnte, auf das Versündigungsbewußtsein der Bedrückten abzuschieben. Habt ihr es nicht verdient? lautet die Frage. Denn man beobachtet, daß die Auffassung des Widrigen als einer Art Nemesis oder religiösen Strafe die einfachste Form der Beruhigung über die Hemmungen der Existenz ist. Das ist die einfachste Rechtfertigung unsres Leidens! Ein historisches Unglück, z. B. Verlust und Buße in Kriegszeiten als Strafgericht Gottes anzusehn und aus schlechter moralischer Beschaffenheit des Volkskörpers zu erklären, das entspricht dem spezifischen Kausalaberglauben der Geschichtswissenschaft.

So haben schon die römischen Geschichtsschreiber die Niederlage der Römer an der Allia am 18. Juli 390 als eine Strafe für den von den römischen Gesandten verübten Bruch des Völkerrechts angesehen und bei dieser moralischen Deutung sich beruhigt, wie denn überall der

Mensch anfängt, moralisch zu werden, wenn etwas schief geht, so daß man alle Moral mit einem Wortspiel als ein Sichschlechtbefinden definieren könnte. Umgekehrt besteht im Fall des glücklichen, das heißt des erfolgreichen Ausgangs im Sieger die noch plumpere Neigung, sich selber eine Art von Geheimratsstellung zur sittlichen Weltordnung und eine von Gott gewollte Sendung zuzubilligen, womöglich gar mit jener scheinheiligen Demut der Selbstgerechtigkeit, die wir bei allen plötzlichen Machtrauschtaumeln der Geschichte, in Deutschland z. B. 1870/71 und nach den ersten Siegen im August 1914 wahrnahmen. Die nationalen Historiker orakeln dann billig als ‚rückwärts gewandte Propheten' (Treitschke) und geben unaufhörlich ihre vaticinia post eventum zum besten, offenbar immer ganz genau unterrichtet, was die göttliche Weltvernunft eigentlich gewollt hat, während man doch in Wahrheit diese historische Vernunft durchaus eigenbezüglich orientiert und alles, was im Weltall geschieht, recht naiv um das eigenste kleine Mückendasein ordnet oder um das Mückendasein seines Staates, seines Volkes, seiner Kultur.

Die selbe Sinngebung von nachhinein, die gegenüber den Machtwechselzufällen der Geschichte tröstlich geübt wird, dient auch dazu, um die Verschiedenheit der Glückszufälle, Lebensläufe und Schicksale begreiflich und annehmbar zu machen.

Wenn der eine an wohlbesetzter Tafel schwelgt, während der andere jeden Pfennig zehnmal umdrehen muß, ehe er ihn ausgibt, wenn der eine in einer Nacht so viel für Sekt und Zigaretten, Spiel oder Weiber verbraucht, wie der andere benötigt, um sich und seine Nächsten ein Jahr lang zu erhalten, so wagt der Nationalökonom in dieses Chaos der Geburts- und Machtzufälle die Ordnung hineinzusehen. Er greift etwa nach geläufigen Phrasen der Scheinnaturwissenschaft. Er redet von Auslese, Besserangepaßtsein oder orakelt von wirtschaftlicher Notwendigkeit. Auch hierbei handelt es sich um logificatio post festum. Denn alle diese empirischen Gesetze sind eine Erfindung von Optimisten. Man könnte ja mit dem selben Recht die Verteilung der Wirtschaftsgüter als Funktion der aufsummierten Dummheit oder Gemeinheit erläutern. Man könnte als Gesetz hinstellen: je gewöhnlicher eine Seele ist, um so größere Aussichten besitzt sie, materielle Güter an sich zu ziehen. Am richtigsten aber trifft man den Kern, wenn man mit Schiller eingesteht: ‚Ohne Wahl verteilt die Gaben, ohne Billigkeit das Glück.'

Eine gesetzmäßige Verteilung und Ordnung von Schicksal, Los, Glück, Genuß ist keine Gegebenheit, sondern ist Aufgabe des Menschen.[1]

Endlich gehört zur logificatiò post festum auch dies, daß man historische Notausgänge oder Zufälle von nachhinein als Wesensgesetze zu betrachten pflegt. Das ist insbesondere die fromme Lüge sogenannter Völkerpsychologie. Jene Wesensseiten, die sich von nachhinein aus den historischen Schicksalen eines Volks abstrahieren lassen, werden durch einen wunderlichen Paralogismus zuletzt als die ‚Ursachen' des historischen Schicksals bezeichnet. Daß z. B. das römische Imperium schließlich zu einer zentralisierenden Staats- und Volkswirtschaft führte, war unvermeidlich. Dieser Zentralismus ging aus Not der Umstände hervor. Die selbe Not verfügte, daß Kriegs- und Waffendienst zum Hauptinteresse des Volkes gemacht werden mußten. Von nachhinein aber formuliert der Geschichtsschreiber folgendes Wesensgesetz: ‚Es steht fest, daß die Römer weniger zu Reformen in Künsten und Wissenschaften als zu praktischen Leistungen veranlagt waren.' Es läßt sich nicht einsehen, warum denn die Römer weniger geistig ‚veranlagt' gewesen sein sollten als die Griechen. Vielmehr dürfte bei den einen der zentralisierende Imperialismus, bei den andern der Zerfall in viele kleine, einander den Rang ablaufende Stadtstaaten die Bahn der Geschichte bestimmt haben. — Die Zerstreuung der Juden unter alle Völker der Erde machte die Fortbildung einer schollenhaften Kultur, zu der doch immerhin starke Ansätze da waren, völlig unmöglich und undenkbar. Von nachhinein aber glaubt der Historiker etwas Wesentliches zu sagen, wenn er konstatiert: ‚Es ist ein bekanntes Gesetz, daß der Jude sehr geeignet ist zur Fortführung und Aufnahme der Leistungen andrer, daß er dagegen verkümmert, wo er auf sich selber angewiesen ist.' — Von dieser Art sind alle ‚Wesensgesetze'. Die Charaktere, die erst von nachhinein aus Geschichte herausgelöst werden, werden zuletzt als die Ursachen des historischen Geschehens angesprochen. Man könnte auf die Vermutung kommen, daß es sogar mit der Aufstellung historischer Stilformen und Stilgesetze ähnlich sich verhalte. Wenn man nämlich die Überlieferungen jedes Zeitalters unmittelbar vornimmt, so findet man in ihnen immer wieder die selben Urteile und Klagen

[1] Wo ich von Sinnlosigkeit der Natur rede, ist nicht die der Bewußtseinswirklichkeit (natura naturata), sondern die ihres Elements (natura naturans) gemeint.

über die Gegenwart. Immer wird die Vergangenheit als eine Zeit gefestigter und klarer Lebensform der verwirrten und verworrenen Gegenwart gegenübergestellt. Das 19. Jahrhundert klagte genau wie das 18. und 17. über die Charakterlosigkeit und Stillosigkeit aller Lebens- und Kunstformen. Von nachhinein aber entdeckt dann das folgende Jahrhundert an der Vergangenheit einen sehr bestimmten und einseitig charakterisierbaren Lebensstil, wahrscheinlich darum, weil unter Übersehen anderer Richtungen und Strömungen eine besonders sich aufdrängende Richtung von nachhinein aufgegriffen und unterstrichen wird und je weiter die Vergangenheit von uns abrückt und historisch wird, um so leichter haben wir es, ihr den ganz bestimmten und einheitlichen Charakter anzuhängen. Auch das ist Sinngebung von nachhinein.

Der äußerste Notausgang der logificatio post festum ist allemal die folgende Geschichtslogik: Diese Revolution war historisch notwendig, um der Menschheit zu zeigen, daß sie nicht notwendig ist. Der Weltkrieg mußte sein, um die Menschheit zum Kriege gegen den Krieg zusammenzuschmieden. Es war geschichtlich nötig, daß ich mir ein Bein brach, um künftig mich besser gegen Beinbruch in acht zu nehmen.

§ 29. Über vaticinia post eventum.

Alle sinnvollen geschichtlichen Ereignisse verlaufen ausnahmslos nach dem folgenden Schema: Individuum A und Individuum B stehen beide im Kugelregen. Wen wird die Kugel treffen? Wird sie überhaupt einen von beiden treffen? A sagt zu B: ‚Bitte hebe meinen Tornister auf‘ und B bückt sich nach dem Tornister. In diesem Augenblick kommt die Kugel und zerschmettert A, während B gerettet ist, weil er für A sich gebückt hat. Hätte dagegen A sich selber gebückt, dann wäre B zerschmettert und A gerettet worden. Das will sagen: Für das Sinnsystem B ist dieser Vorgang durchaus sinnreich; für das Sinnsystem A dagegen ein sogenannter ‚blinder Zufall‘; ob wir ihn an sich selbst zufällig oder notwendig nennen wollen, steht ganz in unserm Belieben, da die beiden Worte nur eine bestimmte Relation und Einstellung zu dem historischen Geschehnis, nicht aber Eigenschaften am Geschehen selber bezeichnen.

Die historische Gerechtigkeit, der historische Sinn erinnern somit an jene wunderliche Logik, die ein halbverrückter General namens

Derbois während der französischen Revolution bewies. Dieser Narr ließ 1793 die Stadt Lyon einäschern, aus keinem andern Grunde als darum, weil er zwanzig Jahre zuvor bei seinem Debut als Schauspieler auf einem kleinen Vorstadttheater dieser Stadt ausgepfiffen worden war. Oder man kann auch an die Logik jenes Dionys I von Syrakus denken, welcher im Jahre 406 v. Chr. die Stadt Rhegion mit unmenschlicher Härte aufbrennen und alle ihre Einwohner gräßlich zu Tode martern ließ mit der einfachen Begründung, daß einst eine Dame aus jener Stadt seine Liebesbewerbungen zurückgewiesen habe. Ganz dieselbe historische Logik gilt noch heute. Als z. B. im Juni 1916 in Deutschland die Kunde sich verbreitete, daß der englische Großadmiral Kitchener bei einem Schiffsunglück ums Leben kam, wurde in den Straßen der deutschen Städte geflaggt und von den Kanzeln gepredigt, Gott habe an England ein Strafgericht vollziehen und durch den Unglücksfall seinen Willen beweisen wollen. Ganz die selbe Logik wiederholte man im April 1917, als die Kunde verbreitet wurde, daß der verhaßte englische Staatsmann Lord Grey erblindet sei.

Diese unerhört primitive Selbst- und Eigenbezüglichkeit der sogenannten Wirklichkeitswissenschaft Geschichte möchte ich mit dem folgenden gelegentlichen vaticinium post eventum in Dantes Inferno CXXVI, 7 f. vergleichen. Dante weissagt im Jahre 1304 den Florentinern den Einsturz einer Brücke über den Arno und den Brand eines Stadtteils von Florenz als Strafe für die schlechte Behandlung, welche sie ihm zugefügt haben. Diese Weissagung aber schrieb er nieder, nachdem er längst wußte, daß die betreffende Brücke schon im Jahre 1300 eingestürzt und der betreffende Stadtteil abgebrannt war. Er bezieht also nachträglich die Ereignisse der Stadtgeschichte auf sein Schicksal, so wie jedes Wesen die gesamte Weltgeschichte nebst Sonne, Mond und Sternen mit seinem eigenen Leben verknüpfen und in Zusammenhang bringen muß. Dabei können denn freilich Not, Tod, Pein und Untergang unmöglich sinnvoll sein für diejenigen, die daran unterliegend zugrunde gingen. Aber sie sind ausnahmslos sinnvoll für diejenigen, die als Überlebende diese Ereignisse von nachhinein auf ihr Überlebenbleiben beziehen und beziehen müssen.

Nun aber wird Geschichte bekanntlich nur von Überlebenden geschrieben. Die Toten sind stumm. Und für den, der zuletzt übrig bleibt, ist eben alles, was vor ihm dagewesen ist, immer sinnvoll gewesen, insofern er es auf seine Existenzform bezieht und beziehen muß, d. h. sich selbst und sein Sinnsystem eben nur aus der gesamten Vorgeschichte seiner Art begreifen kann. Immer schreiben Sieger die Geschichte von Besiegten, Lebengebliebene die von Toten.

Somit ist Geschichte die egozentrische Selbstbezüglichkeit des Geistes, der aus Geschichte herausgeboren, zuletzt Geschichte als Vorstufen seiner eigenen Gegenwart begreift und die notwendige Lebenskunst übt (die recht eigentlich hervorragendste Fähigkeit aller Geschichteschreiber und Geschichtemacher), unermeßliche Summen von Qualen anderer, unaufhörliche Untergänge anderer heroisch ertragen zu können. Wenn nur er und seine Ideale übrig bleiben, so vermeint er die Vorwelt als Stufe zu ihm hin geheiligt und begründet.

Die Italiener haben das ausgezeichnete Sprichwort: Cosa fatta capo hà, ‚Geschehen Ding hat Kopf'; das will besagen, man muß Menschen vor vollendete Tatsachen stellen; sie werden dann nicht rasten und ruhn, bis sie von nachhinein alles und jedes sinnvoll befanden, weil das Sinngeben von nachhinein eben die Art ist, wie sie sich mit allem und jedem abfinden.

V. Die tätige und die leidende Einstellung in Geschichte.

Vorbemerkung.

In den obigen Ausführungen über logificatio post festum liegt ein Gegensatz verborgen, welchen ich in dieser Schrift nur andeuten, nicht aber in seiner ganzen gewaltigen Wirksamkeit darstellen will: der Gegensatz der aktiven und passiven Einfühlung in Geschichte.

§ 30. Über die historische Mit- und Gegenahmung.[1]

Jedes Werturteil wird durch die Frage vorbestimmt, ob ich die zu bewertende Tatsache als Täter oder als Erleider bewerte. Wir sind z. B. geneigt, Lüge und List für ‚gerechtfertigt' zu erachten, wenn just unsere Existenz sich ihrer aktiv bedienen muß, werden aber ausnahmslos jede Lüge, jede List mit sittlichen Widerständen beant-

[1] Hierzu der Entwurf der Ahmungspsychologie in ‚Philosophie als Tat' S. 127—151. Ferner der Entwurf zu einer ‚Allgemeinen Charakterologie' im Archiv für System. Philosophie 1918.

worten, wo unsere Existenz wehrlos-duldend oder unnötig-leidend daran zugrunde geht. — Die bloße Tatsache der Defensive oder des Nichtanderskönnens gilt daher in der Geschichte als ein Rechtstitel; alles in ihr geschieht aus Notwehr, und die entscheidende Frage der Geschichte als Wirklichkeitswissenschaft ist immer: Wie erhalten wir uns? [Während die Ethik (im Gegensatz zur Geschichte) fragen müßte: Sind wir wert, erhalten zu bleiben?]

Fühlen wir uns demnach in der politischen Geschichte als das aktive Subjekt des Vorgangs (als diejenigen, die Geschichte machen und historische Schicksale verhängen und entscheiden), so gewinnen wir ein völlig anderes Weltbild, als wenn wir uns als vergewaltigte Opfer der Geschichte, als ihr bloßes Menschenmaterial oder Kanonenfutter empfinden. Daher ist es schon nicht gleichgültig, ob man einen Sachverhalt als Vorgesetzter oder als Untergebener zu betrachten hat, vielmehr ist die immer wiederkehrende Erfahrung der Geschichte, daß man fanatische Vertreter der duldenden Parteien dadurch umstimmt, daß man sie zu Ausführern und Verwaltern der von ihnen bekämpften Maßregeln macht, daß aber umgekehrt eine völlig aussichtlos nur zu Leiden vorbestimmte Schicht jede Gegenwart verwirft und jeder historischen Veränderung zustimmt, wie denn überall die historische Veränderung von dem ‚kranken Punkte' (a loco minoris resistentiae) ausgehn muß, welches sehr weittragende Gesetz ich das Gesetz der kranken Minorität genannt und als den eigentlichen und wahren Kern der Marxschen Verelendungstheorie sowie der Fortschrittstheorie von Proudhon und der von Henry George aufgewiesen habe.[1]

Ein türkisches Sprichwort sagt ‚Anders philosophiert das Pferd über die Peitsche, anders der Fuhrmann' und ein mittelalterliches Wort ‚Wo der Goi lacht, da weint der Jüd'; das will besagen, daß alle Geschichte aus einer Vogel- wie aus einer Froschperspektive gesehen werden kann und daß Bejahung des historischen Ereignisses nur das Werk derer sein kann, die das Ereignis übrig läßt und emporträgt; Verneinung dagegen der Notausgang derer, die dabei die Kosten tragen und mit dem Hinweis auf die Vernunft alles Wirklichen abgefunden werden.

---

[1] Schopenhauer, Wagner, Nietzsche S. 115.

§ 31. Lüge der historischen Ideale.

Wie würde eine Geschichtsschreibung vom Standpunkt der Schlechtweggekommenen die historischen Überlieferungen ändern? Wie würde Geschichte Roms und des römischen Reiches vom punischen Standpunkt aus zu schreiben sein? Wie Geschichte Spaniens vom Standpunkt der Azteken?

Die Politik des römischen Raubreiches im Beginne der Vernichtungskämpfe gegen Karthago ist von unübertrefflicher Nichtswürdigkeit; der stolzeste Senat entblödet sich nicht, unter tückischen Verklausulierungen mit offenkundigen Strolchen, den sogenannten Mamertinern ein Schutz- und Trutzbündnis zu schließen, nur um Gelegenheit zu bekommen, sich in die punischen Händel auf Sizilien einmischen und der Nebenbuhlerin Karthago schaden zu können. Als die nach Sizilien entsandte römische Flotte unterwegs ist, erhält sie die Nachricht, daß die Händel auf Sizilien schon beigelegt und ihre Sendung somit hinfällig geworden sei, aber schnell einsehend, daß damit eine erwünschte Gelegenheit verpaßt werde, befiehlt der Führer, die Nachricht nicht zu beachten, sich unwissend zu stellen und auf Sizilien zu landen.

Die Nichtswürdigkeiten des spanischen Heldengesindels in Peru, unter Cortez und Pizarro, ihre Treulosigkeit, Gemeinheit, Raub- und Mordlust gegen die Inka spotten jeder Beschreibung. Wir sind jedoch gewohnt, die Geschichte mit den Augen der überlebenden Sieger zu betrachten und besitzen keine Geschichte der untergegangenen Völker.

Es macht schon einen Unterschied, ob ich vorgeneigt bin, durch Sieg und Macht oder durch Mitleid und Erbarmen mein Urteil bestimmen zu lassen, ob ich geschichtliche Tatbestände ästhetisch oder moralisch begutachte. Die Geschichtschreibung eines Leopold v. Ranke zeigt ästhetische, die eines Johannes Scherr durchaus moralische Werte. Lesen wir eine vortreffliche historische Arbeit, wie die Darstellung der griechischen Sophistik durch George Grote, so lächelt hinter jedem Blatt das zufriedene Gesicht eines unabhängigen, begüterten Mannes, welcher Griechenlands dialektisches Zeitalter mit dem Auge des ästhetisch Genießenden betrachtet. Liest man aber die nicht minder vortreffliche Darstellung des selben Gegenstandes in der kritischen Geschichte Eugen Dührings, dann steht ein Entrüsteter hinter jedem Wort, der mit der Moral wie mit einer Keule die selben Personen erschlägt, die der englische Darsteller mit soviel Liebe schildert. Der italienische

Historiker, der die Kultur der Päpste aus den Häusern Borgia und Medici weit über Luthers Reformation stellt und die Persönlichkeit Luthers als eng, bronzestirnig und bäurisch schildert, hat ganz sicher recht; aber die deutschen Historiker, welche Luthers sittliche Persönlichkeit gegen die liederliche Geschichte der Päpste auftrumpfen, haben zweifellos nicht minder recht.

Ein geschichtliches Faktum als solches, z. B. das Ende Roms, der Untergang Griechenlands, der Aufschwung Amerikas, ist an sich weder gut noch schlecht, weder positiv noch negativ wertvoll. Erst die Beurteilung gibt dem Geschehen ein Wertprädikat; diese Beurteilung aber ist Funktion der persönlichen Notwendigkeit, aus der heraus wir Stellung nehmend, das eine bestätigen und das andere verwerfen. Wahrscheinlich aber ist die Geschichtsentstellung aus Gegenahmung (ressentiment) häufiger als Tatsachenverfälschung aus Liebe und Enthusiasmus. Diese Rolle des Ressentiment in der Geschichte ist noch völlig unerforscht. Nur Adolf Stahr versuchte in seinen zu Unrecht vergessenen, die Taciteischen Geschichtsmythen umstürzenden historischen Werken den Nachweis zu führen, daß viele Ungeheuerlichkeiten der römischen Kaisergeschichte, insbesondere der Geschichte des Tiberius, Caligula, Nero und Titus, nur Erzeugnisse eines sich rächenden M a s s e n g r o l l e s sein können. Wer aber will bestreiten, daß ähnliche Skepsis selbst gegenüber der vermeintlich objektivsten Geschichtsschreibung berechtigt ist. Grade Tacitus behauptete reinen Gewissens sine ira et studio Geschichte zu schreiben und lieferte doch nur Tendenzschriften. Auch sei hier an die unausrottbare Gewalt gewisser Legenden erinnert. Es hat vieler Jahrhunderte Mühe bedurft, bis man das Bild des Römers Vergil von dem Verdachte reinigte, daß ein böser Zauberer dahinterstehe. Im Augenblick belfert alle Welt gegen das sogenannte Testament Peters des Großen, obwohl längst erwiesen ist, daß es sich um eine freche Fälschung handelt. Kaum je ist eine keckere Lüge ersonnen worden als die Lüge von der Konstantinischen Schenkung. Aber länger als ein Jahrtausend wurde sie geglaubt. Alle Rechtstitel der Kirche ruhten auf den pseudoisidorischen Dekretalien. Noch Walther von der Vogelweide, ja noch Dante glaubten fest an ihre Wahrheit.

Eine der häufigsten Wahrnehmungen der Geschichte ist fernerhin jene, die Friedrich der Große in folgende Worte faßt: ‚Daß Staatsmänner irren, ist keine Eigenart unsres Jahrhunderts. Die Geschichte hat immer gelehrt, daß die großen Dinge klein enden.' — Man denke nur an die berühmte Liga von Cambrai, die Armada, den Krieg Philipp II gegen Holland, die großen Pläne Ferdinands II zu Beginn des dreißigjährigen Krieges, an den Erbfolgekrieg. Kein Mensch hatte gedacht, daß sie so auslaufen konnten, wie sie ausliefen.

Zwischen 1852 und 1862 wurde in Deutschland jeder als Verräter am vaterländischen Ideal gebrandmarkt, der die Politik Otto v. Bismarcks zu verteidigen unternahm; nachdem aber diese Politik siegreich geworden war, wendete das Blatt sich so gründlich, daß heute, 1914, just umgekehrt als Verräter am vaterländischen Ideal gebrandmarkt wird, wer z. B. die Annexion des Elsaß, die Ausstoßung Dänemarks aus dem Deutschen Reich, die Entfremdung des Königreichs der Niederlande, die Einverleibung Hannovers in Preußen usw. als Fehler der Bismarckschen Politik brandmarken oder gar den Deutschen Bund zurückwünschen würde. Wer die selben Ansichten, die vor fünfzig Jahren die öffentliche Meinung von ganz Deutschland waren, heute verteidigt, gilt als Lump oder Narr. So aber steht es um alle Ideale der Geschichte. Sie veralten von heute auf morgen. Überhaupt aber ist es Lug und Trug zu wähnen, daß starke sittliche Gesinnungen und Inhalte jemals im öffentlich-politischen Leben sich durchsetzen können; vielmehr sind die sogenannten politischen Charaktere durchaus ein Gegenpol der sittlichen. Sie sind im besten Fall von der Art des Marc Anton in Shakespeares Julius Cäsar, dessen Rede III, 1 die beste Darstellung völkischer Meinungpflanzerei ist.

Jedes Blatt Geschichte, von der frühesten Ahnenzeit bis zur Gegenwart, predigt immer und immer wieder neu, daß historisch-politische Ideale Umschreibungen für praktische Absichten sind und nie etwas anderes sein können, wenn auch freilich jedes Volk das andere totzuschlagen oder zu begaunern sucht in der heiligsten und reinsten Überzeugung, die Kultur, den Weltfrieden, die Sittlichkeit, das Recht und ich weiß nicht was alles zu verwirklichen; am meisten freilich glänzen in ideologischer Verlogenheit die germanischen Völker, besonders Engländer und Deutsche.

„Wenn Glocken läuten, haben Menschen fromme Gefühle,
Wenn die Kanonen dröhnen, kriegerische." (Russisch.)

Um zu lernen, daß die idealen Attituden der Völkergeschichte zuletzt irgendwelche Macht- und Nutzwilligkeiten der Menschen verbergen, betrachte man nur das ewige, widerwärtige Gezänk der Ghibellinen und Guelfen während des ganzen Mittelalters, wobei nicht etwa nur einzelne Personen, nein ganze Städte innerhalb weniger Monate drei- oder viermal ihre politische Überzeugung von Grund auf wechselten, je nachdem die selbstsüchtige Notwendigkeit das empfahl; oder um ein Beispiel aus jüngerer Zeit zu haben, so beobachte man, wie die katholische Kirche sich bald bestimmten nationalen Erfordernissen, zumal denen Frankreichs, anpaßt, bald auch wieder auf eine übernationale Denkart und die Zwischen- und Allmenschlichkeit ihrer Glaubenslehre sich besinnt; oder wie der europäische Sozialismus, August 1914, den entscheidenden Augenblick, wo sein internationaler Gedanke sich erproben und zur Wahrheit werden konnte, kläglich charakterlos verpaßte, aber auf die alte internationale Phraseologie sich sofort besann, sobald die Massen sie wieder zu hören wünschten. Oder man betrachte die über alle Begriffe klägliche und erbärmliche Haltung der Frauen und Frauenbewegung während des Weltkrieges oder die Friedens- und Fortschrittsphraseologie, mit der Amerika seine ganz vortrefflichen Geschäfte bemäntelte. — Gegenwärtig (1916) werden in England die Serben, weil sie einen Unabhängigkeitskrieg gegen die Türken führen, als Märtyrer und Helden der Freiheit bewundert, dagegen die Iren, weil sie den selben Unabhängigkeitskrieg gegen England führen, Verräter genannt und grausam hingeschlachtet. In Deutschland bezeichnet man umgekehrt die Iren als Märtyrer und Helden der Freiheit, dagegen die Serben aus den nämlichen Gründen als Schurken, die den Völkertod verdient haben. — Nach Rénan sind die Jahre 1815—1848 die glücklichsten, die das Menschengeschlecht je erlebt hat: Treitschke dagegen bezeichnet die selben Jahre als die allerunglücklichsten. Gibbon nennt die Zeitalter der großen Monarchien, Macaulay die der großen Republiken die Höhepunkte der Geschichte. So also entscheidet niemals der reine Wert der Sache, sondern unsere Einstellung zur Sache und die Frage, ob wir zu ihr als Täter oder als Erleider uns verhalten.

§ 32. Die Geschichtsethik der Sterben- und Tötenkönner.[1]

Die Doppeleinstellung als Mit- oder Gegenahmung wird nur selten so klar und einfach zum Ausdruck kommen wie an der tätigen Geschichtsphilosophie Hegels und an der erleidenden Schopenhauers.

Wenn Hegel von Geschichte spricht, dann pflegt er stets sein eigenes Volk, ja sogar die preußisch-protestantische Sondergeschichte mit dem absoluten Geist zu identifizieren, ehrlich davon überzeugt, daß, wenn er, Friedrich Wilhelm Hegel, philosophiert, dann eigentlich der Logos selber durch ihn hindurch philosophiert, wie Jehova durch Bileams Eselin. Immer denkt Hegel sein eigenstes logisches Ich als handelndes Subjekt der Geschichte. Schopenhauer aber fühlt anders. Er weiß sich dazu berufen, die Stimme der leidenden Kreatur wiederzutönen, und indem er von Geschichte spricht, steht er durchaus draußen, dem Ringkampf um die Macht nur zuschauend und auch den Freuden der ritterlichen Tat so abhold, wie der Buddhist oder der Christ, dessen Reich ‚nicht von dieser Welt ist'.

Die beiden Denker vertreten Gegenpole der Geschichtsauffassung. Der gewöhnliche Mensch ist bald Täter, bald Dulder der Geschichte, oft leidend und tuend zugleich, ja vielleicht sogar im Leide aktiv oder in aller Aktivität ein Leidender; zugleich Richter und Opfer des historischen Prozesses.

Zu voller Ruhe und Sicherheit kommt daher das historische Urteil nur dort, wo die historische Tatsache kein Interesse mehr hat; so lange aber die Tatsachen mit Interesse betrachtet werden, kann es sich immer nur um den Wechsel zwischen aktiver und passiver Einstellung handeln. Die historische Auswertung kommt dabei in gleicher Art zustande, wie z. B. ein moralisches Urteil über Statthaftigkeit oder Verwerflichkeit der Untreue, Lüge, List usw. Je nachdem der Urteilende sich in Lagen einversetzt, in denen er selbst gezwungen ist, die Treue zu brechen, oder aber in solche, bei denen er selbst der Betrogene ist, ändert sich der Wertakzent. Keiner will belogen werden, jeder aber Gelegenheiten gelten lassen, in denen er sich eine Lüge zubilligt. Immer also muß eine Eigenbezüglichkeit des Wollens hinter dem Werturteil stehn. . . .

---

[1] ‚Philosophie als Tat' S. 79—82.

Eine Nation, die ihren eigenen Untergang als sittlich-sinnvoll bejubelte, würde möglicherweise den letzten Gipfel der Ethik darstellen, sicher aber nicht lebensfähig sein; muß daher noch gefunden werden. Die Notwendigkeit und Berechtigung der eigenen Existenz ist die unerschütterliche Voraussetzung aller historischen Urteile und Schätzungen. Gleichwohl kann geschehen, daß die logificatio post festum den im § 28 dargelegten Notausgang einschlägt und das eigene Leiden als eigene Schuld logifiziert, womit das, was ohnehin getragen werden muß, mit scheinbarer Freiheit getragen wird, indem man es als irgendwie verdiente Bestrafung von nachhinein billigt. Dies ist — (ein immer wiederkehrender Vorgang der Geschichte) — der Weg, auf dem der Besiegte und Leidende seine Aktivität zu erretten pflegt. So lassen die Kinder Israel zu Zeiten der Macht, in aller Herzenseinfalt von Jehova mit der Vernichtung der Kananiter sich beauftragen; aber in den Tagen des Exils erretten sie sich eine aktive Macht auf dem Umweg über die Ethik, welche auf die Frage: Warum haßt man uns? die Antwort erteilt: Weil wir schuldig sind.... In dem Augenblick einer entscheidenden Niederlage wird eine große Literatur da sein, die post festum darlegt, durch welche Schuld diese Niederlage entstanden sei; und zwar werden die selben Leute, die den gegenwärtigen Krieg gemacht haben (dadurch, daß sie ihm nicht Widerstand entgegensetzten), nachdem er traurig ausging, das Problem lösen, auf Grund welcher Fehler er traurig ausgehen mußte.[1]

Wir haben somit die geschichtliche Meinung durchaus als Funktion von Zuständen oder Lagen zu begreifen. Geschichtliche Meinungen beweisen, was ein Mensch will und was er nötig hat. Daß dabei die Aktivität oder Passivität der Einstellung entscheidet, behauptete schon die oft vorgetragene und zumal durch Friedrich Nietzsche so volkstümlich gewordene Lehre von der doppelten Moral, einer Moral der Mut- und einer anderen der Angstmenschen, einer Offensiv- und Defensiv-, Herren- und Sklavenmoral. Der Fehler dieser Lehre ist nur der, daß sie für historische Tatsache ausgibt, was psychologische Grundtatsache der Geschichtsstiftung ist. Denn sämtliche Gedanken der Menschen, auch die zartesten, könnte der Psychologe im Groben auf die beiden Formeln zurückführen: ‚Ich will fressen' oder: ‚Ich will nicht gefressen werden'.

[1] ‚Philosophie als Tat' S. 324.

§ 33. Zusammenfassung der §§ 30—32.

Zum Schluß fasse ich das Ergebnis der §§ 30—32 folgendermaßen zusammen: Was wir Geschichte nennen, das geht einmal am Menschen vor. Insofern empfindet das Individuum und mehr als jedes andere das vereinzelte und einzige Individuum sich als Opfer der Geschichte. Daher denkt das Individuum von sich aus immer unhistorisch und beurteilt die Geschichte als paradox und widersinnig, gemessen an der sittlichen Forderung des Leidenden. Andrerseits aber machen wir selber Geschichte. Und insofern wir jene lebendigen Energien, welche als Erden- und Menschengeschichte sich verleiblichen, mit unserm Wesen gleichsetzen und uns selbst als Motorkraft in ihnen wieder finden, d. h. unsern bewußten, die Erde umgestaltenden Willen in sie hinein versetzen, stellen wir uns auch zur Geschichte bejahend. Wahrscheinlich dürften Stimmen der fernsten Vorzeit, teils die Instinkte ins Befehlsrecht eingeborener, teils die unterdrückter Rassen in diese zwiefache Optik sich einmischen, jener wesentliche Unterschied der Sterbenkönner und der Tötenkönner, den ich ‚Philosophie als Tat‘ I, 79 darlege und als Grundlage der Ethik aufweise.[1] —

* * *

An einem sonnigen Morgen, Frühling 1914, ging ich in Paris über den noch wenig belebten Place de la bastille, fand die Tür der Julisäule unverschlossen und beschloß, hinaufzusteigen, um von droben die Stadt zu besehn. Als ich auf der letzten Stufe der Steintreppe anlangte, sah ich auf der engen Plattform die Gestalt eines Apachen von bösartiger Physiognomie und hatte einen Augenblick die Vorstellung: Wenn der dich ausplündern und über das niedere Gitter stoßen und man dich dann unten finden würde, so würde man an Selbstmord glauben, der Täter aber straflos ausgehn. In diesem Augenblick schien mir's, als ob diese ängstliche Vorstellung die gleiche aktiv in dem Entgegenstehenden auf mich zöge und im Nu schlug jener Gedanke um in den entgegengesetzten, die günstigere Stellung

---

[1] Ich verweise als auf den unvergleichlich typischen Ausdruck dieses Verhältnisses auf die beiden ungleichen Definitionen des Kriegs aus der Feder des preußischen Generals Karl v. Clausewitz und des slawischen Märtyrers Fedor Dostojewski in meinem Buch: Europa und Asien S. 75 f. (Handelnder und duldender Geist Kap. XII.)

nahe der Treppe benutzen und den andern über das flache Gitter drängen zu können. Auch das fühlte der andere, dessen bedrohliche Geste der kriechenden des Almosenbettlers wich. Dieser Vorgang zwischen zwei Seelen dauerte noch nicht den hundertsten Bruchteil einer Sekunde und lag eigentlich nur in einem einzigen Austausch des Blicks. Der aber genügte, um die entscheidende Rolle aktiver oder passiver Einstellung klarzumachen.

VI. Die Teleologik der Geschichte.

§ 34. Geschichte als Mechanik.

Die beiden Kategorien der Geschichte, die bisher von uns betrachtet worden sind, nämlich Identität (‚das historische Subjekt', ‚die imaginären Kräfte') und Kausalität (‚die historische Motivation') sind Geschichts- und Naturwissenschaften gemeinsam.

Auch in den Naturwissenschaften muß stets ein T r ä g e r mitgedacht werden, an welchem Vorgang, Bewegung, Zeitfolge vorgeht oder abläuft; und zwar wäre es vollkommen unmöglich, das eine ohne das andere zu denken, etwa eine ‚r e i n e Tätigkeit' ohne Gegenstand, oder Gegenstände und Substanzen ohne Funktionen. Nur ein Vorurteil gegen das, was man in Europa ‚Dualismus' nennt und für monistische und pantheistische Phantasmen, hat, alle Dämme der Erkenntniskritik durchbrechend, die beiden untrennbaren Kategorien Substanz und Funktion (Identität und Kausalität) auseinander gerissen und allerlei unbewußte Metaphysiker, die sich auf Bekämpfung dessen, was sie Metaphysik nennen, viel zugute tun, in der ‚Jetztzeit' zu Ehren gebracht.

Diese unbewußten Metaphysiker philosopheln nun seither von Vorgängen o h n e Vorgangträger; von Prozessen, Funktionen, funktionalen Beziehungen, Aktivitäten, welche sozusagen im luftleeren Raum hängen, von Bewegungen, Aktionen, Taten (Worten, die besonders seit Fichtes Geschichtsorakelei sehr beliebt sind und in der deutschen Philosophie nie ohne Pathos gebraucht werden), ohne daß man weiß, w a s denn nun eigentlich lebt, tutet und tatet und w o r a n denn eigentlich ‚Bewegung' vorgehn solle.

Hierher gehören die ‚psychischen Akte' ohne psychisches Substrat, die ‚seelischen Vorgänge' ohne Vorhandensein einer Seele, von denen

Wilhelm Wundt fabelt oder die Fabeleien Wilhelm Ostwalds von ‚reiner Energetik ohne Energie‘ und von ‚energetischen Prozessen ohne Substanz‘; nicht minder endlich die schiefe ‚Aktivitätstheorie‘ Ernst Machs und ihr Gerede von psychischen Akten ohne Ich. . . . Solche Geister verstiegen sich aus Abneigung wider alles Denken von Substanz und Substrat zu wahren Ungeheuerlichkeiten. . . .

Diesen Modelehren gegenüber halten wir nun daran fest, daß mit jeder Bewegung auch ein Etwas gedacht wird, das sich bewegt oder woran Bewegung vorgeht, und daß dementsprechend auch in der Geschichtswissenschaft zugleich mit der geschichtlichen Kausalität auch ein historisches Subjekt gedacht wird und daß nie das eine ohne das andere gedacht werden kann.

Zu diesem einen Substantivum der Geschichte treten dann freilich viele Substantiva zweiter und dritter Ordnung (die ich § 13—15 die ‚imaginären Kräfte‘ genannt habe), als weitere Modi der einen Kategorie: historisches Subjekt; so auch sind in der Naturwissenschaft sogenannte Naturkräfte nur Modi des einen apriorischen Begriffs ‚die Natur‘; und diese Parallele ließe sich leicht ins einzelne ausführen, denn, wie man der Natur Kräfte und diesen Fähigkeiten, Eigenschaften, Anlagen usw. zuschreibt, so läßt man das geschichtliche Subjekt in immer neue Untersubjekte zerfallen, als da sind: Staaten und Völker, Parteien und Sekten, Kirchen und Verbände, allesamt kategorial und niemals als Inhalt von Geschichte gegeben.

§ 35. Verhältnis des Lebens zur historischen Mechanik.

> „Gott aber sprach: Du wirst nie mein Angesicht erblicken, sondern wirst mich sehen, wenn ich vorübergewandelt bin.“ 2. Mose 33.

Das Verhältnis von Vorgang und Vorgangträger ist in allen mechanischen, d. h. einer mathematischen Übermächtigung und Formulierung zugänglichen Wissenschaften derart, daß ein Substanzielles gedacht wird, an welchem Bewegung in Form einer Funktion abläuft; überall dort aber, wo Leben erfaßt werden soll, da versagt der mechanistische Gedanke des Vorgangträgers und der an ihm ablaufenden Funktion. Denn Mechanik und damit Wissenschaft überhaupt ist das Mittel zur Übermächtigung des Lebens, d. h. zur Orientierung über . . .; die Wiedergabe des Lebendigen selber aber ist der Wissenschaft gänzlich versagt. Die Geschichtswissenschaft steht dem Ideal des exakten Wissens daher im selben Maße fern, als es zuletzt unmöglich ist, geschichtliche Vorgänge restlos als Vorgänge zu denken, die an geschichtlichen Subjekten (handle es sich nun um Volksgruppen oder Einzelpersonen) vorgehn, denn die Subjekte der Geschichte sind in der Geschichte selbstlebendig, oder anders gesagt: der historische Prozeß an sich erschöpft sich in seinem Selbstlebendigsein und ist nicht etwa noch außerhalb seiner.

Zur klaren Verbildlichung des in Rede stehenden Verhältnisses möge man an das Gleichnis einer Lawine denken, welche einen steilen Abgrund ins Unendliche hinabrollt, dabei beständig sich umwandelnd, d. h. immer neue und andere Stoffmassen in sich aufnehmend und das, was sie zuvor war, mit diesem neuen Stoffe durchdringend. Was also ist die bleibende Substanz dieser Lawine? An welchem Subjekt geht der Vorgang vor? ... Nach Analogie dieser Lawine, die in rastloser Bewegung aus beständig neuen Stoffen gebildet wird (in jedem Zeitintegral eine andere, alles Neuaufgenommene sofort mit der gesamten Masse ihres Stoffes durchdringend und diese gesamte Masse beständig verändernd), nach dieser Analogie denke man das Ansich der Geschichte.

Man kann somit keineswegs behaupten, daß Zeit und Zeitfolge am historischen Sein ablaufen (so wie eine Welle an einem Felsen abläuft), da ja die Zeit und alle Zeitfolge an sich Zustände im historischen Sein oder besser gesagt des historischen Seins und jederzeit ganz in ihm beschlossen sind. Darum eben entzieht ein lebendiger Vorgang des Wachstums oder Sich-Abwandelns sich jeder mechanistischen Formulierung. Das aber heißt: Die Unmittelbarkeit lebendiger Vorgänge widersteht durchaus der wissenschaftlichen Übermächtigung. Die Geschichte als Wissenschaft ist eben nicht unmittelbare Offenbarung, sondern nur reflektives Analogon gelebten Lebens.

Nur dort, wo man innerhalb des Lebendigen orientieren will, kann man im strengen Sinn wissenschaftlich verfahren, d. h. mit einem Bereich durchaus hypothetischer gedanklicher Symbole rechnen. Das Lebendige selber und jegliche Übersetzung von Erlebnis in die Form geglaubter Bewußtseinswirklichkeit enthält dagegen ein unauflösbar irrationales oder besser gesagt arationales Element. Darum nennt man den Teil der Naturwissenschaft, der niemals Wissenschaft (im strengen Sinne) werden kann, im Deutschen sehr fein Naturgeschichte; mag im übrigen die Grenze zwischen prähistorischer und historischer Geschichte, Geschichte menschlicher Kulturen oder Geschichte von Naturgebilden noch so notwendig und wesentlich sein.

Man gebraucht für den hier in Rede stehenden, allem Leben im Gegensatz zum Mechanisch-Toten eigentümlichen Tatbestand ein seit lange vielgemißbrauchtes Wort, nämlich das Wort: Entwicklung.

Geschichte, im eigentlichen Sinn, kann nur ein Etwas besitzen, das sich zu entfalten, d. h. aus sich selbst oder seinem Wesen heraus sich zu entwickeln vermag. Daher spricht man nur in übertragenem Sinn, z. B. von der Geschichte eines Felsblockes, indem man alles das aufzählt, was im Laufe der Jahrhunderte an dem Felsen und in seiner Umgebung vor sich ging, während dieser selber doch unverändert dalag und keine Geschichte hatte. Dagegen sagt man z. B. mit Recht ‚Bücher haben ihre Geschichte‘, denn man meint mit Geschichte eines Buches keineswegs etwa mechanische Vorgänge an Einband, Papier, Drucklettern usw., sondern das Schicksal der Gedanken, die durch die mechanische Sphäre der Lettern hindurch fortwirken, gleich hinter dem Stoff fortzeugenden lebendigen Kräften. Jederzeit können die Gedanken eines von keinem verstandenen Buches wieder Leben werden, gleich dem in der Pyramide verschlossenem Samenkorn, das nach tausend Jahren in geeignetes Erdreich gelangt.

Bei jedem Entwicklungsvorgang aber muß jeder folgende Zustand als schon im Anfangszustand vorangelegt mitgedacht werden oder anders gesagt: alle Entwicklung ist zielstrebig. Die Geschichte enthält somit in keiner andern Weise Sinn, als wie Leben überhaupt einen Sinn in sich enthält; dadurch nämlich, daß ein blühendes, wachsendes, sich veränderndes und ins Weite fortwirkendes, zu neuen Wandlungen sich abwandelndes Wesen darin gedacht und erfühlt wird; der einzige Punkt aber, wo dieses blühende, wachsende, sich verändernde, ins Weite fortwirkende, zu neuen Wandlungen sich abwandelnde Wesen ergriffen werden und die einzige Analogie, nach der es gedacht werden kann, ist das eigene lebendige Ich des Denkenden!

Auf diesen Mittelpunkt führen alle Strahlen; nach Anbild des lebendigen Ich wird Geschichte gedacht und geschrieben. Jede Geschichte Die Geschichte eines Buches oder eines Volkes, eines Grashalms oder eines Kristalls, einer Sekte oder eines Erdteils. Die idiomorphe Einsfühlung des Gegenstandes und des ihn Beschreibenden ist in der Geschichtsschreibung ebenso unvermeidbar, als es unvermeidbar ist, daß ein Künstler, und sei er tatsächlich wie Homer, in dem Gegenstande, den er gestaltet, auch zugleich sein Ich niederlegt. Darum sagen die Italiener sogar von dem trockensten aller Historiker, dem Angelo de Constantio, der 53 Lebensjahre an einer ‚storia del regno di Napoli' verschrieb, er habe mit unsichtbarer Tinte zwischen die Blätter der Reichsgeschichte seine eigene geschrieben.

§ 36. Leben der Geschichte als Leben und als gedachtes Leben.

Nun aber scheint es mir wichtig, das Lebendige an sich, welches man geschichtliches Element nennen mag, von dem Festgestelltwerden seiner selbst aufs klarste zu unterscheiden. So wenig die von uns als wirklich festgestellte Daseinswelt in Raum und Zeit schon unmittelbar absolutes Leben ist, so wenig kann Geschichte als Feststellung der historischen Wissenschaften eines sein mit dem geschichtlichen Lebensvorgang selber. Das Verhältnis von Erleben geschichtlicher Inhalte zum Feststellen ihres Inhalts bedarf weit ausführlicherer und zarterer Analysis, als ich in dieser Schrift vornehmen kann. Hier genügt es aber, darauf hinzuweisen, daß eine höchst eigentümliche Durchdringung seelischer Erlebnisse mit dem Bewußtmachen ihrer selbst vermöge der Sprache von dem Augenblick an, wo der Mensch nicht mehr ahmend in seiner Umgebung lebt und webt, sondern bewußt-losgelöst ihr gegenübersteht, von jedermann als Grundtatsache alles Seelenlebens bemerkt werden muß, sobald er nur auf die Natur seiner Erlebnisse achtet. Das Erlebnis als Erleben und als konstatiertes Erleben sind ganz offenbar zweierlei. Sie können nicht nur, sondern müssen unterschieden werden!

Daher wende ich mich aufs bestimmteste gegen jegliche Schule in der Philosophie (segle sie nun unter dem Namen einer Psychologie, deskriptiver und empirischer Art, oder unter dem einer Phänomenologie oder sonst eines Intuitionismus), welche vorgibt, unmittelbare Erfahrungen aufweisen und Lebenstatsachen, die als solche eben doch nichts anderes als Leben sind, sozusagen auf den Tisch des Hauses legen zu können. Überall dort, wo das vielbeliebte Wort ‚rein' uns begegnet (reine Logik, reine Ethik, reine Anschauung usw.), da sollen wir vorsichtig werden und eine Unreinheit des Denkens argwöhnen dürfen. Jene Spitzfindigkeiten ‚reiner Wesensanalysen‘, ‚eidetischer Erkenntnisse‘, ‚essentialer Gesetzmäßigkeiten der Phänomene, ohne Rücksicht auf Wirklichkeit und Wirklichsein‘ mögen an den Universitäten der Gegenwart unschädlich und in allen Ehren blühen, solange sie nichts als die platonischen Unterhaltungen gewiß außerordentlich logischer, außerordentlich methodischer, ungeheuer wissenschaftlicher Gehirne sein wollen. Aber aufs klarste und gar nicht scharf genug muß alle Scholastik bekämpft werden, die den Wahn stützt, man habe unmittelbar und intuitiv die Erlebnisse, ja das Lebendige selbst beim Wickel, während man das dürre Holz rationaler Begriffe spaltet. Erlebnisse als solche sind reine Gegenwart, vollkommen unfaßlich und bewußtseinstranszendent. Dagegen ist die gesamte Welt menschlichen Bewußtseins als Aufweisung von Erlebnis bereits ein Um- und Verstellen des Erlebens selber, was keineswegs ausschließt, daß in jedem Erlebnis, soweit es bewußt ist, schon der Akt der Bearbeitung oder Gestaltung darinnensteckt. Es kann aber nur verwirren, daß moderne Schulhäupter im selben Maße, als sie bloße Surrogate für Leben bieten, die dreifarbige Fahne: Leben-Anschauung-Erfahrung auf die Dächer ihrer Häuser auszuhängen lieben, hinter deren dicken Mauern ihre Schulweisheit in einer Welt logischer Phantasmen atmet, eine bloße Angelegenheit der Schule und der Schulung. Es ist sehr leicht, in theoretischen Welten herrgötlich sich bewegen und sehr schwer, lebendiges Leben gedanklich zu bewältigen, nur den Niederschlag eigensten Lebens hinterlegend. Der große europäische Krieg hat aufs klarste bewiesen, was Begriffsphilosophie, die inmitten von Völkerbrand und Menschenmord, und wahrscheinlich auch noch beim Untergang der Erde hinter geschlossenen Fenstern über Geschichte, Logik, Ethik, Sinn und Entwicklung spekuliert, schließlich wert ist.[1]

§ 37. Verstand als Versteller des Erlebens.[2]

Geschichtlicher Zusammenhang, Überblick, Entwicklung, Sinn kann somit nur dort sein, wo Erlebnisse schon historisch geworden sind,

---

[1] Vgl. z. B. die Aeußerungen von Cohen, Husserl, Simmel, Rickert usw. ‚Europa und Asien‘ S. 52.

[2] mens von mentiri, lügen.

d. h. wo wir nicht mehr in ihnen darinnen stecken, sondern sie bereits festgestellt, d. h. umstellend von uns selber abgestellt haben.

Daher pflegt denn auch bei jedem überwältigenden Ereignis, wie bei großen Verlusten, Todesfällen, harten Schicksalsschlägen usw. sofort eine ungeheuer gesteigerte Bewußtseinsarbeit einzusetzen, welche nicht rastet, bis sie das Unfaßliche ‚faßlich' gemacht und verstanden, d. h. zum Zweck der Einfügung in ein schon bestehendes Gewohnheitssystem verstellt hat.

Kann das nun auf keinerlei andere Weise bewerkstelligt werden, d. h. fällt eine historische Wahrnehmung vollkommen aus allen uns zugänglichen Zusammenhängen heraus, so besteht in uns die Tendenz, sie eben nicht wahrzunehmen; es tritt Abkapselung des Fremdstoffes ein, ähnlich wie Bakterien, die auf keine andere Weise angeglichen werden können, im Körpergewebe isolierte Inselchen bilden. Die Geschichte als Selbstbewußtsein eines ganzen Volkes arbeitet genau nach den gleichen psychologischen Gesetzen, nach denen das Bewußtsein des einzelnen seine Geschichte gestaltet; sie verstellt alles, was den Zusammenhang und das Ideal des Zusammenhangs durchbricht, solange, bis es in den Zusammenhang einpaßt und läßt dagegen alles, was auf keine andere Weise logisch verwebt werden kann, abgekapselt und auf sich beruhend beiseite liegen.[1]

§ 38. Beispiele naiver Teleologik.

Somit werden wir, von nachhinein gesehen, jede historische Tatsachenreihe, sie möge sein, wie immer sie sei, indem wir sie als historische Tatsache anerkennen, auch schon zielstrebig begründet finden. Das ist eine elementare Tatsache der Erkenntniskritik der Geschichte. Da nun aber Historiker Erkenntniskritik für ihre Wissenschaft verpönen, so können sie ungestört in alle Ewigkeit Sinn, Entwicklung, Ziel, Vernunft, notwendige Epochen, Übergangszeiten, Blütezeiten, Verfallszeiten, Stufengesetze, rhythmische Perioden, Gleichzeitigkeiten, Korrespondenzen, sinnreiche Parallelen in der Geschichte finden, soviel es immer ihnen beliebt. Sie können Volk, Nation, Staat, Gesellschaft, ja das ganze Menschengeschlecht nach Vorbild eines Organismus behandeln, ohne je zu erfragen, wo denn eigentlich die greifbare Gestalt

[1] Vgl. Buch II § 41.

dieses Organismus gesucht werden solle. Sie können von ‚Entwicklung‘ dieser vermeintlichen historischen Organismen reden, ohne je darüber klar zu werden, daß sie sich in lauter Analogien nud Vermenschlichungen bewegen. Da ist nicht einer, der die unbewußte Komik einer Sentenz, wie z. B. der folgenden, die ich aufs Gradewohl einem der berühmtesten deutschen Historiker entnehme, herausfühlt:

‚Welch ein Glück ist es doch, daß die Einigung des deutschen Volkes nicht schon 1629 durch Wallenstein oder 1631 durch Gustav Adolf geglückt ist, denn sie hätte damals nicht so vollkommen erfolgen können, wie sie bei dem nun wirklich gewordenen Verlaufe der deutschen Geschichte in den Jahren 1870 und 1914 sich vollzogen hat.‘

Einem anderen berühmten Geschichtswerk entnehme ich folgende Sätze:

‚Daß Papst Nikolaus V den Bau der Peterskirche nicht durchführen konnte, war ein kulturgeschichtliches Glück, denn so wurde er von Bramante und Michelangelo viel großartiger vollendet. . . . Daß die griechischen Skulpturen und Malereien uns verloren gingen, gedieh uns zum Segen, denn sonst hätten Lionardo, Michelangelo, Rafael, Tizian und Correggio nicht schaffen können, ohne von Griechenland erdrückt zu werden.‘

Ich schlage aufs Gradewohl eines der in diesem Augenblick vor mir liegenden historischen Werke auf und schreibe den ersten Satz hierher, auf den mein Auge fällt:

‚Frankreich wurde in der Schlacht bei Azincourt von 9000 überflüssigen Adeligen, Grafen, Herzögen und Prinzen befreit und England während des dreißigjährigen Rosenkrieges von mehr als 80 Prinzen und Verwandten der Plantagenet. Da jedoch die Grenzregulierungen fast alle durchgeführt waren, so war dieser Überfluß an Herren nicht mehr nötig und das Zeitalter der geselligen Bürgerlichkeit konnte nun hervortreten.‘

Das Wesen solcher historisch-teleologischen Sätze ist immer das gleiche: ein Zustand oder Inhalt, der nach Urteil des Historikers für nützlich oder wünschenswert zu gelten hat, wird zum vorläufigen Endpunkt einer historischen Entwicklungskette gemacht, auf welchen Punkt hin man die Ereignisse daher hinorientieren und hingruppieren muß.

Wem dieser ungeheure Selbstbetrug aller Geschichteschreibenden beim historischen Studium bisher niemals aufging, der wird wenigstens bei Sinngebungen wie der folgenden stutzig werden:

‚Im Jahre 1882 flog durch vulkanische Eruption die Südseeinsel Krakatao in die Luft, wobei viele hunderttausend Menschen von der Flutwelle getötet wurden. Eine Riesenwolke feinen Staubes blieb in der Luft, umkreiste mehrmals die Erde und brachte die tiefen, farbigen Dämmerungserscheinungen hervor, die von jener Zeit bis Mitte der neunziger Jahre in der ganzen

Welt sichtbar waren. Es ist uns heute klar geworden, daß die Farbenwolken des Krakatao in innigster Beziehung stehen zu den neuen Malerfarben, den bunten Werten, den Neobildern, den Nuancen dieser Jahre.'

§ 39. Wertgesichtspunkte der Geschichte.

Immer wieder staune ich, daß Geschichtsbaumeister, welche bewußten Willen, unbewußte Vernunft, logischen Zusammenhang in der Weltgeschichte entdecken (und damit die trivialste aller metaphysischen Trivialitäten umschreiben, daß die Welt vom Bewußtsein als Einheit aufgefaßt wird und gar nicht anders aufgefaßt werden kann), sich so ganz und gar keine Rechenschaft geben über die Vorwertungen, an Hand deren sie historische Geschehnisse aneinanderreihend normieren.

Wenn ein Historiker oder Geschichtsphilosoph schon a priori weiß und überzeugt ist, daß z. B. das Bestehen des Deutschen Reichs oder das lutherische Christentum oder die Logoslehre Hegels oder sonst etwas ein Wert und der Höhepunkt einer Entwicklung ist, dann ist's eben kinderleicht, alle nur möglichen Geschehnisse der Vorwelt auf diesen Höhepunkt hin zu orientieren.

Gleichzeitigkeiten, Parallelen und Korrespondenzen werden überall wahrgenommen, wo man das Sinnsystem, auf das man alle Ereignisse bezieht (eben das Sinnsystem des eigenen Ich), naiv voraussetzt als das Resultat einer Geschichte. Im Grunde aber lehrt diese doch nichts, als was der sie Schreibende und die, die ihm glauben, nach Lebenshorizont, Wille und Absicht für Wesen sind und worauf sie Wert legen.

Die Wertakzente fallen schon ganz anders aus, je nachdem z. B. die einen einen wirtschaftlichen oder politischen, die andern einen geistigen oder kulturellen Gesichtspunkt an Geschichte heranbringen. So hat z. B. Frankreich unter Napoleon I eine furchtbare politische Übergewalt über ganz Europa besessen, während Deutschland just um die selbe Zeit, wo Napoleon es zerstückelte und ins Joch spannte, in geistiger Hinsicht die schönste und erhebendste Zeit seiner Vergangenheit erlebte. Als 1870 die politische Übergewalt an Deutschland überging, da war Frankreich an geistiger Kultur ihm so überlegen, daß ein Franzose mit Recht schreiben konnte, bei Sedan sei Goethe, bei Metz sei Kant gefallen. Die jüdische Geschichte erlebte den Prophetismus in Zeiten des Niedergangs, die griechische ihre klassischen Geister in

Zeiten politischer Ohnmacht, ja der eigentliche Glanz und die große Wirkung der griechischen Kultur ist nur dem Umstand zu danken, daß Hellas dem barbarischen Makedonien zur Beute fiel. England war um die selbe Zeit, wo es Shakespeare erzeugte, die bedrohteste Macht in Europa. Soll also Entwicklung angenommen werden, so muß der Historiker zunächst wissen, in welcher Hinsicht ein Sinn in der Geschichte zu suchen sei, da der Sinn in der einen Hinsicht recht wohl Unsinn in einer ganz anderen Hinsicht sein kann.

Lesen wir eine Geschichte der französischen Revolution, so ist es ungemein billig, aus der Lage der Bauern, der Stimmung in den Städten, der Entartung des Bürgergeistes, den Schuldverhältnissen, der Geldwirtschaft, der Verschwendung des Hofes von nachhinein klarzustellen, warum alles genau so kommen mußte, wie es dann gekommen ist. Studieren wir jedoch unter Ausschaltung all unsres nachträglichen Besserwissens die Literatur jenes Zeitalters (die Werke der zeitgenössischen Denker, wie die Rousseaus und Voltaires, Reiseberichte und Memoiren wie Karamsins Reisen in Frankreich 1789—90 oder die Reise des Artur Young durch die französische Provinz 1789), so merken wir durchaus nicht, daß die Entwicklung just diesen Weg einschlagen **mußte** und nicht etwa auch ganz andere Bahnen hätte nehmen können.

Warum denn weiß, da man doch alles für sinnvoll-notwendig hält, kein einziger in diesem Augenblick, **wie Europa in zehn Jahren aussehen wird?** Warum haben auch die Klügsten im Augenblick (Januar 1916) viele hunderte verschiedene Meinungen und Ansichten von dem, was in zehn Jahren wirklich sein wird, dieselben Klugen, die im Januar 1926 allesamt ganz genau wissen und beweisen werden, warum alles genau so kam und kommen mußte, wie es dann eben gekommen sein wird.

Von nachhinein ist der Brand der Bastille am 14. Juli 1789 der Beginn der französischen Revolution. Während sie aber brannte, hat weder Ludwig XVI noch sonst ein Zeitgenosse sich sonderlich darüber aufgeregt. — Liest man die Bücher der Historiker, dann sollte man meinen, Columbus sei vor Johann von Portugal mit der Bitte getreten: ‚Geben Sie mir ein Schiff, denn ich will Amerika entdecken‘, und Maximilian I sei eines Abends im Mittelalter zu Bette gegangen, um am andern Morgen sich erstaunt in der Neuzeit wieder vorzufinden. Es entspricht diesem teleologischen Wertgesichtspunkt der Historiker, wenn man von Sinn, Ziel, Aufgabe, Entwicklung in der Geschichte redet, z. B. von den Aufgaben der Völkerwanderung, der historischen Mission des Attila, der geschichtlichen Notwendigkeit Alexanders, der weltgeschichtlichen Sendung Bonapartes; ferner von sogenannten Entwicklungsstufen der Geschichte, deren keine übersprungen werden könne, von Übergangszeiten, ja überhaupt von Epochen, Etappen und historischen Perioden. Auch die Dreistufengesetze und Entwicklungsgedanken von Lessing, Herder und Comte gehören zu diesen Vorurteilen.

§ 40. Schlußbemerkungen.

Das beste Symbol der Geschichte scheint mir jene Zuckerfabrik bei Souchez in Flandern zu sein, die während des Krieges 1914 bis 1916 fünfzigmal den Deutschen von den Franzosen und ebensooft diesen wieder von den Deutschen abgenommen wurde, wobei jedesmal einige hundert Menschen getötet und verstümmelt worden sind und jedesmal die Überlebenden mit Pauken und Trompeten einen Sieg feierten, das einemal hüben, das anderemal drüben; während doch schließlich alles beim alten blieb und nur der Anfang zu neuen Kämpfen gegeben war. Im übrigen war die ganze Angelegenheit, abgesehen von dem Wert, den die Beteiligten ihr beilegten, nicht wichtiger als ein Knabenspiel. Bei jedem Blatt Geschichte und am meisten bei den sogenannten großen und heroischen Zeiten umschwebt uns das tiefwahre Wort Montesquieus: heureux le peuple, dont l'histoire est ennuyeuse. Diese sinnlose Hölle nie endenwollender Machtwechselstreitigkeiten, dieser unaufhörliche Kampf aller gegen alle, auf den eine so riesige Summe von Kraft und Talent, Arbeit und Wert vergeudet wird, daß der zehnte Teil dieser Energien, in den Dienst des Geistes gestellt, genügen würde, um die Erde zum Paradiese zu wandeln . . . wann endet diese Qual? Welch eine Art Gott sollte sich wohl offenbaren durch diese nie abreißenden Greuelketten der Schlachten- und Schlächternamen, der Räubereien und Räuberhauptleute, der Schinder und Rinder, der Betrogenen und betrogenen Betrüger, der ehrgeizigen Rhetoren und glücklichen Soldaten, welche allesamt, gleich der unglücklichen Erde, immer nur um sich selber drehn und schnellgeboren, schnellvergessen der gedankenlos dahinlebenden Welt Helden heißen, wofern sie die Macht erlangen, wofern sie Erfolg haben. Der Wert dieser sogenannten Weltgeschichte ist der, als Stoffsammlung für Novellenschreiber und Enthusiasten zu dienen; im übrigen könnte der ganze historische Plunder ins Feuer wandern und die arme Seele würde eratmen, wenn für wenige hohe Menschen gleich Buddha oder Jesus der ganze Wust der europäischen Archive und Bibliotheken, samt allen Techniken und Könnereien der Schöngeister und Formalisten zum Teufel ginge. Aber Europa wird weitere Makulatur aufspeichern und die letzte leuchtende Seele, sei es in Menschenblut ertränken, sei es ersticken, unterm Aschenberge bedeutender Bücher. Der einzige Trost liegt darin, daß wie im Raume Körper um so berechenbarer und gesetzmäßiger werden, je weiter sie von uns entfernt sind, so die Geschichte um so sinnvoller wird, je weiter die Erinnerung an das unmittelbare Erlebnis verblaßt. Zuletzt wird alles zum Schauspiel.

Wie aber steht es um die übervernünftige Lenkung der Geschicke durch das Unbewußte, um die große Vernunft der Dinge, höher als alle Menschenweisheit, um den Pulsschlag rhythmischer Ordnung in allem kosmischen Geschehen?

Diese Begriffe der deutschen Metaphysik verfehlen den Kern der vorstehenden Darlegung.

Der Kern unsrer Erkenntniskritik der Geschichte ist der Nachweis, daß es dem Menschengeiste unmöglich wäre, geschichtliche Wirklichkeiten ohne Sinn vorzustellen, weil Bewußtseins-Wirklichkeit schon Gestaltetsein in sich schließt.

Sprechen wir aber nicht von historischer Wirklichkeit und Daseinswelt, sondern vom Lebendigen in seiner Unmittelbarkeit (vom Unbewußten, Absoluten, An-sich-selberseienden), so führen wir das Menschenwort Sinn nur anmaßlich und enggeistig im Munde.

Hegels ‚Alle Geschichte ist vernünftig‘, Leibnizens ‚Geschichte ist Offenbarung des Geistes‘, Hartmanns ‚Das historische Geschehen ist die Selbstdarlebung der unbewußten Vernunft‘, Darwins ‚Die Geschichte beweist die Auslese des Besseren‘ (selection of the fittest), alle diese und viele verwandte Sätze enthalten entweder nichts als eine leere Selbstverständlichkeit (nämlich: Es kann im All der Dinge nur bestehen, was als miteinander verträglich und zusammen-denkbar eben — besteht); — oder aber: Sie erschielen und erschleichen einen lieben Gott, eine sittliche Weltordnung, eine nirgendwo verbürgte Einheit von Idee und Leben.

Das Vorhandensein von Naturgesetzen steckt eben im Vorhandensein von Natur und das Konstatieren einer Weltordnung wiederholt nur die Konstatierung der Welt selber.

‚Nachträgliche Sinngebung des Unsinnigen', — so benannten wir die Geschichte! Nun aber erscheint es noch wesentlich, einem möglichen Mißverständnisse vorbeugend, eine doppelte Bedeutung des Wortes Sinn zu unterscheiden. Einmal die Bedeutung von Ordnung (Rhythmus) und sodann die Bedeutung von Wert (Bedeutsamkeit).

Gesetzt die Geschichte hätte auch an sich, losgelöst von Wertinteressen der Menschen, einen metaphysischen Sinn, so umschlösse dieser Sinn doch keinerlei Bedeutsamkeiten oder Werte. Vielmehr wäre es gewiß, daß das Element des geschichtlichen Lebens nicht schon von sich aus jene Bedeutungen in sich trägt, welche bewußtes Beurteilen oder Bewerten in das Seinselement gleichsam erst hineinbaut. Eine Zusammenverträglichkeit, Harmonie oder Rhythmik des in der Geschichte sich verwirklichenden Lebens hätte nichts mit Sinn, d. h. mit Wertordnungen zu tun und läge jenseits der Frage, ob das, was vermöge einer Ordnung zu leben fähig ist, nun auch wert wäre, gelebt zu werden.

Der der Metaphysik zugehörige Gedanke, daß das Seinselement der Geschichte schon rhythmischen Gang und Puls in sich umschlösse, könnte doch diese gesetz- oder zahlenmäßige Ordnung des geschichtlichen Lebens nicht als Wertordnung begreiflich machen. Es wäre freilich denkbar, daß ein nicht nur empirisch, sondern absolut gesetzmäßiger Wandel des Sterbens und Entstehens alle Sonnen und Welten umgriffe, den Kreislauf der Gestirne wie den Kreislauf der irdischen Herzen; aber was besagte das? Ein solcher ‚Sinn' hinter allem historischen Leben bliebe dennoch sinnlos und seine absolute Ordnung wäre ohne Würde und Wert. Mag es immerhin sein, daß jedes in die Geschichte der Erde hineingeborene Naturwesen nach grausam unerbittlichen Gesetzen seines Daseins Pfade vollenden muß! Zu diesem grausamen Verhängnis der Erde gehörte bisher auch der Glaube an ‚unerbittliches Verhängnis', jener Geschichtsglaube, welcher sich der sinnlosen Logik blinder Schicksalsfügungen lieber wehrlos anvertraut, als daß er sich besönne auf die bescheidenen Wertgebote der Vernunft, die der Geist doch eben nicht in Natur, Erfahrung, Geschichte, geschichtlichem und natürlichem Leben sondern einzig allein in seinem eigenen wertsetzenden Gewissen vorfindet. Das Wort ‚Mensch‘ aber bedeutet im Sanskrit: der messende.

Seit Kants Vernunftkritik lastet auf deutscher Philosophie ein dürftiger Schematismus. Hier: empirische Erscheinungswelt der Geschichte. Dort: das absolute Sein in abstrakter Reinheit. Auf der einen Seite: Geschichte als Bewußtseinswirklichkeit (d. h. die durch Bewußtseinsschablone wie Raum, Zeit, Kausalität hindurchgepinselte ‚Wirklichkeitswelt‘). Auf der anderen Seite: das unerkennbare Ansich, in welches man alle erdenklichen Normen und Werte hineingeheimnist.

Dem gegenüber galt es, drei Sphären gegeneinander abzugrenzen.

1. die des alogischen Lebenselements der Geschichte (vitalité),

2. die der menschlich-gedachten Bewußtseinswirklichkeit Geschichte (réalité),

3. die der Normen oder Werte (vérité), an Hand deren das ausmessende Bewußtsein das Lebenselement zu ‚historischer Wirklichkeit‘ umdenkt.

Einige wenige neubeginnliche Geister haben diesen Gegensatz: Lebenselement — Bewußtseinswirklichkeit scharf und klar mit schöner Gradheit und edler Schlichtheit schon erfühlt. Nicht aber auch den andern: Bewußtseinswirklichkeit — Ideal.

Unsere Aufgabe war es, nach beiden Seiten die Grenze aller geschichtlichen Wirklichkeit und Geschichtschreibung zu umreißen.

Zertrümmert dabei der alte Glaube an natürliche Entwicklung, Fortschritt, immanente Weltordnung, Gott, göttliche Fügung in der Geschichte, um so besser! Alles Heil der Zukunft erwarten wir von Zertrümmerung des Geschichtswahns.

Nur der Mensch, dem letzter Trost, letzte Zuflucht entzogen ward, dem nichts übrig bleibt als das nackte, hoffnungslose Lebensgefühl seines einmaligen kurzen Jetzt und Hier und die Gewißheit, daß nach bloß-natürlichen Gesetzen Mücke und Ameise, Wassertropfen und Kiesel genau so nichtig, genau so wichtig sind wie sein eigenes, in Unendlichkeit verlorenes geschichtliches Dasein, nur der Mensch ohne Krücke und Brücke und ohne andern Sinn des Lebens als jenen, den er selber ins Leben hineinverwirklicht, kann das Schicksal der Erde in die Hand nehmen. Statt von blinder Naturordnung Wertverwirklichungen zu erwarten und Gerechtigkeit den Sternen abzufordern, beginnt er schmerzgeweckt und notgestachelt das sinnloschaotische Element unbeugsamer Zufallsgewalten im Sinn ideeller Wertnormen nach Kräften zu gestalten, sei es, daß er im Geiste von Hellas mitten ins Chaos die umhegten kleinen Gärten Epikurs einbaut, sei es, daß er im tieferen Geiste Indiens das Lebendige am Geiste sich vollenden, im Geiste sterben lehrt.

Damit erst beginnt (in ganz neuem Sinn) das Leben Geschichte zu haben.

Zweites Buch.

Psychologie der Geschichte.

'Ich will der Wahrheit schauen in den schwarzen Mund,
Ich will ergründen aller Übel letzten Grund,
Ich will den Schmack des Schmerzes an der Quelle schmecken
Und ist kein Trost des Trostes Nichtigkeit entdecken.'

Spitteler.

Vorbemerkungen.

Geschichte ist Selbstbewußtsein des Menschengeschlechts. Mithin müssen die gleichen Gesetze der Psychologie, welche für das Einzelbewußtsein persönlicher Lebensläufe gültig sind, auch für das in der Geschichte lebendige Kollektivbewußtsein gültig sein. Dabei ist es denn vor allem wichtig, daß nirgend Gedächtnis als bloßes Festhalten der willkommenen und Ausfallenlassen unliebsamer Elemente sich offenbart, vielmehr durchweg ein schöpferisches, wenn auch zumeist unbewußt-schöpferisches Vermögen in sich umfaßt: ein tröstliches Vergolden und Verschönern, ein Um- und Neugestalten und vor allem auch ein ausheilendes und versöhnendes Vergessen der historischen Geschehnisse. Somit steht hinter Geschichte niemals das nüchterne Sicherinnern und Festhalten an Vergangenheit, sondern eine aller wissenschaftlichen Formulierung unzugängliche, geheimnisreiche, produktive Leistung der Phantasie, worin Erhaltungs- und Ausheilungswille, Wunscherfüllung, Sehnsucht oder Hoffnung sich bewähren. — Im folgenden soll von Psychologie der Geschichtestiftung die Rede sein. Es sei vorausbemerkt, daß der größere Teil des zweiten Buchs unmittelbar unter den Eindrücken des großen europäischen Krieges, von Juli bis Dezember 1914, geschrieben wurde.

VI. Der historische Bericht.

§ 41. Die historische Zeugenaussage.

'homines libenter credunt quod volunt.

Caesar.

Über Wahrscheinlichkeit oder Unwahrscheinlichkeit historischer Berichte urteilte Pierre Simon Laplace 1812 in seiner 'Théorie analytique des probabilités' folgendermaßen:

'Nehmen wir an, daß eine Tatsache uns durch 20 Zeugen in der Art übermittelt wird, daß sie der erste dem zweiten, der zweite dem dritten berichtet hat und so fort. Nehmen wir ferner an, daß die Wahrscheinlichkeit jeder Zeugenschaft $^9/_{10}$ sei, so wird die der Tatsache $^1/_8$ sein. Man kann die Verminderung der Wahrscheinlichkeit am besten mit der Abnahme der Deutlichkeit der Gegenstände durch Dazwischenstellung von mehreren Glasstücken vergleichen; eine geringe Anzahl von Stücken genügt, um uns den Anblick eines Gegenstandes zu benehmen, den ein einziges Stück deutlich wahrnehmen läßt. Die Historiker scheinen dieser Verminderung der Wahrscheinlichkeit von Tatsachen, wenn sie durch eine große Zahl von aufeinanderfolgenden Generationen gesehen werden, nicht die genügende Aufmerksamkeit zugewendet zu haben; manche historische Ereignisse, die für wahr gehalten werden, würden mindestens zweifelhaft sein, wenn man sie einer solchen Prüfung unterzöge.'

Für die Unsicherheit auch des einfachsten historischen Berichtes will ich ein beliebiges Beispiel herausgreifen. Es besteht eine umfangreiche Literatur über die Frage, welche Farben die Augen und der Bart Napoleons III gehabt haben; aber obwohl dieser Kaiser erst wenige Jahre tot ist und seine Witwe und viele andere, die ihm nahestanden, noch heute (1914) leben, konnte die Frage nach der Farbe seiner Augen und seines Bartes nicht mit voller Sicherheit beantwortet werden. — Durch methodische Versuche, indem man z. B. ersonnene oder gefälschte Gerüchte in Umlauf brachte und beobachtete, nach welchen Gesetzen sie sich wandelten, hat man festgestellt, daß hinter dem Wirklichkeitsbewußtsein unbewußte Wunscherfüllungen, immer aber irgendwelche Verschiebungen, Täuschungen oder Verstellungen von Tatsachen lebendig sind. Außer diesem am historischen Wirklichkeitsbewußtsein modelnden Triebe nach Wunscherfüllung gibt es eine zweite, wichtigere und noch unbeachtete Fehlerquelle: die Sucht, Erlebtes zu gestalten. Diese Sucht, ein Erlebnis, in das man mit einverschlungen ist, für sich oder andere vergegenständlicht zu sehn, ist im Durchschnitt sogar stärker als der Trieb nach Abenteuer und Erlebnis selbst. Ein Historiker, der als Kriegsfreiwilliger im deutschen Heere kämpft, schreibt darüber (Herbst 1914):

‚Ich machte die Beobachtung, daß ein jeder auch zu seinen eigenen Erfahrungen mehr Zutrauen bekommt, wenn er sie schwarz auf weiß gedruckt vor sich sieht; ja viele Leute erfahren erst aus den Berichten des Regiments oder aus den Zeitungen, was sie denn eigentlich mitgemacht und erlebt haben, und sie glauben es fortan immer in der Form, die der zufällige Berichterstatter dem Ereignisse gegeben hat. Der Hang, die historischen Ereignisse abrundend zu formulieren, überholt oft die Ereignisse selbst. Es könnte so gewesen sein, oder man wünschte, es möchte so gewesen sein, also ist es so gewesen! Daher stöhnt der Mensch mehr denn je in der Sklaverei der Zeitungen, die vielleicht diesen ganzen Krieg gemacht haben. . . . Die Wahrnehmungssphäre eines Teilnehmers an historischen Ereignissen, an großen Katastrophen, Gewaltakten, entscheidenden Aktionen, mag sie noch so groß oder noch so sachlich sein, ist immer viel enger und subjektiver, als der historische Bericht schließlich erkennen läßt. Denn was immer auch jemand an Strapazen, Gefahren, Verwicklungen und Nöten erlebte, es können doch immer nur seine Strapazen, seine Gefahren, seine Verwicklungen, seine Nöte gewesen sein, und mit voller historischer Verantwortung könnte man doch schließlich nur psychologisch-biographische Tatsachen aufzeichnen. Biographie oder Psychologie ist aber nicht Geschichte, sondern steht als Quelle der Geschichte oft der Feststellung der historischen Wirklichkeit durch den Historiker nur im Wege, indem sie die Geschehnisse vielfältig macht, wo sie für Geschichte einfach, einfach, wo sie für Geschichte vielfältig sind.... Wenn ein Soldat im Kriege oder ein Teilnehmer an Volksbewegungen seine ihm zugefallene Pflicht tut, und sei er der Höchstgestellte, so ist er mit tausenderlei engen Teilverrichtungen, oft allein mit der Sorge für die Notdurft des Augenblicks, für Schutz vor Regen, Nässe, Kälte, mit Sorge um Schlaf, Ernährung und Verdauung so vollkommen ausgefüllt, daß er während seiner Tätigkeit zu Betrachtung, Reflexion, Gesamtanschauung, Raisonnement keine Gelegenheit hat. Daher wissen die Männer im Generalstab oder die Zeitungsschreiber hinter der Front weit gründlicher, wie sich etwas ereignete, als es derjenige wissen kann, der das Ereignis selbst vor Augen hat. Man glaubt gar nicht, wie wenig man im Kriege sieht und erlebt außer dem, was man eben subjektiv duldet und durchmacht. Ein Kriegsteilnehmer weiß nicht einmal, was eine Meile nördlich oder südlich von dem Ort, wo er selber steht, eigentlich vorgeht, und erfährt den Zusammenhang der Ereignisse immer erst hinterher, und von Leuten, die nicht dabei gewesen sind. Jeder ist ganz ausgefüllt von sich selber und von dem eigenen ‚täglichen Dreh' und weiß nicht einmal etwas Wesentliches vom Nebenmann, den er leben oder auch sterben sieht.'

Da somit die Einstellung jedes einzelnen durchaus ichbezüglich ist, so gilt schließlich für die Wahrheit der Geschichte der paradoxe Satz, daß die sachlichste Auffassung der Geschichte demjenigen zukommt, der am wenigsten an ihr beteiligt ist. Jene Antwort, die (nach Polyb. V, 33) der Geschichtsschreiber Ephoros dem großen Alexander gibt, als dieser ihn einlädt, ihn auf seinen Zügen als Augenzeuge zu begleiten, entbehrt nicht des tieferen Sinns: ‚Deine Geschichte kann ich nur schreiben, wenn ich zu Hause bleibe.'

§ 42. Die Gewohnheit.

‚Doch euch ziemt einzig Tag und Nacht.'
Goethe.

Hier nun müssen wir von der gewaltigsten aller Mächte reden, die für Geschichte die gleiche Funktion übt, wie für die Körper des

Weltraums jene Gewalt, die man Trägheit oder Schwere nennt: Gewohnheit.

In welchem Maße der Mensch, auch innerhalb der wildesten Überraschungen, begrenztes Gewohnheitsgeschöpf ist und wie sehr die Gewohnheit, den Tag zu verbringen, über alle Werte, Wahrheiten, Gesinnungen, Urteile und Auffassungen entscheidet, davon hat auch der größte Menschenkenner eine nur völlig unzulängliche Vorstellung. Jeder Gedanke, jedes Gefühl, sogar die Vorformen des Fühlens und Denkens sind Produkte der Gewohnheiten, das will besagen: begrenzter Notwendigkeiten der Menschen. Jedermann ist an ein undurchbrechbares Gewohnheitssystem im Körperlichen und Seelischen so sklavisch gebunden, daß man wohl die Stimmung jenes englischen Lords nachfühlen kann, der sich freiwillig tötete aus Verzweiflung darüber, daß er nun ein ganzes Leben lang jeden Abend die Weste ausziehn und jeden Morgen wieder anziehn solle. In großen Bewegungen der Geschichte ändern sich zwar scheinbar die Gewohnheiten, dennoch wird auch da nur das Kinderspiel ‚Alle Bäumchen wechseln sich' gespielt: semper idem, semper aliter. Man kann daher Geschichte mit dem Gekräusel von Ringen auf der Fläche eines Teiches vergleichen, die einander kreuzen, schneiden, hemmen und somit in jedem Augenblick neue und andere Figuren bilden, dennoch aber allesamt immer an die Kreisform gebunden sind. Der aufs völlig Regellose geworfene Mensch (z. B. Einwohner in brennenden Städten, Hungernde in Hungersnöten, Soldaten im Bajonettkampf) sind durchaus als Seelenkranke oder Geistesgestörte zu beurteilen. Man könnte von Geschichte sagen, daß sie die Darstellung des durch Gewohnheiten modifizierten Wahnsinns ist. Darum sagt Goethe: ‚Der Mensch interessiert sich immer bloß für Nachbarschaft und Gegenwart. Der wichtigste Vorfall, der in Zeit und Raum von ihm entfernt ist, ist ihm gleichgültiger als der kleinste neben ihm.'[1] Ich möchte die folgenden kennzeichnenden Stellen aus der Lebensgeschichte eines verdienten Feldherrn festhalten:

> ‚Von Jugend an hatte er eine ein für allemal feststehende Tageseinteilung angenommen und pflegte zu sagen, daß auch Cäsar, Alexander und Bonaparte ohne die ‚Menagerie Gewohnheit' nicht ausgekommen

---

[1] Más sabe el necio en su casa, que el cuerdo en la ajena (Don Quijote II c. 43).

wären. Daß um zwei gegessen und von drei bis fünf geschlafen wurde, war sicher wie ein Weltgesetz. Solche Angewohnheiten, wie z. B. eine tägliche Promenade, wenn auch nur von einer Viertelstunde, behielt er das ganze Leben hindurch bei, auch unter den größten Stürmen. Auch pflegte er die Frage, wie man es anfangen müsse, im hohen Alter Leistungen gleich seinen zu vollbringen, so zu beantworten: ‚Morgens um fünf aufstehn, abends um neun schlafen gehn, keinen Alkohol trinken, viel turnen!‘ In einem solchen Leben hatten Überraschungen keinen Platz, und wer es von außen betrachtete, hätte es nicht für ein Heldenleben sondern für das des richtigen Philisters gehalten, denn selbst ein Kant, der wie Hippels ‚Mann nach der Uhr‘ lebte, versäumte doch einmal über dem Lesen Rousseaus die Minute des Spaziergangs; ihm aber waren solche Umwälzungen zuwider. Grade darum aber, weil die Gewohnheiten schließlich mechanisch geworden waren, war er viel mehr als andere Menschen von Bedürfnis und Notwendigkeit unabhängig. Er konnte z. B. darauf rechnen, in allen Wechselfällen des Schicksals, wann immer er wollte, zu einer bestimmen Stunde einschlafen und erwachen zu können. Dann wurde eben der ganze Turnus der Lebensgewohnheiten verschoben, innerhalb dieses Turnus aber blieb es beim Alten.‘

§ 43. Die Ichbezüglichkeit in der Geschichte.

Für die eherne Eigenbezüglichkeit der politisch-historischen Größen verweise ich auf das klassische Vorbild des Cajus Julius Cäsar, der zehn Bücher Geschichte über sich selbst in der dritten Person schrieb, ohne jemals irgendeine Beteiligung subjektiver Wertungen und Gefühle zu verraten, dabei aber die Ichbezüglichkeit der historischen Darstellung bis zur Absurdität, ja bis zur Ruchlosigkeit treibt. So vernichtet Cäsar im Jahre 58 v. Chr. die ganze Völkerschaft der Tiguriner und bemerkt dazu harmlos, daß dies darum seine Pflicht gewesen sei, weil sechzig Jahre zuvor in einem Kriege gegen diese Völkerschaft der Großvater seines, des Cäsars, Schwiegervater, in einer Schlacht gefallen sei (Comm. de bello Gall. I, 12); auf die würdigen Vorstellungen des Abgeordneten Divitiacus, welcher um freien Durchzug der Helvetier durch die römische Provinz bittet und dabei bemerkt, daß die Römer das alte Schlachtenglück und die Tapferkeit der Helvetier schon oft kennen gelernt hätten, erteilt Cäsar in aller Herzenseinfalt den Bescheid, ‚daß die göttliche Gerechtigkeit den Helvetiern absichtlich lange Jahre des Wohlergehens geschenkt habe, einzig zu dem Zweck, damit sie nachher den Wechsel des Schicksals bitterer empfänden und für ihre alten Siege durch ihn, den Cäsar, bestraft werden sollten'. (Comm. I, 14.) Man kann schwerlich ein schlagenderes Beispiel finden für den immer wiederkehrenden Wahn, die vollkommenste und unbefangenste Sachlichkeit darzubieten, während jedes Wort der Darstellung unbewußt und naiv von der plumpesten Eigenbezüglichkeit des Darstellenden unterströmt wird. Grade solche Historiker, die aus den einseitigsten Wertgesichtspunkten eines bestimmten Kulturkreises, ja einer bestimmten Nationalität alles und jedes Geschehnis begutachten und zurechtebiegen, täuschen sich am geflissentlichsten über das dem Geschichteschreibenden mögliche Maß von Unbefangenheit. Welche Kindlichkeit der Selbsttäuschung offenbaren z. B. die folgenden Worte von Max Lenz ('Über die Aufgabe des Biographen', Festrede, 1912):

'Der Historiker kennt keine Grenzen des Geschmacks, weder Sympathie noch Antipathie, noch modische Formen der Anschauung. Er braucht nicht davor zurückzuschrecken, Barbaren oder Verbrecher zu schildern und kann seine Künstlerkraft ebenso an einem Cesare Borgia entfalten wie an einem Freiherrn von Stein.' —

Grade als ob es in den Sternen geschrieben stünde, wer denn nun Barbar, wer Verbrecher sei und als ob nicht Wesenswuchs und Wesensfarbe der historischen Gestalten erst durch die Künstlerkraft des Historikers hervorgesucht, wenn nicht gar geschaffen würden!

Aber nicht nur die unbewußte Eigenbezüglichkeit der Geschichteschreibenden, sondern auch die der geschichtlichen Personen selber steht in Frage.

Im Beginne jeder neuen Geschichtskatastrophe hört man die bekannte Stimme der Verwunderung darüber, daß bei der plötzlichen Verschiebung aller Einzelbeziehungen und -Verhältnisse dennoch die große Staats- und Gesellschaftsmaschinerie fortarbeite, als stünde eine vom Menschen unabhängige 'Weltordnung' hinter der Geschichte grauenhaftem Zufallspossenspiel, das zuletzt sich in sich selber verzehrt. Ein bedeutender Geschichtsschreiber sagte zu Beginn des europäischen Krieges (1914) darüber folgendes:

'Aus der natürlichen Vernunftordnung des Krieges (!), die aus allgemeinem Instinkt unbewußt sich herausbildet, muß auf den unbewußten sozialen Gesamtwillen geschlossen werden, welcher allen personalen Willenseinheiten übergeordnet, die Glieder des Volkes mit unsichtbaren und unbewußten Fäden der Sympathie magisch aneinanderknüpft. Alle für einen, einer für alle.'

6*

Hinter dieser Feststellung einer geschichtlichen **Vernunft**, die an E. v. Hartmanns unbewußte Gesamtvernunft der Geschichte oder an Hegels objektiven Geist erinnert, scheint eine besonders tiefe metaphysische Einsicht zu stehen. Dennoch bleibt diese naheliegende, vulgäre Metaphysik ganz an der Oberfläche der Beobachtung! Was geschieht denn bei einem Kriege wie dem gegenwärtigen? Eine bestimmte Summe Rauflust, Abenteuerlust, Machtwille, Lebensgier, Abwehr-, Angriffsinstinkt usw., die in toten und normalen Zeiten in der Konkurrenz der Volksgenossen untereinander auf nähere Zwecke und mit scheinbar harmloseren Waffen verbraucht wird, ballt sich gegen einen entfernteren und bedrohlicheren ‚Feind' und führt damit zu jener scheinbaren Einigkeit aller Kräfte, die, sobald die größere und schwerere Hemmung überwunden ist, sich mit mathematischer Sicherheit wieder **gegeneinander** kehren müssen. Ist darum der **Inhalt** der Seelen ein anderer und höherer geworden? Es hieße den historischen Sachverhalt just auf den Kopf stellen, wollte man die Einheit einer Menschengruppe im Kriege als Funktion der positiven Güte oder Liebesbereitschaft ihrer Mitglieder darstellen. Denn weder Wölfe, die sich zu Abwehr- und Raubzügen verbanden, noch Schafe, die in Frost- oder Angstneurosen enger als je zuvor aneinander drängen, werden ‚von unsichtbaren und unbewußten Fäden der Sympathie magisch aneinandergeknüpft'. Vielmehr ist hier jene wunderliche Lehre des Empedokles am Platze, welche behauptet, daß Staaten und Gruppen gerade durch den **Streit** (Eris) verkittet und getragen werden, während die **Liebe** (Eros) daran arbeite, das Gefüge der Staaten aufzulockern, das Leben eines jeden in das Leben aller anderen hineinziehend und den durch Haß **künstlich** erhaltenen sozialen Kosmos wieder ins Nichts, d. h. in die Alleinheit zurückeleitend. Grade darum also, weil ein jeder immer nur **sein** Sinnsystem umkreist, gewährt das Ganze die Illusion einer sittlichen Harmonie, ähnlich der Harmonie des Sternenhimmels, welche die Wissenschaft als Gleichgewichtslage fortdauernder Gefährdungen jedes Himmelskörpers durch jeden anderen Himmelskörper enthüllt. Dementsprechend ist der gewaltigste Krieg, die gewaltigste Revolution doch nur aus Milliarden Einzelwillen und Einzelschicksalen zusammengesetzt, deren jeder und jedes inmitten der von allen gegen alle geübten Störung **seine** Bahn verfolgend, künstliche Gruppenseelen,

Inbegriffe, Geisteswesen bilden hilft, welche grade vermöge der Folgerichtigkeit aller Privategoismen zu einem Gesamtbilde zusammenlaufen, von dem von nachhinein der sinngebende Historiker erzählt: ‚Europa faßte den Entschluß'; ‚Amerika huldigte dem Grundsatz'; ‚Die germanische Weltanschauung vertritt den Standpunkt' usw. — Dieser Gedanke, daß die scheinbar organischen Wesenseinheiten und Gesamtseelen, ja daß zuletzt die ganze Harmonie des Kosmos grade der Notausgang undurchbrechlicher Eigenbezüglichkeiten einander paralysierender Einzelwesen sein könnte, ist in der Geschichte des Denkens immer wieder aufgetaucht! Eine besonders nachdenkliche Einkleidung dieses Gedankens bietet das 1705 erschienene Werk Bernard de Mandevilles ‚Die summende Bienenfabel oder Rechtfertigung der Untugend', welches auf das Ergebnis hinauskommt, daß die fortschreitende Ethisierung und Sozialisierung der Einzelseelen zuletzt zum Untergang der Nationalgebilde und Staatengefüge hinführen müsse. In der Volkswirtschaft hat besonders Henry Charles Carey (The harmony of interests, 1850) und nach ihm Frédéric Bastiat (Harmonies économiques, 1851) die Lehre von dem aus der Folgerichtigkeit privater Ichbezüglichkeiten erwachsendem sozialem Kosmos begründet. Indem wir die Richtigkeit der Lehre vom Egoismus (die in der Regel l'amour de soi mit l'amour propre verwechselt) ganz auf sich beruhen lassen, begnügen wir uns mit der für Geschichte wichtigen Feststellung, daß politische Einmütigkeit oder staatliche Simultaneität nichts mit jener positiven Liebeskraft, Herzensgüte und Brüderlichkeit zu tun hat, die, aller staatlichen Gesetzesethik und weltlicher Gerechtigkeit weit entrückt, Buddha und Christus lehren.

§ 44. Geschichte und Zeitung.

Wenn ein abgeschiedener außenstehender Geist ein Gemälde der gegenwärtigen Tage malen könnte, dann würde er folgendes Bild der Wahrheit entsprechend finden.

Millionen Menschen, welche allesamt nicht über ihren nächsten Tag hinaussehn und deren jeder das denkt, was irgendein öffentlicher Mund ihm zu denken anbefiehlt, finden sich in eine ungeheure mit kalter Sachlichkeit arbeitende Menschen-Vertilgungs-Maschinerie hineingeworfen. Tausende werden zermalmt; andere Tausende verstümmelt; andere unversehrt ausgespieen. Wen es trifft, den trifft es. Die Überlebenden preisen die Geopferten als Helden und leben weiter.

Währenddessen rottet hinter den Fronten der Schlachten eine geistige Hyänenschar sich zusammen. In Pressequartieren, in kleinen Cafés schlachtenbenachbarter, aber sicherer Orte hocken sie in klugen Rudeln. In Autos und Eisenbahnen durchjagen sie das geschändete Land.

Das sind sie, die man ‚Vertreter des Geistes' nennt (weil sie immer und überall dem Geiste den Weg vertreten). Sie säen Meinung, verschänken Gesinnung, erwählen Völkerbrand und Massenuntergang, Millionenmord und Seelennot zum Stoff ihrer Rede und Dichtung, weil denn Darüberreden und Darüberschreiben den Beruf der alles könnenden, alles sagenden Sendungslosigkeit ausmacht.

Diese, d i e s e Art Menschen verleiht die Lorbeeren der Geschichte! Diese Menschen verhängen, wenn sie wollen, die Strafe bürgerlichen, ja ewigen Todes.

Es gab Zeiten, die hatten Ketzerbrände und Inquisitionstribunale zur Pein und Marterung großer Seelen und freier Geister. Wir aber haben das Henkertribunal der öffentlichen Meinung. Wir haben das furchtbar vergewaltigende Totschweige-, Erpresser-, Aushungerer-, Verfälscher-System der sogenannten Presse. In ihren Fängen verblutet das hohe Herz. Unter ihren Klauen verröchelt der tiefe Geist. Selbst die Sklaverei im Banne des Alkohols, Nikotins, Fleischgenusses (welche Erhöhung des Menschengeschlechts auf Jahrtausende hinaus verhindern), das grausame Joch der Geschlechtsübel, in das Europa sich spannt, selbst Übervölkerung, Hunger, Millionenmord, alles ist nicht von so teuflischer Natur, nicht so verhängnisvoll wie die ruchlose Seuche der allgemeinen Bücher- und Zeitschriftenleserei. Sie verzehrt den Tag mit dem Tage, vergiftet und verzettelt die Seelen, verfälscht die Werte, gibt die Einfalt der Schlichten und Redlichen in die Gewalt von Ehrgeizigen und Eiteln, und setzt tüchtige Leistung oder kunstvolle Technik an den Platz, der allein dem innerlichen Sein und tieferem Herzen gebührt. Denn so wenig ein hochbegabter und kunstreicher Taschendieb, darum weil er der Meister in seinem Fache ist, eine höhere Wesensart darstellt als der Stümper im Diebstahl, so wenig ist der technisch hochentwickelte und vielkönnende ‚Schriftsteller' eine b e s s e r e Menschenart als der dunkelste und ärmlichste Zeilenschreiber, vielmehr ist der eine wie der andere nur ein Prostituent des Geistes, wenn hinter seinem Können und Schaffen nicht Einsamkeit, Tragik, Martyrium menschheitlicher Sendung brennt. Nichts aber beweist sicherer die Barbarei der Kultur als ihr quantitatives Übermaß an Geschick und Talent, als ihr ungeheurer Überschuß an Können und Leistung, technischer und formaler Fertigkeit, in allen Wissenschaften und Künsten, hinter denen Arbeit und Übung, Schule, Wissen, Begabung und Fähigkeit, alles! nur nicht die opfernde, überweltliche, gottüberwindende Einsamkeit kindlicher Seele glüht. So ist denn eine von bloßen Tagesgrößen und Zeitautoritäten gekittete sogenannte Weltgeschichte zuletzt nur das Piedestal, auf welchem ehrgeizige Absichten und Ansichten der Mächler, Streber, Advokaten, Überredner, Publizisten, Literaten miteinander und gegeneinander wetteifern, indem jeder scheinbar sachliche, scheinbar überzeitliche Ideale seiner parteiischen Macht- und Lebensgier als schützenden Mantel vorhängt.

§ 45. Über Geschichtsfälschung.

Im Jahre 1897 enthüllte sich in Paris eine großartige Schwindelaffäre. Ein Schriftsteller namens Gabriel Jogand-Pagès, mit Schriftstellernamen Leo Taxil, hatte mehr als ein Jahrzehnt, von 1885 bis 1897, aus einer Art ästhetischer Lust am Irreführen und Fabulieren, die katholische Klerisei, ja man könnte sagen, die ganze katholische Christenheit an der Nase herumgeführt. Leo Taxil, am 21. März 1854 zu Marseille geboren, um 1880 nach einem bewegten Leben Leiter eines großen antiklerikalen Verlagshauses, Präsident der französischen Freidenkervereine und bekannter Freimaurer, trat plötzlich in Aufsehen erregender Weise zur katholischen Kirche über. Er trennte sich geräuschvoll von seinen bisherigen Freunden und von seiner Frau und veröffentlichte bald nach seinem Übertritt die religiös gestimmten ‚Bekenntnisse eines ehemaligen Freidenkers' (deutsch: Freiburg/Schweiz 1888). In diesen Bekenntnissen erzählt er in etwas überschwenglicher, aber durchaus glaubwürdiger Weise die Geschichte seiner religiösen Erweckung und Bekehrung. Und fortan lieferte er eine große Reihe frommer Schriften zur Bekämpfung der Freidenker und Freimaurer. Immer tiefer verfestigte er sich damit im Vertrauen der einflußreichsten Würdenträger der Kirche. Mehrere französische Bischöfe und Erzbischöfe zogen ihn in ihren persönlichen Verkehr und ließen sich durch ihn beraten. Vor allem aber gelang es ihm, gelegentlich einer persönlichen Audienz, bei welcher er mit Exaltation den demütig bereuenden Sünder spielte, das Vertrauen, ja die Zuneigung des Papstes Leo XIII zu gewinnen. Nachdem somit durch sieben Jahre der Boden hinlänglich vorbereitet war, konnte Taxil endlich 1887 mit einer großartig ausgesonnenen Mystifikation sich hervorwagen. Er trat Januar 1887 in sensationeller Weise mit der Entdeckung eines über ganz Europa verbreiteten dämonischen Teufelskultes hervor, welchen er Palladismus nannte. Der Sitz dieser Satansreligion, bei welcher sogenannte schwarze Messen, wollüstige Ausschweifungen, Orgien und Lästerungen eine Rolle spielten, sollten die Logen bestimmter Freimaurer, Oddfellow-Brüder und Illuminaten sein. Der Entdecker klagte sich selber an, in seiner Jugend an solchen Ausschweifungen der Palladisten teilgenommen zu haben. Alsbald fanden sich verschiedene Personen, welche Taxils Enthüllungen bestätigten, sich selbst des Teufelsdienstes bezichtigten und zur Kirche zurücktraten. Besondere Aufmerksamkeit erregte ein Arzt, François Bataille, welcher ähnliche Bücher wie Taxil selbst veröffentlichte, und zumal in einem Werk ‚Le geste‘ die Riten und Symbole der Satanisten zu erklären unternahm. Endlich fand sich als Kronzeugin für den maurerischen Verschwörerkult ein blendend schönes junges amerikanisches Mädchen, Miß Diana Vaughan sich nennend. Diese trat, indem sie sich zur katholischen Kirche bekehrte, öffentlich mit der überraschenden Beichte hervor, in früher Jugend von einem freidenkerisch gesinnten Vormund und andern ketzerisch gesinnten Verwandten bei einer Satansorgie geopfert und die Geliebte eines Teufels, namens Asmodäus, geworden zu sein. Dieser sei ihr bei der schwarzen Messe einer Satanistenloge zu St. Franzisko erschienen. Diese ersten Zeugen des von Taxil groß angelegten Geschichtsschwindels waren, wenn auch nur bis zu gewissen Grenzen, in den beabsichtigten Betrug eingeweiht. Jene Diana Vaughan war eine von Taxil eingeschulte und klug gelenkte, äußerst gewandte Pariser Kokotte. Später freilich fanden sich auch völlig gutgläubige Mitläufer und Helfer. Manche davon, wie der greise Abbé de la Tour, Vicomte de la Noé in Rouen, blieben noch lange Jahre nachher, als der Betrug längst erwiesen war, fanatisch überzeugte Anhänger der zu Gott bekehrten Vaughan und vertraten die Wahrheit von deren Angaben und Geschichtsmären in eigenen Schriften. Die

Vaughan selber wurde in den Jahren 1885—87 von hohen Kardinälen empfangen und um Auskunft über die Palladistenriten und Satanslogen angegangen. Von welcher Art diese Auskünfte waren, erhellt unter anderm aus der Tatsache, daß unter den Beweisstücken für das Bestehen der satanischen Gegenkirche ein Tierschwanz, ähnlich dem eines Fuchses, figurierte, welchen Diana im Ringen mit einem ihr zusetzenden, zudringlichen Teufel diesem ausgerissen zu haben behauptete. Dieses Ende Schwanz wurde von französischen Bischöfen besichtigt, begutachtet und öffentlich vorgezeigt. Indessen handelte es sich bei dieser tollen, durch ein ganzes Jahrzehnt hindurch fortgesetzten Komödie, bei welcher von Betrogenen und Betrügern eine umfangreiche, höchst wüste historische Bibliothek über angeblich ganz sichere Teufelsdogmen, Kulte, Zaubereien, Beschwörungen und Verschwörer zusammengeschrieben wurde, nicht allein um die alte bekannte Tragikomödie des menschlichen Aberglaubens. Die klügsten der kirchlichen Würdenträger durchschauten den Schwindel. Sie aber ließen die Sache ruhig ihren Weg gehn, weil sie wähnten, die Hauptperson, Leo Taxil, in der Hand zu haben und lediglich zu ihren Zwecken zu benutzen. Sie merkten nicht, in welch raffinierter Weise sie selber von dem Manne genasführt wurden. Taxil nämlich hatte bei Gelegenheit seiner Bekehrung 1880 sich scheinbar auf Gnade und Ungnade an die Kirche ausgeliefert. Er hatte sich dem päpstlichen Nuntius Msgr. di Rende zu Füßen geworfen und begehrt, in ein Kloster aufgenommen zu werden. An ein Jesuitenkloster verwiesen, hatte er sich dort den strengsten Exerzitien unterworfen, seiner Vergangenheit abgeschworen und gebeichtet. Seine Beichte gipfelte in der ausgeklügelten Selbstbezichtigung eines unentdeckt gebliebenen Giftmordes, dessen erfundene, aber glaubwürdig ausgesponnene Einzelheiten er in voller Seelenzerknirschung seinen Beichtvätern anvertraute, womit sein plötzlicher Sinnesumschwung besonders gut motiviert erschien. Die Jesuiten wähnten eines so schwer belasteten Mannes sicher zu sein. Nachdem er die ihm auferlegten Pönitenzen bestanden hatte, glaubte man, ihn als kirchlichen Publizisten gegen die Freimaurer und Freidenker, deren Gesellschaften er genau kannte, klug benutzen zu können. Als aber das Palladismusmärchen und die Mythe vom Satanismus immer weitere Kreise zog und selbst bedeutende Geister, wie die Dichter Huysmans und Péladan beschäftigte, wurden einige vorsichtige Verhandlungen mit dem heißblütigen Taxil angebahnt. Die Jesuiten wünschten, daß in einem südfranzösischen Kloster das Herz der Jungfrau von Orleans möchte gefunden werden. Taxil, den man für einen zwar phantastisch aufgeregten, aber auch leichtgläubigen und ehrlich fanatischen Menschen hielt, schien die geeignete Persönlichkeit, um bei der Entdeckung der unschätzbaren Reliquie dienlich zu sein. Er verhieß denn auch jeden gewünschten Dienst. Aber er fühlte, daß die Komödie nun auf dem Höhepunkte stehe und daß ihre Fortsetzung auf die Dauer seine Glaubwürdigkeit erschüttern könne. So ging er daran, den Bovist mit möglichst großem Geräusch zum Platzen zu bringen. November 1896 wurde auf sein Betreiben ein großer Antifreimaurerkongreß nach Trient zusammengerufen. Dieses neue Tridentinische Konzil wurde von der ganzen katholischen Welt beschickt. Berühmte Kanzelredner, Theologen, Ordensgeistliche, Missionare erschienen; auch jener Spezialforscher über Satanismus Dr. Bataille und die berühmt gewordene Diana Vaughan. Leo Taxil selber fungierte nach Wahl der Teilnehmer als Präsident des Kongresses. Er schickte mir bald nach den Tagen von Trient ein Gruppenlichtbild, welches ihn inmitten der höchsten Würdenträger der Kirche als Vorsitzenden des Kongresses zeigt. Dazu schrieb er mir: ‚Beachten Sie bitte, daß alle Personen auf diesem Bilde ein ernstes Gesicht machen, nur ich bin der einzige, welcher — lacht.‘ Kurze Zeit nach diesem Kongresse trat der mächtige Mann mit dem guten, biedern, vertrauenerweckenden Vatergesicht mit der Enthüllung des Schwindels an die Öffentlichkeit. Er bat in Paris die Spitzen der französischen Schriftstellerwelt, Politik und Kirche zu einem scheinbar harmlosen Meeting in einem Pariser Theater zusammen. Vor den Erschienenen trat er, 19. April 1897, zu grenzenloser Überraschung der uneingeweihten Kleriker mit der lachenden Enthüllung hervor, daß er immer noch, wie in der Jugend, Freidenker und Kirchenfeind sei und lediglich ein zehn Jahre lang dauerndes Spiel mit dem Aberglauben und dem Fanatismus der Menschen gespielt habe. Die Einzelheiten seiner Audienzen beim heiligen Vater, seinen Verkehr mit den Bischöfen, die kleinen Züge des von den Jesuiten gewünschten und angebahnten Wunderschwindels, die Lebensgeschichte der Vaughan, alles gab er in behaglich komischer und derb übermütiger Weise dem Gelächter preis. Der Skandal zitterte manche Jahre nach. Taxil hielt während dieser

Jahre Vorträge über seine Erlebnisse mit der Kirche in den französischen Städten und gab eine Fülle spöttischer, derb satirischer Schriften heraus, die das Motto tragen, ‚tuons-les par le rire‘ und mit übermütigen Widmungen an die ihm befreundeten Bischöfe oder gar an den Papst zum Dank für die ihm erteilten Segen versehn sind. Er blieb bis zu seinem 1906 erfolgten Tod ein von Voltaire geleiteter, mit dem Leben übermütig spielender Spötter. Ich habe den Mann gekannt und einige Jahre mit ihm Verbindung unterhalten. Daher glaube ich zu wissen, daß weder Eitelkeit, Ruhmsucht, Geldgier noch auch ein Fanatismus für Aufklärung und Freigeisterei die Triebfeder seines Handelns war. Er gehörte, geborener Gascogner, zu den bewundernswert überlegenen Leuten, die an Spott und Spiel ein wahrhaft künstlerisches Vergnügen haben. Das ist ein Stück Dichtertum, frei von jedem Pathos, außer von einem gewissen Pathos des Witzes. Die Akten und Dokumente seiner vielen Mystifikationen habe ich lange Zeit gesammelt, weil ich sie zu einem kulturgeschichtlichen Werk zu verarbeiten gedachte.[1] Zuletzt ließ ich das große Material unbenutzt. Auch kam ein anderer Gelehrter mir zuvor, Hermann Gruber S. J., der in ausführlichen verdienstlichen Schriften (Leo Taxils Palladismus-Roman, 3 Bde., 1897/98, und ‚Betrug als Ende eines Betruges‘, 1897) die Taxilschen Geschichtsfälschungen klarmachte und vom Standpunkt der Kirche beurteilte.

Eine minder wichtige, aber doch ebenfalls lehrreiche historische Mystifikation sah ich 1914, unmittelbar vor Ausbruch des Weltkrieges in Paris. Ein junger Journalist erlaubte sich den Spaß, eine Reihe historischer Aufsätze über einen von ihm selbst erfundenen Volkshelden aus der Revolutionszeit, namens Hegesyppe Moreau, zu veröffentlichen. Er brachte es fertig, weite Kreise für diesen angeblich vergessenen Revolutionsmann zu interessieren. Schließlich wurde ein Komitee gebildet, um ein Denkmal für Moreau in Paris zu setzen. Bekannte Schriftsteller, Akademiker, Professoren, darunter auch Historiker, unterzeichneten eitel oder gutgläubig den Aufruf zur Denkmalgründung. Eine Künstlerkonkurrenz ward ausgeschrieben und Gelder gesammelt. Plötzlich, nachdem eine Reihe von Tagesgrößen sich kompromittiert hatten, trat der Veranstalter mit der Enthüllung hervor, daß Hege-

[1] Einsame Gesänge, 1899, S. 254.

lyppe Moreau nie gelebt habe. Vor Beginn des Krieges sah man im ‚Salon der Humoristen' Entwürfe ausgestellt zu dem ausgeschriebenen Denkmal für den historisch gewordenen und doch nicht historischen Volkshelden.

Endlich sei eine persönliche Erinnerung bewahrt, die für das Zustandekommen historischer Überlieferung lehrreich ist. August 1909 wurde ich bei Gelegenheit eines Aufenthaltes in London von amerikanischen Bekannten, die in Ritz Hotel, Piccadilly, wohnten, zu Gast geladen. Ein sozialpolitischer Gedanke verknüpfte uns, denn die Frau des Hauses hatte eine Liga gegen entbehrliche Geräusche begründet und in Amerika den selben Feldzug gegen Lärm unternommen, den ich, ohne von der verwandten amerikanischen Bewegung zu wissen, seit lange in Deutschland führte. Der Nachmittag verging harmlos; wir spielten ein Pfänderspiel und lasen Gedichte. Gegen Abend kam noch ein dritter Lärmfeind, der als Syndikus eines Londoner Verbandes großen Einfluß auf die Zeitungen hatte. Da fiel arglos die Bemerkung, wir sollten künftig einmal eine internationale Tagung aller Vereine gegen Lärm veranstalten, worauf der praktische Engländer meinte, drei solche Vereine seien ja beisammen und so könne dieser 14. August füglich als der erste Kongreß gegen den Lärm gelten. Die amerikanische Dame aber rief, dann möge man nur sogleich die Presse von dieser Konferenz benachrichtigen. Es wurden also sofort einige Zeitungsredaktionen durchs Telephon angerufen und der englische Freund diktierte einen vorläufigen Bericht und den Gedankengang der bei dieser Gelegenheit gehaltenen Reden. Am nächsten Morgen brachten die Zeitungen die Referate, und im Laufe des Tages erschienen in meinem Stübchen, nahe British Museum, besonders findige Journalisten, um zu interviewen. Ich hielt meine Angaben dunkel, und durch schlechte Kenntnis des Englischen wurden sie noch dunkler. In den folgenden Tagen stand in den Zeitungen zu lesen, daß ich, der in London keine Seele kannte, Gegenstand von Ovationen gewesen sei; einige brachten kleine Züge und Anekdoten, die auch nicht die mindeste Ähnlichkeit mit der empirischen Person hatten. Ich hätte ein Schock Prozesse gegen Lärm geführt; bekämpfte Kirchenglocken; hätte einen Apparat erfunden, der das Geräusch knarrender Damenschuhe und rasselnder Säbel musikalisch zerlegt; hätte Ruhehäuser nach eigener Methode erbaut; einen Verein gegen das Spucken begründet, usw. Nunmehr brauchte ich nur einige solcher Berichte an führende deutsche und französische Tageszeitungen zu adressieren, und so verbreiteten auch diese Betrachtungen über den ersten Weltkongreß gegen Lärm in London. Wir ließen die unsinnigen Berichte unwidersprochen und nutzten die Sachlage zugunsten unseres Kampfes.

Was von den Quellen zur Geschichte, deren Verzeichnis die Historiker in dicken Wälzern sammeln, in der Regel zu halten sei, ermesse man an der Tatsache, daß die Archive ganzer Königreiche oft im Interesse einer einzelnen Dynastie methodisch gefälscht worden sind, so daß die Haupttätigkeit der Historiker nicht Feststellen des Gewesenen, sondern Widerlegen der Verfälschung des Gewesenen zu sein scheint. So ließ Napoleon III alle Archive Frankreichs zugunsten des zweiten Empire methodisch fälschen. So wurden z. B. sämtliche Berichte über die Schlacht bei Marengo vernichtet und durch neue Berichte ersetzt. Nicht selten scheint der Historiker gutgläubiger Betrüger zu sein, gleich Napoleon I, welcher im Augenblick, wo er faustdicke Geschichtslügen auftischt, ernsthaft versichert: ‚les véritables vérités étaient bien difficiles à obtenir pour l'histoire', oder gleich Cicero, der, indem er seine schiefen Berichte über Catilina vorträgt, gutgläubig erklärt, es sei Pflicht der Geschichte ‚ne quid falsi dicere audeat, ne quid veri non audeat'. Hierzu kommt, daß die Hauptquelle für die politische Geschichte die Depeschen und Berichte der Diplomaten sind, welche die Engländer ironisch definieren als ‚men sent abroad, to lie for the benefit of their country'. — Endlich berücksichtige man noch, wie vielleicht schon daraus fälschende Vorstellungen folgen, daß man Geschichte der verschiedenen Völker und Reiche notwendig getrennt vortragen muß und nie synchronistisch erzählen kann. Wären wir z. B. seit alters gewöhnt worden, die römische Geschichte *vor* der griechischen zu behandeln, statt der umgekehrten Gewohnheit, so würde das Abhängigkeitsverhältnis der beiden Kulturen uns wahrscheinlich anders anmuten. Die pragmatische Behandlung der Geschichte, nach welcher immer, wenn das eine Volk ‚abgeblüht' hat, ein anderes auftritt und seine ‚Erbschaft' übernimmt, ist nichts als große Einfalt, da doch in Wahrheit alle nur erdenkbaren historischen Tatbestände irgendwo auf Erden *nebeneinander* bestehn, überhaupt aber Geschichte an sich selbst Entwicklung, Fortschritt, Verfall, Übergangsperioden usw. nicht kennt, sondern einfach das Element ist, in welchem der Mensch lebt, immer neu und immer der selbe.

VIII. Der historische Ruhm.

‚Die Sieger werden gepriesen und die Mittel des Sieges nicht untersucht.'

Prokop, Gotenkrieg III 3.

§ 46. Über die Richtigkeit des Ruhms.

Geschichte sagt nichts über den Wert von Menschen, sondern verzeichnet ihre historische Wirkung. Diese historische Wirkung aber ist eine Kategorie für sich. Auch von dem Wertvollsten, Größten, Höchsten, in irgendeinem Sinn Bedeutsamsten würde die Geschichte nicht die mindeste Kunde aufbewahren, noch irgendwelche Notiz nehmen, wenn es nicht irgendwo faktisch wirksam und erfolgreich geworden wäre. Und zwar gilt das für die Kunst- oder Geistesgeschichte nicht minder als für die politische Geschichte der Völker. Nicht also die Tatsache, daß geistige oder sonstwelche Werte da sind, sondern daß sie für das Bewußtsein da sind, ist für die Geschichtsschreibung entscheidend; und so kann die Frage aufgeworfen werden, ob vielleicht das wahrhaft Außerordentliche niemals in die Geschichte übergehe, weil es nur für wenige da sein kann.

Es wäre möglich, daß eine gewisse Gradlinigkeit, mindestens aber Beimengung gemeiner Bestandteile die Vorbedingung zeitlicher Wirkung und darüber hinaus der historischen Dauer wäre. Denn damit Personen oder Werke wirken können, muß an ihnen etwas Gemeinverständliches sein. — In der Tat gehört eine grobe Kurzsichtigkeit des Urteils dazu, um in der Kette der historisch Großen auch die ideellen Gipfel des Menschentums zu sehn. Der Mensch ist tiefer und reicher, als Geschichte ahnen läßt. Nicht einmal Goethe, Kant, Shakespeare, Rembrandt usw. sind höchste Spitzen des Geschlechts. Zu Sophokles' Zeiten hat mehr als ein Sophokles und mehr als nur Sophoklesse gelebt. Nicht die tiefsten, schönsten, adeligsten Seelen kommen auf die Nachwelt, sondern Wertbedürfnisse ergreifen bestimmte historische Personen als Verkörperungen der höchsten zeitlichen Werte. Wohl kommt zuweilen (Namen wie die aufgezählten beweisen es) auch sehr hoher Wert und sehr hohe

Seele auf die Folgezeit; dann aber ist es nicht der Wert, der ihnen die Dauer gesichert hat, sondern jene historischen Gesetze, welche ganz unabhängig vom Wert, bald Wertvollem, bald Wertlosem Dauer verleihn. — Wäre der Ruhm nur an Vorhandensein der Werte geknüpft, so wäre die Fortdauer grade der höchsten Menschen unmöglich. Denn jeder kann nur von Seinesgleichen gesehen werden! Wäre der durchschnittliche Mensch imstande, die höchsten Werte zu sehn, so würde er sie nicht verstehn, und würde er sie verstehn, so würde er sie falsch verstehn. Somit ist es ruchlos, zu behaupten, die Geschichte sei das Weltgericht. Wäre sie es, so wäre ihre Rechtsprechung genau so ungerecht und unsittlich wie die jedes anderen Massengerichtes. Auch das heute lebendige Geschlecht ist Nachwelt, und so wenig dieses imstande ist, die verfeinertsten oder geistigsten Elemente der Vorwelt zu erkennen, so wenig wird je eine Gattung tierheitentsprossener und notgeleiteter Wesen das seinen Durchschnitt Überragende beurteilen können. Die edelsten und heiligsten Helden und Märtyrer nennt nicht die Geschichte, und die sie nennt, sind vielleicht die geringsten unter denen, die vergessen werden. Der wahrhaft echte Geist wird darum niemals an Geschichte appellieren oder auf Nachwelt baun. Wohl kennt er den tiefen, nagenden Gram der Verdammnis zur Wirkungslosigkeit! — (gleicht doch der bessere Mensch dem Götterkönige Uranos, der in seiner Herzensgüte an jedem Tage sechs Stunden darauf verwendet, um dem Stier Busiris, der Verkörperung aller kompakten Dummheit, der mit seinen Hörnern die Himmelsburg berennt, die, wenn sie einstürzte, ihn selbst erschlagen würde, einen Vortrag über seinen Unverstand zu halten. An jedem neuen Morgen aber beginnt das Spiel von neuem!) —; zugleich aber kennt auch der Edle die Erbärmlichkeit aller papierenen Kronen, und gleich einer schönen Blume, die in einer Schlucht aufgeblüht ist, wohin nie ein Wanderer kommen und nie ein verstehendes Auge blicken wird, hat er sich zu sagen: daß ich mir selbst gehörte, das war mein Entgelt:

> ‚Was ich mir selber bei mir selbst gewesen,
> Das hat kein Buch gewußt, kein Freund gelesen.

Die Geschichte ist ein Allerweltsliebchen, das neben den Namen des Märtyrers die seiner Henker schreibt und dem Straßenräuber oder Städteverwüster die selbe Gedenktafel aufhängt wie der reinsten

Seele und dem hehrsten Genie. Schließlich aber sind für die jeweils Lebenden das eine Namen und das andere Namen.

'Es währt nur eine kleine Weile, dann liegst auch du, wo alles liegt,
Was nach des Lebens Hast und Eile zum großen Schlummer sich geschmiegt,
Und wenn die Woge dich erfaßte und trug dem großen Meere zu,
Bist bei Millionen du zu Raste, die auch vergessen sind wie du.'

Eine Untersuchung über die Frage, an welche Bedingungen der historische Ruhm geknüpft sei, würde ich somit für völlig aussichtslos halten. Es ist eben Tatsache, daß das Dümmste, Unsinnigste, Gemeinste Anlaß großer Bewegungen und Veränderungen, also historisch wirksam werden, dagegen das sittlich oder geistig, ästhetisch oder intellektuell Wertvolle völlig übersehen zugrunde gehen kann. Eines nur läßt sich mit Sicherheit sagen, daß Bedürfnis oder Not darüber entscheiden, welche Elemente der Wirklichkeit von idealen Wünschen ergriffen und hochgetragen werden. Damit soll nicht bestritten werden, daß gelegentlich auch Wertvolles vom Erfolg hochgetragen und bewahrt werden kann und daß die beiden Kreise Wirklichkeit und Wert einen gemeinsamen Ausschnitt haben. Dies Verhältnis ist aber nicht gesetzmäßig! Es ist weder so, daß immer Wertvolles den Ruhm davonträgt, noch auch so, daß der Erfolg besondere Vorliebe für Wertlosigkeiten besitzt und man daher aus Mißerfolg, Schweigen, Verborgenheit eines Werks oder einer Person ohne weiteres auf Vorhandensein besonderer Werte schließen dürfte. Noch auch endlich kann man (wie Darwin oder Nietzsche) historischen Erfolg, d. h. Macht, zur Norm für den Wert machen, weil man in diesem Fall, das Leben aus Wert und Wert wiederum aus Leben ableitend, sich unfruchtbar im Kreise bewegen würde. Wohl aber besteht die Tatsache, daß die selben Umstände, die ohne den Ruhm gleichgültig, wertlos oder gar abnorm und unwert sind, im Falle des historischen Erfolges plötzlich wertvoll werden. Es ließe sich sogar eine Untersuchung darüber anstellen, inwiefern die Erkenntnis eines Wertes grade des Abnormen und Widersinnigen als Hintergrundes bedarf, ob z. B. alles, was historisch wirksam wird, nicht zunächst umstritten und bekämpft werden muß, ob wohl ein Nietzsche oder Hölderlin auch ohne ihren Wahnsinn, ob Heraklit, Spinoza, Schopenhauer auch ohne ihre das Gemüt erregenden Schicksale, ja man möchte fast sagen, ob etwas Großes ohne ein dem empirischen Menschen beigemischtes Stückchen Wahnsinn und Narrheit zu historischer Wirkung gekommen wäre. Es gibt kein wahreres Wort als Bonapartes ‚le succès satisfait tout'. Sogar der Wert wird erst durch den Erfolg gerechtfertigt! Das Vorhandensein auch der sichersten Werte wäre für die Geschichte vollständig belanglos, wenn nicht erstens ein Bedürfnis für just diese Werte vorliegt, zweitens die Möglichkeit ihrer Betätigung, drittens die Möglichkeit ihres Gesehenwerdens.

§ 47. Über die Ohnmacht des Wertvollen.

Die Geschichte ist nicht darum zumeist Angedenken- und Ruhmeshalle von Personen königlicher und adeliger Herkunft, weil just diese an Wert oder Fähigkeiten der spurlos im Dunkel verbleibenden riesigen Menschenmasse überlegen sind. Im Gegenteil! Alle Bedeutsamkeiten, die die Geschichte von Königen und Herrschern verzeichnet, liegen auch in jedem anderen Menschen und können unter glücklichen Bedingungen von jedem dargelebt werden. Ja, es besteht das Gesetz, daß Begabung and Leistung ganzer Geschlechter schnell absinkt und verlöscht, wo nicht Bedürfnis und Widerstand, auslösend, schürend, aufreizend Spannkräfte der Seele wach erhält, weswegen die Lebensleistung gerade derer, die immer volle Freiheit und Muße zu Leistungen und Werken gehabt haben (z. B. die Leistung fast aller alten Aristokraten- und Herrscherhäuser) auffallend bedeutungslos und gering ist.[1]

Nun aber besitzen die, sei es durch Geburtsstellung, sei es durch Besitz, bevorzugten Individuen ganz allein die Möglichkeit, ihre Talente und Werte (wenn Talente und Werte vorhanden sind), zu pflegen, auszubilden, durchzusetzen und anerkannt zu sehen. Und besäßen die glücklichen Besitzenden auch nicht die mindesten Seelen- und Geisteswerte, so besäßen sie doch immer (und zwar sie allein) das Podest der Werte. Darauf aber kommt es an! Denn das un-

---

[1] ‚Der Fisch fault zuerst am Kopfe', sagt ein orientalisches Sprichwort, und ein indianisches ‚Die Faultiere hängen in den obersten Ästen'. Vgl. hierzu in der ‚Philosophie als Tat' die Darlegung über die ‚Welt als Not', Bd. I S. 98 f.

bedeutendste Wort, vom Kirchtum herabgesprochen, ist für Geschichte wichtiger und bedeutungsschwerer als tiefsinnigste Rede, die auf einsamer Haide verhallt.

‚Selbst Erwin v. Steinbach oder Michelangelo würden in der Kunstgeschichte nicht als die größten Baumeister gelten, wenn nicht zufällig der eine den höchsten aller Türme und der andere den Haupttempel einer Weltreligion in Auftrag bekommen hätte.

Nicht darum ist Phidias der berühmteste aller bildenden Künstler, weil er der größte war, sondern weil er die repräsentativen Kunstbauten eines sehr reichen Zeitalters in Auftrag bekommen hat. Was wären Raffael und Tizian, Rubens und van Dyck, Greco und Velasquez ohne die glücklichen Bestellungen gewesen, durch die sie zu ihren besten Werken angeregt sind?‘ (J. Burckhardt.)

Auch die höchste Geistigkeit, das edelste Herz sind eine Last für den, der in einer Pariakaste geboren, seine Gaben und Werte im Dienst gemeiner Tagesnotdurft verwerten muß. Er ist grade durch seine höheren Gaben am Vorankommen so gehindert, wie jener große, schwere Vogel Albatroß, welcher, gefangen genommen, vom rohen Schiffsvolk verhöhnt wird, weil er, durch die mächtigen Fittiche beim Gehen auf dem Schiffsverdeck gehemmt, nur ungeschickt und plump sich bewegen kann; droben aber in der Region, wo er leben und gedeihen könnte, wäre sein Vorzug geworden, was nun seine Last ist.

Um den Gegensatz historischen Erfolges zum Wert zu erfassen, durchmustere man die Gestaltenreigen sogenannt großer Zeiten und beobachte, wie die Größe der Zeit doch so gar nichts mit persönlichen Bedeutsamkeiten der sie repräsentierenden Menschen zu tun hat. Wer waren die führenden Geister des höchsten und stolzesten Zeitalters der neueren Geschichte? Nicht Weise, nicht Dichter und Denker, nicht die reifsten und edelsten Seelen jener Tage! Nein, eine Galerie von Spitzbuben, Narren, Bluthunden und Schwärmern. Danton, ein Mensch wie ein rauschiger Eber, wüst und spielerisch. Robespierre, eine doktrinär verengte Seele von zähestem Leder. Marat, jener Blutmensch, den man 1793 im Pantheon beisetzte und dessen Gebeine man 1795 auf die Gasse warf. Henriot, dieser grobe Strolch, der aus dem Rinnstein kam und im Rinnstein endete. Couthon, der kleinherzige, gehässige Krüppel; Tallien, der wagehalsig abenteuernde Emporkömmling; Barras, Hébert, Chaumette, läppische, wüste Raisonneure diese, ja diese Männer hielten die Erneuerung des Menschengeschlechtes in unreinen Händen und gelten der Geschichte als Repräsentanten einer Zeit, die unendlich reich ist an tiefen Seelen und leuchtenden Geistern.

Historischer Erfolg ist somit nichts als bloße Tatsache und steht als solche jenseits von Sinn, Recht und Gerechtigkeit. Nachdem aber einmal Erfolg da ist, sorgt erstens der Herdentrieb, der hinter dem, was Wirkungen hat, herläuft, und zweitens der Neid, der durch jeden Erfolg verstimmt ist und jeden Erfolgreichen (solange er lebt) bekämpft, dafür, daß derjenige, der Erfolge hatte, nicht leicht wieder aus dem Gedächtnis der Menge herauskommt. Dadurch kann im günstigen Fall nachträglich die gesamte Sphäre des Erfolgreichen zur Materie für Urteils- und Werthaltungsakte werden. Der Scharfsinn kann sich mit ihr beschäftigen, die Urteilskraft an ihr betätigen. Aber auch dann ist Urteilskraft noch so selten, daß die höchsten menschlichen Werte fast immer übersehen, die bekanntgewordenen erst im Laufe vieler Geschlechter durch eine Art unvollkommener Auslese verfestigt werden. Meistens wird auch grade das Größte und Höchste am ehesten wieder vergessen.

§ 48. Die Schwankungen des historischen Ruhms.

Wir bemerken in zahllosen Fällen, daß die historische Dauer einer Person oder eines Werks an vollständig andere Eigenschaften geknüpft ist, als jene waren, durch die ursprünglich der historische Erfolg bedingt war. So sind die Werte, welche wir gegenwärtig an Rembrandt, Leonardo da Vinci, Descartes, Kant preisen, ganz andere als jene, durch welche sie ursprünglich in die Beachtung ihrer Zeitgenossen gerieten und zu historischen Gestalten geworden sind. Ebenso sind die Gestalten Alexanders, Napoleons, Cäsars, Friedrichs, an denen im Kerne nichts als der große Erfolg bewundert wird, in verschiedenen Epochen die Träger verschiedener, ja einander entgegengesetzter Werte gewesen. In welchem Maße je nach Erfolg oder Nichterfolg das historische Urteil zu wechseln pflegt, dafür möge die folgende Stelle aus einer deutschen Geschichte der Befreiungskriege (1813—15) als Beleg dienen:

„Im ersten Augenblick fand man Napoleons Unternehmen tollkühn und abenteuerlich. Wie er aber dennoch Fortschritte machte und seine Macht mit jedem Tage wuchs, wurden die Stimmen immer kleinlauter und besorgter, wovon die damaligen französischen Tagesblätter einen deutlichen, dabei komischen Gradmesser abgaben. Sie lauteten:

‚Der Unhold ist aus seiner Verbannung entronnen. Er ist von Elba entwischt.

Der korsische Werwolf ist bei Luz-Juan ans Land gestiegen.

Der Tiger hat sich zu Gap gezeigt. Truppen sind auf allen Seiten gegen ihn in Bewegung. Er endete damit, als elender Abenteurer in den Gebirgen umherzuirren; entrinnen kann er nicht.

Das Ungeheuer ist wirklich, man weiß nicht durch welche Verräterei, nach Grenoble entkommen.

Der Tyrann hat in Lyon verweilt; Entsetzen lähmte alles bei seinem Anblick.

Der Usurpator hat es gewagt, sich der Hauptstadt bis auf sechzig Stunden zu nähern.

Bonaparte nähert sich mit starken Schritten, aber niemals wird er bis Paris gelangen.

Napoleon wird morgen unter den Mauern von Paris sein.

Der Kaiser ist in Fontainebleau.'

Die erstaunlichste Einsicht in die Unzulänglichkeit von Geschichte als Wirklichkeitswissen erlangen wir aber erst dann, wenn wir ein und dieselbe historische Person im Laufe der Jahrhunderte bald als Ideal in den Himmel erhoben, bald als Scheusal zur Hölle verdammt sehen. Es seien hier einige kennzeichnende Äußerungen über Shakespeare aus dem Munde von Zeitgenossen angeführt:

‚Jeder Affe versteht sich besser auf die Natur, jeder Pavian hat mehr Geschmack, das Wiehern eines Rosses hat mehr Verstand und das Murren eines Kettenhundes lebevolleren Ausdruck und echtere Menschlichkeit als das tragische Pathos Shakespeares.' (Thomas Riemer, der einflußreichste Literarhistoriker um 1780.)

‚Hätte Shakespeare stets in der Manier der Italiener gedichtet und nicht um zu leben Schauspiele geschrieben, so wäre er unser größter Dichter geworden, größer noch als Daniels, der größte Dichter unsrer Zeit.' (Thomas Nash, 1780.)

‚Was halten Sie von Shakespeare? Gab es jemals so jämmerliches Zeugs wie Shakespeares Sachen? Ist es nicht elendes Zeugs? Was? Was?' (Worte Georgs III von England zu Miß Burney 1760.)

Ein Bruder von Descartes, bretonischer Parlamentsrat, äußerte über die Schriften seines Bruders: „Es ist unwürdig und unschicklich für das Glied einer Familie, welche einen Parlamentsrat aufzuweisen hat, solch unnützen törichten Kram zu schreiben." Ähnlich urteilt Voltaire über Descartes.

Als Manet sein erstes Bild auszustellen wagte, spuckte Napoleon vor dem Bilde aus und drehte sich um; sein ganzer Hofstaat bog sich vor Lachen. Die Bilder von Gauguin, van Gogh, Cézanne, welche heute nur für Hunderttausende feil sind, wurden für wenige Franken gemalt, ebenso erging und ergeht es Matisse, Picasso und Marc. Die heute geglaubten Urteile werden in fünfzig Jahren genau ebenso veraltet sein.

Als ein merkwürdiges Beispiel für den Wandel historischer Meinung führe ich die Überlieferung über die Mörder Cäsars, Cassius und Brutus, an. Diese beiden sehen wir heute durch die Augen Shakespeares. Brutus ‚so mit Redlichkeit gepolstert, daß jede Verleumdung an diesem Panzer zerbricht‘. Cassius als hochherzigen Befreier und Fanatiker des Ideals. Aber noch Dante hat gemäß der Geschichtsauffassung seiner Zeit die beiden als die zwei schlimmsten Scheusale des Menschengeschlechts gesehen, welche neben Judas Ischariot im untersten Höllenschlunde vom Luzifer-Dis zerfleischt werden.

Bei dieser Gelegenheit möchte ich die folgende Beobachtung niederlegen. Es fiel mir auf, daß die Darstellung Shakespeares von der Dantes nicht nur abweicht, sondern daß Shakespeare die Körperlichkeit des Brutus und Cassius just in umgekehrtem Sinn wie Dante schildert. Shakespeare läßt Cäsar wiederholt von der ‚Hagerkeit‘ des Cassius reden und von dessen ‚hohlem Blick‘, der ihn beunruhige; dagegen wird Brutus als wohlbeleibter, behaglicher Mann dargestellt. Dante aber nennt umgekehrt den Cassius ‚kräftig, rund und wohlbeleibt‘ (indem er offenbar den Mörder Cäsars mit dem bei Cicero in der dritten Rede gegen Catilina erwähnten L. Cassius verwechselt). Shakespeare hinwiederum hat (vermutlich auf Grund flüchtiger Kenntnis des Plutarch) die beiden Personen des Brutus und Cassius miteinander vertauscht. So also sieht Geschichte aus! Zwei Personen A und B, der eine blond und schlank, der andere schwarz und dick, werden durch das bekannte historische Und (‚Brutus und Cassius‘) zusammengespannt, aber im Laufe der Geschlechter vertauschen sie ihre Identität. Hat ein Historiker den Mut zu behaupten, daß diese tolle Verwechslung einzig dastehe?

Das ganze Mittelalter ist erfüllt von der Erzählung des wunderbaren Todes des Papstes Sylvester II, endlich hat Döllinger in den ‚Papstfabeln des Mittelalters‘ nachgewiesen, daß eine Verwechslung der Päpste Johann XVI und Sylvester II vorliegt. Die Neuzeit schwärmt für den im Kyffhäuser verzauberten ‚Barbarossa‘, aber es ist zweifellos, daß die Gestalten der Hohenstaufen Friedrich I und Friedrich II dabei vertauscht werden.

Man pflegt in Deutschland besonders Goethe als den klarsten, sachlichsten Beobachter hinzustellen. Was also wäre natürlicher, als daß man sachliche Aufzeichnungen dieses Augenzeugen als historische Feststellung gelten lassen könnte. Weit davon entfernt! Seine historischen Aufzeichnungen sind in unzähligen Einzelheiten berichtigt worden. So wurde Goethes ‚Campagne in Frankreich 1792‘ zumal durch Chuquet als völlig unzuverlässig erwiesen.

Wir wissen von vielen, wenn nicht von allen, in der Geschichte fortdauernden bedeutsamen Geisteswerken, daß sie nur durch zufällige Glücksfälle sich bis auf uns erhalten haben, z. B. vom Apoll von Belvedere, der Venus von Milo, dem Laokoon, den Stücken des Äschylos und Sophokles, den Schriften des Plato und Aristoteles, dem Sonnenstaat des Campanella, der Ethik des Spinoza. Wäre Plato, vierzig Jahre alt, auf dem Sklavenmarkte zu Syrakus als Sklave verkauft und nicht zufällig von einem durchreisenden Landsmanne, dem Cyrenaiker Annikeris, losgekauft worden, was wäre von ihm auf die kommende Zeit gelangt? Mit ihm wäre auch die Kunde von Sokrates untergegangen! — Schopenhauers Lebenswerk wäre eingestampft und für immer vergessen worden, wenn nicht die lange Lebensdauer des Philosophen die Erhaltung seines Werks gesichert hätte. (Wir lesen z. B. in den Erinnerungen Karl Gutzkows, daß man in Frankfurt Schopenhauer für eine mißratene Existenz hielt; man nannte ihn den Schaute.)

Es kann auch wohl geschehen, daß ein durch offenbare Nichtigkeiten, ja durch Schurkereien zu Erfolg gekommener (z. B. Baco) nachträglich auch für positive Leistungen und Vorzüge Verzeihung erlangt.

Höchst denkwürdig sind auch jene gar nicht seltenen Fälle, wo gerade das historische Mißverständnis zu fruchtbarer Entwicklung führt, z. B. ein Künstler oder Denker von der Geschichte für Leistungen gerühmt oder verworfen wird, die ihn eigentlich gar nichts angehen oder wo nur eine verkehrte Auslegung oder Verwechslung zu wichtigen Entdeckungen führt. So ist z. B. der beständige Kampf gegen einen durchaus nicht historischen, sondern nur in der Phantasie der Historiker bestehenden Aristoteles und Epikur sehr fruchtbar gewesen. Ferner war es ein großes Glück, daß Kant die Werke David Humes zwar kräftig bekämpfte, aber nicht kannte, denn sein Kampf gegen einen von ihm bloß eingebildeten Hume führte ihn zu den besten Leistungen seiner Vernunftkritik, während der wirkliche Hume ihn völlig kühl hätte lassen müssen.[1] Man kann vor allem in den ausgezeichneten Schriften des französischen Kritikers Sainte Beuve ein großes Material dafür finden, daß das Bild, welches man von literarischen oder überhaupt von historischen Personen sich macht, fast immer an der wirklichen empirischen Persönlichkeit weit vorbeiblickt.

Endlich will ich nicht unterlassen, dringend zu warnen vor jenen logischen Köpfen, welche imstande sind z. B. zu schreiben: ‚dieses Problem läßt fünf Lösungen zu', ‚in der Neuzeit gibt es sechs Strömungen', ‚die Geschichte dieser Nation zerfällt in acht Perioden' u. dgl. Alle solche Verfügungen sind Arbeitsgedanken, mit denen unser selbstgerechter Übermächtigungswille das Lebendige unterjocht.

§ 49. Das Verhältnis von Ruhm und Ethik.

Die Geschichtskritik darf endlich nicht vor der bittersten und schwersten Frage zurückschrecken, nämlich vor der Frage, ob historische Größe und sittlicher Wert überhaupt miteinander vereinbar sind oder ob sie einander etwa prinzipiell ausschließen?

Für die Geschichte der Eroberer, Feldherrn, Staatsmänner und Herrscher wissen wir wohl ohne weiteres, daß der Satz Macchiavellis: ‚sola innocentia vivere velle periculosum' nicht von der Hand zu weisen ist. Einige wenige besonders hervorleuchtende Beispiele werden das dartun.

Für die ethische Fragwürdigkeit Cäsars bietet die Überlieferung viele Belege. Nach Plut. Cäs. c. 22, Cat. c. 51, Suet. c. 24 trug im römischen Senat Cato darauf an, Cäsar wegen Verletzung des Völkerrechts an die Germanen auszuliefern und zweifellos muß diesem Antrag ein besonders schweres Verbrechen zugrunde gelegen haben. Da wir jedoch den Bericht über die Vorgänge in Gallien nur aus Cäsars eigenem Munde kennen (Comm. III, 16), so blieb vor der Geschichte natürlich alles verborgen, was den großen Feldherrn belasten könnte. — Auch Friedrich der Große darf ganz und gar nicht nach ethischen Gesichtspunkten beurteilt werden. Er hat die Grundsätze Macchiavellis theoretisch widerlegt im selben Augenblick, wo er praktisch ihnen folgte. Die Wegnahme Schlesiens, der Raubeinfall in Sachsen, die Aufteilung Polens, das sind wahrlich wunderliche Belege für die billigen Recht-

---

[1] Wertaxiomatik S. XII.

lichkeitsphrasen seines ‚Antimacchiavell‘.[1] Immer wenn er Kriege rüstete, bekannte er sich öffentlich zum Pazifismus, und nachdem er Sieger über ganz Europa geworden war, erklärte er alle kriegerischen Heldentaten für ‚heroischen Schwachsinn‘. Und wie stand es mit Napoleon, dem gewaltigsten aller Verbrecher? Er anbefahl ehrlichen Herzens eine allgemeine Landestrauer für George Washington, den Freiheitshelden, in demselben Augenblick, wo er sich listig zum Despoten über Frankreich aufwarf. Auch über Bismarck ist ein verwandter Zug zu berichten. Man findet in einer Rede, die er in seinen ‚Gedanken und Erinnerungen‘ nachträglich geändert hat, die man aber gerade so, wie er sie am 3. Dezember 1850 gehalten hat, in R. v. Kraliks Allgemeiner Geschichte der neuesten Zeit, Bd. II S. 624, abgedruckt findet, die schärfsten Worte gegen einen Krieg zwischen Preußen und Österreich; wer ihn je unternähme, heißt es da, ‚den muß am Tage des Gerichts der Fluch jedes ehrlichen deutschen Soldaten treffen‘. Als Preußens Machtstellung sechzehn Jahre später das fordert, bricht Bismarck selber diesen von ihm so verfluchten Krieg listig vom Zaun. Wie wollte man solchen Forderungen der Politik mit Wertgesichtspunkten der Ethik gerecht werden. Man kann hier nur darauf hinweisen, daß der Mensch als repräsentatives und als persönliches Wesen eben ein Doppelcharakter ist.[2]

‚Ich glaube, daß sich in der ganzen Natur nicht leicht an zwei Dingen ein größerer Unterschied dartun wird, als zwischen dem repräsentativen Mitglied einer Gruppe in seiner öffentlichen Funktion und der selben Person stattfindet, wenn sie ihren gewöhnlichen Lebensverrichtungen nachgeht. Sobald der Mensch sich den Mauern eines Versammlungshauses nähert, nimmt er sogleich einen Überzug von ganz verschiedenen Manieren an. Er hat weder Meinungen noch Gedanken, noch Taten, noch Werte, die er sein eigen nennen könnte, sondern alle werden sie ihm wie der Wind von der Orgel mitgeteilt. Die Nahrung, welche er empfängt, ist, ehe sie in seinen Mund kommt, nicht nur gekaut, sondern auch schon verdaut.‘
(Jonathan Swift.)

---

[1] Rousseau sagt: ‚Il pense en philosophe et se conduit en roi‘ und Voltaire: ‚Il respecte un moulin, il vole une province‘.

[2] Drei Sätze scheinen mir für politische Moralität bedeutend zu sein: 1. Spinozas: Unusquisque tantum juris habet, quantum potentia valet (Tract. polit. I 2, 8). 2. Das Wort des Grafen Saint-Simon (Catéchisme des industriels. Oeuvres VIII. 53): ôte-toi de là que je m'y mette. 3. ‚oindra un villain, il te puendra, puendra, il t'oindra.‘

Als 1099 der Cid Campeador gefallen war, setzte man, um die Völker zu täuschen, statt seiner eine Kleiderpuppe auf sein Roß. Derartige Kleiderpuppen werden in der Geschichte tagtäglich gezeigt. Die Gläubigen der Majestät ahnen nicht, wie menschlich, allzu menschlich die Wesen sind, deren Herzen unter Purpur und Tiara schlagen. Die vor den Tempeln für Shogun und Dalailama freiwillig sterben, rührten keinen Finger für ihre Götter, wenn sie in das Innere der Tempel blicken könnten. Kaiser, Zaren, Päpste, Potentaten, ja eigentlich schon Bürgermeister und Bürovorsteher sind keine Menschen, sondern sind an zufällige Personen geknüpfte Gruppensymbole. Das Studium der Geschichte erweckt zuletzt den Eindruck, als ob statt fühlender Menschen die Röcke, Uniformen, Amtsgewänder, Talare und Kleider miteinander Verträge und Bündnisse, Kriege und Friede machten, indes immer andere Seelen in die alten Röcke hineinschlüpfen. Darum vergleicht Emerson sehr schön die Geschichte mit einem Repräsentantenhaus, in welches man nur sehr schwer hinein-, aber aus dem man nie wieder hinausgelangt. Denn diejenigen, die ihre Wünsche und Interessen an die von ihnen erkorenen Vertreter gebunden haben, werden nicht zugeben, daß ihr ‚Repräsentant' nicht berufen war. Er muß berufen sein, weil er gewählt ist. Die Erkenntnis des wirklichen Menschen ist daher unmöglich, ja wird beinahe wie ein Religionsfrevel empfunden. Versucht man auf Grund der Quellen die nüchterne Analysis geschichtlich gewordener Personen, so wird man bald einsehn, daß der Volkswille dem Urteile schon die Richtung vorschrieb, und daß eine Erkenntnis, die dieser Willensrichtung widerstrebt, vielleicht verstandesmäßig anerkannt werden, nie aber eine geschichtliche Überlieferung verändern kann, denn dieser ist nicht mit der Feststellung psychologischer Wirklichkeit oder sittlicher Wahrheit, sondern einzig und allein mit Wunscherfüllungen gedient.

Hierzu kommt, daß der Geschichtsschreiber, selbst als Biograph oder Autobiograph, kein eigentlich charakterologisches Interesse hat, sondern den Einzelmenschen immer nur symbolisch oder repräsentativ verwertet. Es ist zwar richtig, daß die Vorgänge der Geschichte von Personen ausgehn und in Personen münden, aber es ist ebenso richtig, daß dabei der einzelne nur Vertreter der Vorgänge ist, welche seine Gruppe angehn. Man könnte z. B. behaupten, daß die grausamste Frauengesetzgebung der Erde, der türkische Harem (durch den

Millionen und Abermillionen Frauen im Laufe der Jahrhunderte als Persönlichkeiten zugrunde gingen), lediglich der Untreue eines vierzehnjährigen kleinen Mädchens, der Aïscha, zuzuschreiben ist, die den eifersüchtigen alternden Mohammed veranlaßte, die ursprünglich durchaus freie Frauengesetzgebung des Koran umzustürzen. Andrerseits aber wäre doch dieser Verfassungsumsturz nicht möglich gewesen, wenn nicht gewisse Anlagen und Leidenschaften der Gruppe der scheinbaren Willkür Mohammeds entgegengekommen wären. Und so ist jedes Verbrechen der Geschichte (die Inquisition, die Bartholomäusnacht, die Sizilianische Vesper, die Spaltungen des Islam) einmal die Tat einzelner Individuen, andrerseits aber sind diese Taten nur dadurch möglich, daß der einzelne sich bestehender Gruppenwünsche bemächtigt. Man könnte somit wohl behaupten, daß das Einzelschicksal in der Geschichte etwas Sekundäres sei (so daß z. B. nicht ein Personenstreit um die Nachfolge Alexanders oder Karls des Großen die bekannten Kriege und Reichsteilungen hervorrief, sondern umgekehrt schon gegebene Gegensätze und Spaltungen sich der Personen bemächtigten und in ihnen eine greifbare Symbolik fanden). Die bekannte Frage, was in der Geschichte früher sei, Einzel- oder Gruppen-geschick, ist eine falsch gestellte Frage.[1]

§ 50. Die Rechtfertigung des Erfolges von nachhinein.

'Was einmal Erfolg hat, darüber läßt sich nicht mehr urteilen.'

Goethe.

Wenn Erfolg kein gesetzmäßiges Verhältnis zum Werte hat, so fragt sich, ob nicht Aufgabe der Geschichte eben die sei, dieses Verhältnis zu stiften und eben dadurch die einander entgegengesetzten Bereiche von Zeit und Ewigkeit, Macht und Ideal zu versöhnen. Da nun dürfte folgender Gedanke von Wichtigkeit sein:

Geschichte bewahrt freilich, als Gruppengedächtnis, so wenig just die wertvollen Geschehnisse wie das Einzelgedächtnis just die wertvollen Geschehnisse in Erinnerung aufbewahrt; wohl aber offenbart sich sowohl am Gewebe der gemeinschaftlichen wie an dem der persönlichen Erinnerungen ein Bedürfnis nach Hinaufwertung, eine Sehnsucht nach Heiligung des Alltags. Diese idealen Wünsche haben an

[1] Vgl. Kap. X.

Milliarden Zufällen historisch-natürlichen Geschehens den gegebenen Stoff zu ordnender Sinngebung. Daher werden Ruhm und Erfolg, wenngleich sie von Haus aus nur auf Wirkung, nicht aber auf Würde hinweisen, von nachhinein im Sinne und an der Hand sittlicher Normen umgedeutet, und die historische Zufallswelt (Reich- und Arm-, Gesund- und Krank-, Ohnmächtig- und Mächtig-sein usw.), alles wird, insofern denkendes Jmgedächtnisbehalten die sittliche Ordnung hineinschaut, indem es aufgefaßt und festgestellt wird, so als Geschichte aufbewahrt, als ob ein Wert und eine Gerechtigkeit auch an sich selber darinnen stecke. Diesen wichtigen Tatbestand nannte die Erkenntniskritik der Geschichte: sacrificatio post eventum.[1]

Zwei Tatbestände vor allem machen die sacrificatio post eventum unumgänglich nötig. Einmal die unermeßliche Viel- und Alldeutigkeit, sodann die unübersehbare Massenhaftigkeit geschichtlichen Geschehens. — 1. Jede scheinbar unumstößlich gekannte Person oder Tatsache kann plötzlich umgestürzt und von einem andern Gesichtspunkt aus anders gesehen werden. Es gibt z. B. eine große Reihe verschiedener Bonaparte, Bismarck, Goethe, Sokrates. Keiner vermöchte je diese verschiedenen Bilder zu einheitlicher Persönlichkeit zu verschmelzen. Dennoch ist ein jedes Bild folgerichtig und wahr in sich selbst. 2. Ebenso wird eine unübersehbare Menge von Tatsachen, Namen, Werken, Büchern usw. als Geschichte aufbewahrt, so daß der besondere Einzeltatbestand immer weiter verblaßt und verschwindet, weil auch das Seltenste, Sonderbarste, Einzigste unter der Massenhaftigkeit vieler verwandter Werte schließlich erdrückt wird.[2]

Wer auch nur ein einzig Werk schöpferischen Lebens innerlich zu eigen fühlt, der weiß, daß alles Verständnis für Wert und Größe ein Verhältnis von Seele zu Seele ist, welches wie Freundschaft und Liebe täglich neu gewonnen werden muß und schon heute verloren gehn kann, wenn man noch gestern es besaß. Darum ist alles Historische tot, soweit es nicht mit unserm Blute verschwistert, stündlich neu durch unsere Augen blickt. Was besagen dem gegenüber alle die nützlichen Angaben und sachlichen Feststellungen der Wissenschaft? Sie

[1] Buch I Kap. 4.

[2] ‚Europa und Asien', Kap. VI ‚Gesetz der großen Zahl'. ‚Schopenhauer, Wagner, Nietzsche', Gesetz der abnehmenden Quantität S. 111 f. ‚Wertaxiomatik', Gesetz der Entfrommung des Werts S. 29 f.

reden über ein Tausend Menschen, zu deren keinem der Geschichtsschreiber ein letzthin notwendiges Verhältnis hat. Das zeigt sich schon daran, daß er in der Lage und geneigt ist, sein Thema beständig zu wechseln. Nur wer die historische Tatsache, den historischen Menschen täglich neu durchlebt, in Haß oder Liebe, der kennt sie und ist selbst das Stück Geschichte, darinnen etwas Wertvolles aus Vergangenheiten weiterwirkt. Gar nichts aber wissen wir von dem, was wir bloß — wissen. Wenn das Charakterbild einer historischen Figur von ihrer nächsten Umgebung aufgezeichnet wird, so erweist es sich, daß nie zur Deckung zu bringen ist: das Bild, welches der historische Mensch in seinem engen und engsten Kreise hinterläßt, jenes andere, welches er als Geschichte hinterläßt und endlich sein eigenstes Wesen, so wie es wohl an sich selber gewesen sein mag; dieses Dreierlei ist den Druckstöcken beim Dreifarbendruck zu vergleichen, die zwar alle das *selbe* Bild darstellen, aber gleichwohl nicht miteinander übereinkommen. Berühmung wie Berüchtigung schufen immer schon umfälschende Transparente, durch welche die historisch gewordene Person vorurteilsvoll und unvollständig hindurchgesehen wird; wie sie an sich selbst gewesen ist, das wissen wir niemals.

Es ist nicht einmal sicher, daß der Mensch, der als historische Person zum zweiten Male geboren wird, in seinem ersten Leben ein Wesen von besonderem Werte war. Es kommt vor, daß ein völlig gleichgültiger Mensch dank besonderer Schicksale oder Leistungen in der Geschichte als Gestalt von hoher Bedeutung fortdauert. Besonders häufig aber ist, daß das reale Leben dazu verbraucht wird, um ein bloß *legendäres*, sei es vor dem Bewußtsein anderer, sei es auch nur vor dem eigenen Bewußtsein aufzubaun. Hierbei kann die empirische Person sich selber entgleiten. Die Gebärde und Haltung, die sie annimmt, sogar vor sich selber, verdrängt dann den ursprünglichen Menschen. Darum ist das Leben der historisch-repräsentativen Gestalten, etwa eines Cäsar oder Napoleon, ein fast durchweg geschauspielertes Leben. Wenn ein Mensch historisch wird, so läßt sich seine Eigennatur eben nicht mehr erraten.

Angesichts dieser völligen Unbestimmbarkeit der historischen Menschen wird es zum schweren Verhängnis, daß Geschichtsschreiber aus der Anerkennung der von ihnen erkorenen Leitbilder (etwa ihrer Bismarck, Luther, Wagner usw.) und nicht minder aus der Anerkennung gewisser negativer Voraussetzungen eine Angelegenheit der Gesinnung machen, indem sie wähnen, daß Weltgeschichte ein Weltgericht sei und daß nun gerade sie, diese zumeist ganz nüchternen, leeren und zu selbsterbluteten Gedanken recht ungeeigneten Schulgehirne, die von Gott berufenen Weltenrichter seien. Man sehe doch nur die komische Wut der Historikerschulen, wenn hier oder dort einmal das harmlose Wagnis unternommen wird, von einem erkorenen Ideal die Patina der Geschichte herunterzuwaschen. Das wird wie Religionsfrevel empfunden! Und doch kommt nichts darauf an, ob ein historisches Urteil richtig ist, da es im Gebiet geschichtlichen Wissens weder schlechthin sichere Tatsachen, noch schlechthin richtige Urteile gibt. Vielmehr kommt es darauf an, daß wir an die Richtigkeit unsrer Urteile glauben und daß wir solche Menschen sind, die das Recht haben zu ihren Urteilen. Denn es gibt keinen schlimmeren Wahn als den, daß jeder beliebige Mensch das Recht haben dürfe, jedes beliebige Urteil auszusprechen, dieweil dieses eben ‚richtig' ist. Übrigens wäre ein Autor, der nichts weiter zu sagen hätte, als etwas Richtiges, ein schlechter Autor.

„Keine Nation hat Urteil über das, was bei ihr getan ist."

Goethe.

An dem großen Widerwillen, der jeder Umwertung begegnet, offenbart sich, daß es in der Geschichte nicht auf Erkenntnisse, sondern immer auf Selbstbestätigungen, d. h. auf gruppengemäße Wunscherfüllungen ankommt. Die erkennende Vernunft brauchte keineswegs davor zurückzuscheuen und keinen Widerspruch darin zu finden, daß die empirische Persönlichkeit vollkommen anders eingeschätzt und gesehen werden muß als ihr fabelhaftes Nachbild in der Geschichte. Warum denn sollten wir nicht den empirischen Kant philiströs, armesündermäßig, bürgerlich gedrückt, ja komisch nennen — (hat doch der schwache Mensch schwer an seinem Genius und seiner Sendung zu tragen!); — dennoch aber zugleich die historische Würde des in die Geschichte neugeborenen Kant durchaus hochzuhalten und nachzufühlen willens sein? Warum sollten wir nicht den empirischen Dante, dieses Urbild christlicher Rachsucht, Grausamkeit und Selbstgerechtigkeit, höchst widerwärtig befinden und dennoch gleichzeitig seine Dichtung mit Bewunderung und steter Neugier durchforschen? Warum sollte uns verboten sein, die empirische Person Richard Wagners zu erspüren, mit all ihren Schlacken und Brüchen, ohne darum im mindesten für Schönheitsgewalt und Wahrheit seines Werkes blind zu werden?[1] Sind solche Unterscheidungen uns vielleicht zu verwickelt? uns vielleicht noch zu ungewöhnlich? Der Fanatismus einer auf Wunscherfüllung, auf Lebensermutigung unbewußt ausgehenden Urteilsbildung stemmt sich gegen sie! Man brandmarkt sie mit jenen bekannten Ekelworten: destruktiv, negativ, abbauend, zerstörend. Und doch verbaut man damit nur einer zarteren Ethik und tieferen Menschenkunde den Weg. Ja, man gestattet im Grunde nicht einmal die folgerichtige psychologische oder ethische Fragestellung. Vielmehr befleißigt sich der Historiker einer nichtssagenden Sachlichkeit, deren Trug nicht immer so durchsichtig ist wie bei Ranke, wenn er den zweiten Band seiner ‚Englischen Geschichte' mit den Worten anhebt: ‚Ich wünsche mein Selbst auszulöschen und nur die Dinge reden, die mächtigen Kräfte erscheinen zu lassen.' Was hinter dieser scheinbaren Selbstauslöschung steht, das ist einerseits Urteilsenthaltung gegenüber der Tradition, andrerseits das Wertbedürfnis des Kreises, der zu eigener Seelenauferbauung den betreffenden Historiker sich hält und unterhält. Denn so wie der Erfolg eines Theaterabends, ganz gleichgültig, ob das gespielte Stück etwas tauge oder unbedeutend sei, immer mitabhängig ist von der Tätigkeit einer bezahlten oder freiwilligen Claque, so sind die Urteile über das Theater des Lebens von den Geschichtsschreibern abhängig; diese aber sind, freiwillig oder unfreiwillig, nur eine organisierte Claque, die von ihrem Staat oder ihrer Partei dafür bezahlt wird, daß ein bestimmtes Theaterstück nicht durchfalle, wofür sie ihre Nahrung und einen bevorzugten Freiplatz im Parkett erhalten. Damit kauft man sie; sie klatschen sich die Hände wund und dürfen dabei glauben, die Weltenrichter zu sein. — Heil und Dank einer bewußt begrenzten Geschichteschreibung, die ihre Liebe und ihren Haß offen preisgibt, und von ihrem (preußisch, katholisch, demokratisch oder sonstwie) voreingenommenen Standort aus die Erscheinungen ihres kleinen Umkreises schildert und nach ihren Willenszwecken beurteilt. Da weiß man wenigstens, wie man daran

[1] Gewiß sind mit obigen Worten auch die Angriffe gegen mein Buch ‚Schopenhauer, Wagner, Nietzsche' in den trefflichen Wagnerschriften von Max Seiling und Theodor Abbetmeyer zulänglich beantwortet.

ist und wird nicht auf Schritt und Tritt durch das bekannte Pathos der Kultur und Entwicklung und durch den Gestus der ‚wissenschaftlichen Voraussetzungslosigkeit' betrogen und an der Nase herumgeführt.

Endlich muß ich noch einer gewissen Ethisierung des Erfolgs auf technischem Gebiet gedenken. Indem der Historiker das Aufkommen wichtiger Neuerungen an die Person eines Einzelnen knüpft, folgt er dem bekannten Gesetz kraftsparender Bequemlichkeit. Denn in Wahrheit ist nie eine Erfindung oder Entdeckung von einer Person gemacht worden. Wurde jedoch die Veränderung auf den Namen einer bestimmten Person erst einmal festgelegt, so wird das Leben des historischen Vertreters so zurecht-gebogen, daß die historische Dauer von nachhinein zum Recht wird.[1]

§ 51. Erfolg und Illusion.

‚Ein Wahn, der mich beglückt,
Ist eine Wahrheit wert, die mich zu Boden drückt.'
Wieland.

Wenn Geschichte illusionäre Umdeutung natürlichen Geschehens im Sinn idealer Forderung ist, so beginnt diese Umdeutung schon mit Feststellung des Geschehnisses. Wirklichkeit ist ein Gewebe, an welchem menschlicher Wille webt. Schon Feststellen ist wissenschaftliche Übermächtigung des Lebendigen. Daher überschreitet die Feststellung von Wirklichkeit ihr unmittelbares Erleben, als bloßer Vorstufe logischer Umdenkung von Leben zu sogenannter Wirklichkeit. — Wollte man nun aber darum der Geschichte das billige Wort Lüge anhängen, so läge dem ein falscher, für die historischen Wissenschaften unanwendbarer Wahrheitsbegriff zugrunde, denn der Gegensatz von wirklich und nicht-wirklich ist nicht der selbe, wie der von wahr und falsch! Da aber Geschichte von vornherein keine andere Aufgabe

---

[1] Ein Beispiel dafür, wie Entdeckernamen verloren gehn: Der Histologe Stefan v. Apáthy machte jüngst die Entdeckung des geschlossenen Nervenkreislaufes, welche man der Entdeckung des Blutkreislaufes durch Harvey an die Seite stellen darf. Nun entsinne ich mich, vor mehr als zwanzig Jahren einen Aufsatz gelesen zu haben, wenn ich nicht irre, von einem Arzt namens Kreidmann, welcher die nämliche Entdeckung klipp und klar darlegte. Das prägte sich mir ein, weil jener Aufsatz die Unmöglichkeit bestätigte, die Nervenendigungen in motorischen Muskeln, Drüsen und Epithelien zu sehn, welche mein Lehrer F. W. E. Pflüger zu sehn behauptete (‚Philosophie als Tat' S. 219—240).

erfüllt als diese, lebensnotwendige Illusionen zu schaffen, so sind die Bezeichnungen Lüge oder Wahrheit auf Geschichte gar nicht anwendbar.

Geschichte ist nicht schlechthin ‚wirklich'; darum aber durchaus nicht ‚unwahr'. Denn Geschichte hat innere Wahrheit, nicht anders, als wie ein das Leben spiegelnder Mythus. Sie fällt zwar nicht mit unmittelbarem Leben zusammen, aber sie geht den Spuren des Lebendigen analogisch nach. Sie hat nicht die Absicht, nüchtern die Wirklichkeit kennen zu lehren, sondern erfüllt die Aufgabe, dem Leben des Menschen einen steigernden und fortzeugenden Sinn zu schaffen, also, wenn man so will: der Wirklichkeit Wahrheit einzulügen.[1]

IX. Die geschichtliche Persönlichkeit.

‚Les places que la postérité donne sont sujettes comme les autres, aux caprices de la fortune.'
Montesquieu, Considérations ch. 1 p. 5.

§ 52. Über die Biographie.

Jeder Zweifel an Wirklichkeit des historisch gewordenen Lebens scheint eine sichere Grenze zu haben an der Tag um Tag, Zug um Zug nachprüfbaren Wirklichkeit des einzelnen Menschenlebens. Angesichts der biographischen Geschichteschreibung scheint anerkannt werden zu müssen, daß eine unmittelbare Wirklichkeit gefühlten, erlittenen, erbluteten Lebens in ihr niedergelegt und der Nachwelt überliefert wird. Die Biographik scheint nicht nur die lauterste, sondern auch die aufschlußreichste Quelle von Geschichte zu sein. Andrerseits aber ist auch gewiß, daß Biographie oder Autobiographie, mögen sie noch so redlich, sachlich, selbstlos, ohne Eitelkeit und Absicht niedergeschrieben sein, immer doch das vom Denken reproduzierte, nicht aber unmittelbar gelebtes Leben wiedergeben; weswegen jede unmittelbare Ausdrucks- und Gebärdenkunde, insbesondere eine allgemeine Formenlehre des Lebens, mehr von der Natur eines Wesens verrät, als die Erzählung seiner Zustände und Abenteuer. Sind doch sogar Tagebuchblätter und Briefe, also das intimste Material der Geschichteschreibung ein schon sachlich gewordenes, vom Persönlichen abgerücktes Leben.

---

[1] Hier münden die Untersuchungen des zweiten Buches in die des dritten, zumal in die Lehre vom Rauschersatz.

§ 53. Die Unwirklichkeit der historischen Person.

So wenig die von Petrarca besungene Laura jene wirkliche Laura ist, die er angeblich 1308 in Avignon sah, so wenig die Beatrice Dantes, die in der Geschichte fortlebt, jenes kleine Mädchen Bice Portinari ist, welche der Dichter einmal bei einem Frühlingsfeste gesehen haben soll, bevor sie in jungen Jahren starb, so wenig ist Würde und Wert der Geschichte an konkrete Wirklichkeit gebunden oder ihr Geist an empirische Tatbestände. Der Wert historischer Wirklichkeit liegt einzig darin, daß sie großen Dichtern Gelegenheit bietet, zeitliche Wirklichkeit in zeitlose Wahrheit umzulügen und die unermeßliche Verworrenheit des Lebens in wenige dauernde Typen aufzusammeln; sollten sie selbst mit Geschichte umspringen wie Shakespeare und Lope de Vega.

Die bestgekannten Gestalten der Geschichte sind nicht jene, über die wir noch zu viel wissen, als daß sie schon historisch festgestellt sein könnten, sondern jene anderen, deren reale Menschlichkeit in Dämmerfernen der Legende verschwimmt und eigentlich nichts ist als Illusionsfassade, an welcher Sehnsucht und Wunsch, Bedürfnis und Wille strebender Menschengruppen aufrankt, gleich Efeu an Ruinen. Die Gestalten von Lykurg, Solon, Pythagoras, Sokrates, Buddha, Laotse, Moses, Jesus strahlen klar durch die Jahrtausende, weil sie keine geschriebenen Worte hinterlassen haben und weil somit nicht der widerspruchsvolle, wandelbare empirische Mensch dem historischen Menschen im Lichte steht.

§ 54. Die historische Aufahmung.[1]

Ich bezeichne den Vorgang, durch den empirische Menschen zu historischen Menschen werden, als Aufahmung und vergleiche ihn mit gewissen ästhetischen Vorgängen einerseits, erotischen und religiösen Vorgängen andrerseits. Vor allem hat der Vorgang seine Entsprechung an der Auferhöhung empirischer Personen zur Göttlichkeit (worüber im Altertum Euhemeros merkwürdige Betrachtungen anstellte). Daß z. B. die Präkonisation der Heiligen, die Infallibilität des Papstes, die Majestät des Monarchen auch dann zu gelten habe, wenn ihr zufälliger Träger sich als fehlbar und unwürdig erweist,

[1] Psychologie der Ahmung. Philosophie als Tat S. 127 ff.

das ist nur unter der Voraussetzung verständlich, daß Persönlichkeiten der Geschichte eben nicht mit den empirisch-leibhaften Menschen zusammenfallen, vielmehr diese nur als Rohmodell zur Gestaltung der historischen Figuren benötigt werden. Wohlgemerkt aber findet die Auferhöhung der Person in der Geschichte sowohl nach der positiven, wie nach der negativen Seite hin statt. Der Mensch ist geneigt, immer nur Endpunkte, Gipfel von Taten, Leistungen, Lebensläufen in Erinnerung zu behalten; er will sogar vor sich selber am liebsten Engel oder Teufel sein. Alles Mittlere, Mittelmäßige, woraus in bunter Mischung sein eigentliches Dasein gewoben und worauf es angewiesen ist, sinkt schnell wieder in den Abgrund der Vergessenheit. Da nun nicht Erfolg an Wert, sondern umgekehrt Wert an Erfolg gebunden ist, so pflegt die bloße Tatsache des Erfolges alsbald Akte der positiven oder negativen Wertbildung nach sich zu ziehen. Jeder Erfolg macht bei den einen Mißgunst und Neid, bei den andern Beifall und Nachfolge, immer aber Werthaltungsakte rege. Der historisch gewordene Mensch erhält somit Wertakzente, die zwar den Zügen des empirischen Menschen nachgehn, aber nicht diesem selber zukommen.

Man kann diesen Vorgang der oft komischen Veränderung vergleichen, die ein bis dahin unbeachteter Mensch für seine nächste Umgebung erfährt, wenn er für diese zur ‚Berühmtheit' geworden ist. Ein liebenswürdiges Lustspiel (von Paul Lindau) zeigt einen plötzlich zur historischen Persönlichkeit gewordenen biederen Familienvater, dessen entschiedene Schrullen für seine nächste Umgebung unvermittelt zu Kainszeichen des Genius werden; er kann fortan tun, was er will, man macht ihm alles nach und fällt ihm um den Hals mit dem Ausruf ‚O du bedeutender Mann!' — Darum pflegen Männer von wirklichem Wert und echtem Verdienst, wenn der Zufall, meistens erst im späten Alter, wirklich einmal echtem Verdienst und Wert zu Anerkennung und Geltung verhalf, unfehlbar einem tiefen Ekel vor den Menschen und ihrer Geschichte zu verfallen: so wie ihn Goethe ausdrückt:

‚Ruhm kommt zu der Frist
Wo man nicht mehr trachtet,
Weil man die verachtet,
Deren Stimm' er ist.'

Oder sie pflegen in jener Stimmung zu leben, aus welcher die Gattin eines unsrer erfolgreichen Generale die Lobsprüche für ihren unerwartet zum Ruhm gelangten Gatten mit dem tiefen Wort zurückwies: ‚Mein Mann war nur Gebet des deutschen Volkes.'

§ 55. Distanz in Raum und Zeit.

Wie man große Münster, um von ihnen rechte Wirkung zu empfangen, nicht aus der Nähe betrachten darf, so benötigen die Gestalten der Geschichte, um recht zu wirken, der zeitlichen und räumlichen Entfernung. Denn jede Charakteristik fließt aus bestimmter Beziehung; was Goethe mit dem Worte meint: ‚Niemand ist für seinen Kammerdiener ein Held.' So geschieht es, daß ein und derselbe Mensch völlig andere Wesenszüge trägt als Vorgesetzter oder Untergebener, als Berufsfigur oder als Privatmann. Wer einen Mann als prächtigen Kriegskameraden schätzt, ahnt nicht, wie unerträglich der selbe Mann als Liebhaber, oder wer ihn als Liebhaber liebt, weiß nicht, wie ganz anders er als Ehemann oder als Vater einzuschätzen wäre. Kurzum, man müßte auch die persönlichen Relationen kennen, aus denen heraus die geschichtliche Gestalt ihre Züge empfängt, um zu wissen, wie weit man dem Bild in der Geschichte trauen darf. Aber erst nach einigen Jahrhunderten steht die Gestalt beziehungslos da. Denn zuletzt ist das empirische Leben auch der erfolgreichsten Person so vollkommen verblaßt, daß sie nur noch als mythisches Symbol dauert, so wie Abraham, Dschemschid, Theseus, Romulus zu Stadt- und Volksgeschichte geworden sind. Diese legendäre Geschichte wird in bestimmten Fällen vollends ideologisch. Die Schicksale einer Gemeinde, die Eigenschaften einer Gruppe gerinnen in naiver Freude am eigenen Leben, stolz oder auch selbstironisch, zu halb der Dichterfantasie, halb der Tageswirklichkeit entnommenen Gestalten. Jeder Deutsche fühlt in Faust und Siegfried, jeder Grieche in Achill und Odysseus, jeder Spanier in Cid und Don Quichote sein eigenes Wesen eingeformt. Und zuletzt sind sogar die Stadt- und Landschaftstypen, durch welche Nationen, Gruppen, Städte, Dörfer sich selbst verklären oder ihrer Enge spotten, mindestens zur Hälfte als historische Wirklichkeiten anzusehen.[1]

[1] Der deutsche Michel, Marianne, John Bull, Uncle Sam, Tünnes, Hännesche u. dgl.

Es kann die Frage aufgeworfen werden, ob die Gestalten, welche man Geschichte machen läßt, nicht eigentlich erst von hinterdrein Produkte der Geschichte sind.

Man denke z. B. an die römische Geschichte zwischen 753 und 510. Alle ihre Figuren sind (wie die Forschung sichergestellt hat) nur gleichsam Symbole für Einrichtungen, welche man eben vorfand und erklären wollte. Romulus soll die Existenz Roms erklären, Numa Pompilius das Sakralwesen, Tullus Hostilius die Tatsache, daß Rom der Vorort von Latium wurde, Ancus Martius, daß es die beiden Stände der Patrizier und Plebejer gab, Servius Tullius die Existenz der Zenturienverfassung. Die Geschichte läßt aber umgekehrt diese Einrichtungen durch die Personen begründet werden. Es dürfte somit die Frage zu lösen sein, ob historische Personen am Ende oder am Anfang vermeintlicher geschichtlicher Entwicklungen stehn, d. h. ob nicht etwa Gestalten, welche man Geschichte wirken läßt, in vielen oder gar in allen Fällen (mit jener ökonomischen Konstruktion, die ich nur den generellen Formeln der Naturwissenschaft zu vergleichen wüßte), alles Geschehen und Werden, das am Menschen vorgeht, knapp und scharf zusammenfassen? Denn sobald nur ein sogenannt geschichtliches Ereignis sich festgestellt hat, tritt auch schon die Gestalt aus dem unpersönlichen Geschehen hervor und in der Fantasie der Masse pflegt alles, was im Fluß der Dinge sich für sie veränderte, an die Gestalt einiger weniger Persönlichkeiten anzuknüpfen, die, sei es durch Zufall, sei es durch Geburt, Kraft oder Macht, im Mittelpunkte der Ereignisse standen. So wird Dschengiskhan der Begründer seßhafter Geschichte, Peter der Schöpfer Rußlands, Gregor der Stifter der katholischen Kirchenmacht, Napoleon Gestalter Europas, Bismarck Baumeister Deutschlands. Wenn man sie hätte fragen können, sie hätten selbst nicht gewußt, wie und warum sie das geworden sind.

X. Person und Gruppe in Geschichte.

‚Es muß die Menschheit ringen nach dem Ziele,
Bei welchem angelangt die Welt zerfiele.‘

W. Jordan.

§ 56. Der Einklang von Gruppen- und Personalwert.

Wenn eine Gruppe die zum Erfolg gelangte Einzelperson als Rohmodell für Aufahmungs- oder Wertbildungsvorgänge benützt, so muß irgendeine Übereinstimmung obwalten, welche fügt, daß gerade diese Person von seiten gerade dieser Gruppe dafür geeignet befunden wurde. Es verhält sich damit, wie mit Liebe und Haß. Sie brüten beständig in der Seele; aber die Gelegenheiten, an denen sie sich betätigen, ob der Mensch den Nachbarn oder den Fremdling haßt, ob der Jüngling die Grete liebt oder die Käte, das ist sekundär und oft zufällig. Zumal die Liebe der Geschlechter beweist, daß allein die Selbstgesetzgebung des sittlichen Willens, nicht aber schon die Natur Treue und festes Beharren der Leidenschaften verbürgt.[1]

Das Verhältnis von Gruppe und Person ist nun keineswegs so, daß die Person als Vertreter ihrer Gruppe in der Geschichte dauert und gleichsam nur den Koeffizienten der Gemeinschaftsvorgänge bildet; noch auch besteht Geschichte aus einer Bildnisgalerie großer und fesselnder Einzelner. Zwischen beiden, Persönlichkeit und Menge, obwaltet vielmehr eine Art ‚präſtabilierter Harmonie‘, jener vergleichbar, die eine verkehrte Unterscheidung als Verhältnis zwischen Leib und Seele, Stoff und Geist behauptet. Man kann somit Geschichte immer von zwei Enden her anpacken: von der personalen oder von der Gruppenseite! Nie sind beide voneinander zu trennen. Das Individuum ist nichts aus sich selbst, und die Gruppe verkörpert sich nur im Individuum. Der einzelne braucht nur seine allerpersönlichste und einsamste Natur darzuleben, um damit auch das Überpersönliche, Allverbindliche und Allgemeine zu erfüllen. Denn historisch kann nur eine Person werden, die mit ihren persönlichen Lebensinhalten irgendwie dem Lebensinhalt ihres Kreises entgegenklingt. Dabei wird es sich nicht sowohl um Zusammenklang der wirklichen Person und der wirklichen Gruppe, als um Zusammenklang zweier Wertbilder handeln. Das völlig Einsame könnte nicht historisch werden.

§ 57. Der Widerstreit von Gruppen- und Personalwert.

Es besteht andererseits aber auch ein Widerstreit von Person und Gruppe. Kant bezeichnet ihn als ‚des Menschen ungesellige Geselligkeit, d. h. sein Hang, in Gesellschaft zu leben, der doch mit einem durchgängigen Widerstand, welcher die Gesellschaft beständig zu sprengen versucht, verbunden ist‘. Die über ihre Lebensgruppe hinaus-

[1] Vgl. die Psychologie der Treue, ‚Weib, Frau, Dame‘ S. 103 f.

gewachsene Person empfindet grade die Eigenheiten ihrer Umwelt als feindlich und wird hinwiederum (um ihres Hangs zur Vereinzelung willen) auch von ihrer Umwelt als feindlich empfunden. Das heißt: die Besonderheit des Individuums und die Besonderheit der Gruppe laufen einander den Rang ab. Je eigenwilliger, intimer, unterschiedener die Gruppe ist, um so sicherer wird alles Eigenbrödler und Außenstehertum innerhalb ihrer als Unbequemlichkeit und Kriegserklärung erfühlt.[1]

Aus diesem Widerstreit von Person und Gruppe erwachsen Gesetze der Bevölkerungslehre, die ich hier nicht darlegen kann, aber auf die ich doch hinweisen will mit der Bemerkung, daß die bloße Vermehrung einer gegebenen Art der Höherzüchtung des einzelnen innerhalb ihrer ebenso hinderlich ist, wie umgekehrt die Höhersteigerung (ja schon die bloße Variation) der Art nur stattfinden kann, insoweit man die Vervielfältigung des Gegebenen unterbindet. Die noch an Darwin orientierte Biologie ist weit davon entfernt, dieses Gesetz zu sehn. — Worauf aber kommt es an? Soll Volkswachstum, Volksvermehrung, Volksmacht (im Sinn staatlicher, sozialer, nationaler Politik) das Ziel der Geschichte sein? Oder ist Erhöhung, Verfeinerung, Vergeistigung, Genialität der Einzelseele das Ziel? Beides mißt sich keineswegs aneinander! Beides ist unvereinbar! Ist der Höher-, der Über-mensch das Ziel, so muß Vermehrung und Vervielfältigung der gegebenen Art, muß Quantität und Anzahl von Übel sein. Ist Lebensfähigkeit, Vermehrung und Wohlfahrt der Masse das Ziel, so müßte (wie in Platos Staat) der geniale Einzelmensch möglicherweise ausgestoßen werden, weil vom Standpunkt der Lebenswerte Genie Endartung ist und ein ‚Volk von Genies' gar nicht lebensfähig wäre; ja vielleicht sogar die höchste Steigerung menschlicher Logik, Ethik, Geistigkeit, Zartheit usw. mit der Aufhebung der gegebenen Menschenwelt zusammenfiele. Umgekehrt aber würden alle Sonderwerte ausgelöscht werden, wenn die Lebensbedürfnisse der Gruppe, des Staates, des Volkes usw. als Norm der Geschichte gälten, denn wer die Werte sich nach dem Leben strecken-

---

[1] Vgl. in ‚Europa u. Asien' die Darlegung über Parsen u. Juden; Kap. XIII, sowie in ‚Philosophie als Tat' den Versuch ‚Georg Simmel und die Psychologie des jüdischen Geistes'.

läßt (das doch seinerseits erst durch sie eine Bestimmung erhalten soll), der vernichtet damit allen Wert überhaupt.[1]

Diese Antinomie der Geschichte ist in ihrer ganzen Strenge nie erforscht worden.

§ 58. Der Gegensatz von Durchschnitts- und Einzigkeitswert.

Wenn man lateinische Rasse an germanischer auswertet, so findet man, daß das Werturteil verschieden lauten müßte, je nachdem man den Durchschnitt hüben mit dem Durchschnitt drüben vergliche, oder aber die Spitzen, die hervorragendsten Persönlichkeiten, hüben und drüben aneinander mäße. Denn der durchschnittliche Typus lateinischer Abkunft dürfte (was Verfeinerung, Bewußtheit, Geistigkeit, Leidensfähigkeit angeht) dem deutschen Durchschnitt überlegen sein. Umgekehrt sind die großen Menschen in Deutschland, wenn in Deutschland große Menschen geboren werden, von unvergleichlicher Höhe.

In Frankreich, wo der hervorragende Geist leichter gesucht, anerkannt, geschätzt wird, werden auch die Abseitsstehenden schneller für zeitliche Zwecke, praktische Absichten, bürgerliche Ziele verbraucht. Der Einzelne hat somit wohl bessere Aussichten. Er kommt eher zur Wirkung, aber eben darum auch zu geringerer Werthöhe. In Deutschland dagegen wird der Genius immer neu geboren, damit er immer neu ungenutzt zugrunde gehe. Sein Volksdurchschnitt ist der gegen Geistigkeit stumpfeste der Erde; sein Einzelmensch aber, zumal in Musik und Metaphysik, der schönste. — Dieses Beispiel lehrt, daß die Werte der Volkheit und die der Einzelseele unabhängig von einander bestehen können.[2]

Ich habe immer wieder zu zeigen mich bemüht, daß die Anhäufung von sachlichen Werten nicht das mindeste für Wert oder Würde der sie tragenden Menschen beweise. Heute aber bin ich tiefer als je davon überzeugt, daß die Massenhaftigkeit der Wertobjekte (z. B.

---

[1] Wertaxiomatik. Antinomien der Werte S. 66 f.

[2] Die Deutschen hatten Mozart und Beethoven, aber standen davor wie der Hund vor dem Apfel. Sie hatten Schopenhauer und Nietzsche; aber keine Lehrkanzel für sie. Sie hatten Feuerbach und Marées; aber keine Wände für sie. Es erging deutschem Genius wie dem Knaben Michelangelo. Man gab ihm gnädig den Auftrag, Figuren zu formen — aus Schnee. Er tat es und schrie weinend: „Gebt mir Marmor!"

die sachliche Höhe von Kunst und Wissenschaft, die Anhäufung von Fertigkeiten, Tüchtigkeiten, Leistungen, Betriebsamkeiten, Könnereien, die Massenhaftigkeit von Büchern, Bildern, Techniken, Produktionen, die allgemeine Gelehrigkeit und Talentiertheit; kurzum die ganze sogenannte ‚Kultur') der Ausdruck der widerwärtigsten Seelenbarbarei ist und das Anzeichen dafür, daß die Gegenstandswelt die Einzelseele überwächst, bis schließlich der innerlich wertloseste Träger die objektiv höchsten Sachgüter hervorbringt und ausnutzt. Es erscheint mir als Kernfrage der Zukunft, wie das Leben künftig geschützt werden solle vor der Massenhaftigkeit objektiver, d. h. mechanischer Betriebe und Betriebsamkeiten, zumal aber, wie das Herz seines Herzens gerettet werden kann vor den grauenhaften Folgen des allgemeinen Buchdrucks. Denn die große Zahl sachlicher Arbeits- und Leistungswerte hat das Herz Europas längst um die Unwiederbringlichkeit und Einzigkeit seines lebendigen Menschentums betrogen. Ringsum habe ich alle Menschen arbeiten und kämpfen gesehn um das Beste, was sie besaßen, aber grade dadurch haben sie ihr Bestes verloren. (Vgl. § 75.)

§ 59. Ist Übermensch oder Gattung Ziel der Geschichte?

In einem Springbrunnen drängen sich Milliarden Tropfen. Jeder möchte, die andern verdrängend, die für ihn letzterreichbare Höhe im Strahle erreichen. Nur ein einziger von allen kann die schlechthin letzte Höhe erklimmen. Je höher diese äußerste Höhe rückt, um so dünner und schmächtiger wird der Strahl. Um so mehr Tropfen auf eine größere Höhe gelangen, um so tiefer sinkt naturnotwendig der Pegelstand der gesamten ansteigenden Wassermasse.

Was ist nun das Ziel? Sollen möglichst viele, sollen alle Tropfen hochkommen auf Kosten der äußersten Höhe des Ziels? Soll das Ziel hochgespannt werden auf die Gefahr hin, daß es nur für wenige oder gar nur für Einen erreichbar ist? Soll der Strahl voll und nieder oder soll er dünn aber hoch sprühn?

Dieses ist Vorfrage aller Geschichtswissenschaft. Masse oder Einzelner? Sie ist nie klar gestellt, geschweige denn gelöst worden.

Wie aber, wohlweise Historiker: hat Geschichte ein Ziel? Und wenn sie eines hätte, dieses aber notwendig negativ wäre? Sollte Geist Aufbrauch des Lebens, sollte Kultur — Sackgasse sein?[1]

[1] Vgl. ‚Europa u. Asien' S. 36. Wertaxiomatik S. 29 f.

XI. Die historische Entwicklung.

‚Die Welt geht weder vorwärts noch rückwärts, sie bleibt wesentlich eines, wie das Meer, wie die Luft, kurz wie das Element.'

Kierkegaard.

§ 60. Der Entwicklungsbegriff.

So wenig bezweifelt werden kann, daß eine höhere Lebensform die tiefere verinnerlicht *mitumfaßt*, so wenig dürften wir darum berechtigt sein, die ‚höhere' Stufe nun aus den niederen explizite zusammengesetzt und zeitlich entstanden zu denken. Jedes Wesens Geschichte liegt vielmehr nach Vergangenheit und Zukunft in der jeweiligen Gegenwart ganz beschlossen. Aufgabe des Geschichtsschreibers ist es, dieses nicht mechanisch, d. h. nicht als bloßes Nacheinander zusammengestückter Tatbestände, zu fassende *Leben* analogisch nachzuzeichnen. Dabei verfährt er wie der Dichter, der einen Lebensweg, ohne nach den Ursachen und Bedingungen seiner Stadien zu fragen, zu schicksalsmäßig geschlossener Stetigkeit zusammenschaut. Indem er von Wachstum, Blüte, Reife, Zerfall, Entartung, Übergang usw. spricht, kann er nur Analogien seiner eigenen organischen Lebendigkeit erfühlen. Immer können wir Volk, Staat, Gruppe, Partei usw. und zuletzt das Menschengeschlecht nur als eine organisch stetige Entwicklung vorstellen, aber dieser Organismus ist nirgendwo leibhaft, und seine Einheit besteht nicht außerhalb des *Bewußtseins* von Einheit. Indem wir von einer Geschichte der Physik, der Malerei, der Philosophie usw. reden, machen wir uns selten klar, daß Physik, Malerei, Philosophie usw. keine lebendige Wesen sind, sondern daß die Einheit und organische Stetigkeit der Entwicklung, die wir *Geschichte* der Physik, Malerei, Philosophie usw. nennen, unsere *eigene* Einheit im Akte des Erlebens und Zusammenbauens der als Physik, Malerei, Philosophie usw. aufgesammelten Tatbestände ist. Durch diesen eigenbezüglichen *Gedanken* beleben wir die ansonsten *tote* Mechanik zeitlich diskontinuierlicher Mannigfaltigkeiten, nach Analogie der uns einzig unmittelbar erfühlbaren Gegenwart, zu einer durch den Raum und die Zeit hindurchströmenden Lebens- und Entwicklungsgesamteinheit. Mit uns selbst und unsrer Seele versinkt auch alle Geschichte.

Dennoch dürfte in der lebendigen Erfassung historischer Einheiten eine gefühlsmäßige Gewißheit liegen, die sicherer ist als alle sachliche *Wissenschaft*. Nicht freilich spricht sich logisch-rationale Gewißheit darin aus! Geschichtliche Wirklichkeit ruht vielmehr auf dem Erlebnis (belief). Nicht wird Entwicklung aus Geschichte erschlossen, sondern an Hand unsres Wachstums- und Entwicklungserlebnisses wird (nach Analogie von Person und personalem Schicksal) Geschichte von uns selber gestaltet, erarbeitet und geglaubt. Urteilslosigkeit und Selbstgerechtigkeit des Menschen übersieht dabei geflissentlich, daß hinter der vermeintlich historischen Erfahrung stets die im Bedürfnis verankerten Vorformen denkenden Gestaltens liegen, welche Vorformen schließlich auf eine kleine Anzahl abstrakter Klischees zurückgeführt werden können.[1]

§ 61. Der Gegensatz von Ursach- und Wesensgeschichte.

Jedermann ist davon überzeugt, ‚Geschichte' zu haben. Was meint er damit? — Offenbar eine Entwicklung, die durch das dynamische Band seiner Eigennatur zusammengehalten, der bloßen Zufälligkeit (Ursächlichkeit) des historischen Geschehens eine Grenze setzt.

Die Ketten äußerer Ursachen und Wirkungen (die der Mensch nach Maß seines Selbst denkt, um sich selbst durchsetzen und das Unberechenbare berechenbar machen zu können) erscheinen ihm willkürlich im Verhältnis zu der durch alle diesen zeitlichen Kausalketten hindurchströmenden Willenseinheit seiner Selbst.[2]

---

[1] Es ist nicht unnütz zu betonen, daß die hier gebrauchten Begriffe Leben, Lebenselement, Erleben, Lebensnähe metaphysische Begriffe sind, weitab von dem Modegebrauch dieser Worte. Es könnte z. B. jemand lebenslänglich nichts als eine tote Sprache treiben und eben dadurch in größter Lebensnähe stehen. Umgekehrt können Abenteuer, Reisen, bewegte Welterfahrungen sehr oft das Merkmal toten, lebensfernen „Lebens" sein. Die Lebenstiefe z. B. eines Gedichts, eines Bildes, eines philos. Systems ist nicht am Grade seiner Leidenschaftlichkeit, Reizsamkeit, Lebendigkeit zu ermessen, sondern nur an der Naivität des Gewachsenseins, der Herzensnotwendigkeit und Ursprünglichkeit.

[2] Der oben gewählte Ausdruck erinnert mit Absicht an gewisse Lehren der deutschen Metaphysik, nämlich an Kants Entgegensetzung des empirischen und intellegiblen Charakters und an Schopenhauers Entgegensetzung von Wille und Vorstellung. — Die Verwandtschaft der diesem Werk zugrunde liegenden Systematik mit der allzu aequivoken Terminologie Arthur Schopenhauers liegt klar auf der Hand. Die Annahme der Willensmetaphysik aber (die auch Henri Bergsons minder originelle Lehre von der ‚Lebensschwungkraft' [élan vital] unterströmt), verbot sich aus den ‚Philosophie. als Tat' S. 362—365 dargelegten Bedenken. Schopenhauers ‚Willen' entspricht bei

Jetzt regnet es, jetzt entsteht ein Erdbeben, jetzt brennt das Haus ab, jetzt gewinne ich in der Lotterie, jetzt stirbt mein Gönner, jetzt verunglückt mein Kind; — aus Milliarden solchen Unberechenbarkeiten wird die Wirklichkeit der äußeren Geschichte gewirkt; aber jedes dieser von außen kausierten Begebnisse ist im Verhältnis zu meinem *Wesen*: Zufall (mag auch jeder Zufall das Zusammenplatzen mechanischer Notwendigkeiten sein). *Eines* nur erfasse ich in allen Zufallsgeweben als nicht-zufällig, in allen Ursachketten als nicht-verursacht: das ist der metaphysische Wesenskern, den ich durch mein *Selbst* bedingt fühle. Ihm gegenüber erscheint alles, was an mir geschieht, nur als Gelegenheits- oder Auslösemoment für — *meine Geschichte*.

Ganz ebenso steht es um ‚Geschichte' von Volk, Staat, Gemeinschaft, Partei usw. Immer unterscheidet das Gefühl deutlich die Kette äußerer Kausation (die man in mechanische Reihen einstellen kann) als ‚zufällig' gegenüber von Geschichte im engeren Sinne, d. h. gegenüber von *Schicksals*- oder *Wesens*-geschichte, hinter welcher die Entwicklung eines vorbestimmenden Ich (*dieses* Volkes, *dieser* Gemeinschaft, *dieser* Partei usw.) gesucht wird.[1]

Daher scheint denn der mechanische Progressus *äußerer* Geschichte (Katastrophen, Erdbeben, Orkane, Sturmfluten, Feuersbrünste, Revolutionen, Kriege, Krawalle usw.) gar nicht wesenhaft *die* Geschichte zu sein, so wenig als es *meine* Geschichte ist, wenn zu bestimmter Stunde ein Dachziegel vom Dache fällt und mich erschlägt. Selbst der Untergang der Erde, der aller Geschichte ein Ende macht, wäre in diesem Sinne nicht: Geschichte! . . .

---

mir der viel *blassere* Ausdruck: Leben, Lebenselement, Urlebendiges (wie ich denn auch nur von ‚Wirklichkeit' oder ‚Bewußtseinswirklichkeit' da rede, wo Schopenhauer das Wort ‚Vorstellung' gebraucht). — Es erscheint mir als Quelle der schlimmsten Mißverständnisse, daß große Denker die Ausdrücke der *Psychologie* (also Worte wie: Wille, Vorstellung, Unbewußtes usw.) in der *Metaphysik* verwenden. Ich muß das darum vermeiden, weil die schärfste *Trennung* des Psychischen, Psychologischen und Logischen (in der dieses ganze Buch durchblutenden Dreiteilung: Leben, Wirklichkeit, Wahrheit) die Stammwurzel meines Systems ist.

[1] So wie z. B. eine Melodie nicht aus zusammengestückten Tönen $a + b + c$ ‚besteht', so ‚besteht' Geschichte nicht aus Haufen von historischen Ereignissen in der Zeit. (Vgl. ‚Über die Möglichkeit universaler Charakterologie' a. a. O.) — Immer zerbricht am Dieser, Diese, Dieses (hic et nunc; τόδετι) alle Mechanik und mithin alle *Wissenschaft*.

Der unvermeidliche Gegensatz von Kausal- und Wesens-Geschichte verbirgt eine nur dem Mystiker lösbare Antinomie! Man kann nämlich alles was man als Wesenheit anspricht (Karma, Fatum, ἕξις, forma substantialis) andrerseits auch wieder zeitlich entstanden sein lassen. Umgekehrt kann man nicht von historischem Werden sprechen, ohne dabei ein zeitlos wesenhaftes Sein vorauszusetzen.

Der Zirkel wäre also dieser: Alle Geschichte ist Geschichte eines bestimmten Lebens. Dieses bestimmte Leben hinwiederum ist Produkt von Geschichte.

Für erkenntniskritisch-psychologische Untersuchungen, wie die unsern, kommt es nur darauf an, klarzustellen, daß und warum Begriffe wie Entwicklung, Schicksal, geschichtliches Werden letzte Baugedanken voraussetzen.

§ 62. Die Entwicklungslehre.

‚Die Erfahrung anempfahlen, merkten nicht, daß Erfahrung erst die Hälfte von Erfahrung ist.'

Goethe.

Zwei arbeitsame aber grobdrähtige Intelligenzen, Charles Darwin und Herbert Spencer, begründeten (1859) jene Schule des geschichtlichen Entwicklungsoptimismus, welcher eine gewaltige Schar wohlgesinnter und ungedanklicher Jünger, zumal in England und Deutschland, zum Opfer fiel.

Dieses Entwicklungstheologem der Naturwissenschaft nochmals zu bereden, erscheint uns unnötig, da wir alles, was darüber zu sagen wäre, schon vor Jahrzehnten gesagt haben: klarer, schärfer als wir es heute vermöchten, und die Kritik jenes naturwissenschaftlichen Aberglaubens endgültig in einer zu Darwins hundertstem Geburtstag (1909) veröffentlichten Abhandlung zusammengefaßt wurde.[1]

* * *

Der teuflische Hintergrund der bekannten Entwicklungslehre (bei Hegel, Herder, Darwin und Comte) ist dieser: die seelenverödende Mechanisierung der vom bürgerlich-kapitalistischen Europa verbreiteten Kultur besitzt an der Hypothese der historischen Entwicklung die verführerisch betörende Kulisse. Wenn nämlich Geschichte den Fortschritt verbürgt, dann kann jede zur Herrschaft gelangte Macht ruhig sich

[1] ‚Philosophie als Tat' S. 155—203.

auf dem Glauben schlafen legen, zeitweiliger Gipfel eines notwendigen Naturprozesses zu sein und somit ihre Gewalt auch als ihr Recht genießen. Fortschritt, Kultur, Entwicklung von Volk, Staat und Vaterland, daß sind die bekannten Redensarten, hinter denen gar nichts steckt, als die Selbstrechtfertigung für Macht- und Erfolgwilligkeiten herrschender oder herrschwilliger Gruppen.

Ebenso unangebracht ist es, das Leben der empirischen Person als die natürliche Abfolge von Fortschrittsstufen hinzustellen, deren letzte, als vollkommenste, den zur ewigen Seligkeit gereiften Todeskandidaten in eine höhere Welt und vollkommenere Ordnung hineinwachsen läßt.[1] Es ist vielmehr offensichtlich, daß jede Lebensstufe Selbstzweck und in sich selbst vollkommen ist, und daß ein über diese Welt aburteilender Geist unmöglich die eine für die andere würde verantwortlich machen können, so daß, wenn es ein ‚Weltgericht' gäbe, gar nicht einzusehen wäre, wer und was denn eigentlich dabei gerichtet werden sollte.

§ 63. Einige Ergänzungen zur Kritik der Entwicklungslehre.

Unsere Ablehnung historischer Entwicklung bestreitet nicht:

1. die Notwendigkeit von Normen, Idealen, Ausleseprinzipien des Urteils oder der Werthaltung über Geschichte;

2. die Tatsache rastloser Erneuerung, Wandlung, Flutung im lebendigen Element der Geschichte;

3. die allseitige Verwandtschaft der Gestaltungs- und Wesensformen der Erde, sowie ihre wechselseitige Zweckmäßigkeit, Harmonie oder Aufeinanderbezogenheit als Ausdrucksweisen ein und des selben in ihnen manifestierten Lebens.

Dagegen bestreiten wir: — daß geschichtliche Vorgänge in Zeit und Raum von sich aus fortschreitende Wertstufenfolgen, also allmähliches Aufsteigen zum Immerhöheren, Immerbesseren, Immervollkommeneren offenbaren. — Wertrangierungen (wie: hoch und niedrig, einfach und kompliziert, gesund und krank, stark und schwach usw.) sind uns vielmehr nur die Funktion vorbestimmender Gesichtspunkte des Urteils.[2]

---

[1] Man läßt damit ‚Ewiges' zeitlich beginnen. Vgl. 3. Buch § 84 ‚Gesetz der Transposition auf die zeitliche Ebene'.

[2] Sollte der Naturforscher erwidern, mit dem Begriff Entwicklung werde

Die verhängnisvollste Seite der Entwicklungslehre aber ist, daß sie die sinnenfällige Wahrnehmungswelt, deren Gewordensein doch erklärt werden soll, als etwas Gegebenes aller Entwicklung *voranstellt*.[1] Der Naturforscher nimmt die zu erklärende Welt eben als *gegeben* an! In sie hat Gott oder Natur (‚deus, sive natura') allerlei hineingeboren: Amöben, Seeigel, Frösche, Frauen, Professoren! Alles dieses paßt sich aneinander an. Es wird also nicht gefragt, was Natur, was Entwicklung *bedeute*? Man stellt vielmehr arglos die falsch formulierte Frage: wie hat die Natur sich aus der Natur *entwickelt*? Den Naturforscher ficht kein Zweifel an, ob seine Natur in Raum und Zeit schlechthin ‚*die*' Natur sein müsse? Er läßt diese Natur eben ‚da sein': Einiges draußen und das andere drinnen. Und das ‚Innere' paßt sich an das ‚Äußere'; alles ganz einfach![2]

Daß aber gerade der Mensch: Ausgang, Endziel, Leitgesichtspunkt, organische Absicht einer *Geschichte* ist, das ist keineswegs so selbstverständlich, wie die von vornherein eigenbezüglich orientierte Entwicklungslehre es eben schon *voraussetzt*. — Die Geschichte der Erde

nichts präsumiert als: Was nicht daseinsfähig ist, *kann* auch nicht dasein. Alles ist jeweils so gut oder schlecht als es sein *kann*. Alles kommt wie es kommen *muß* u. dgl., — so wäre dagegen nichts einzuwenden als dies, daß solche Wahrheiten, solange es Wissenschaft gibt, noch nie bezweifelt sind, und daß es überflüssig wäre, sie als Naturgesetze zu formulieren. Aber es ist gar nicht an dem! Die biologische Literatur gebraucht ihren Begriff *Entwicklung* (evolution) durchweg im Sinn von *Fortschritt* (melioration) und meint mit der Deszendenzlehre die *Aszendenz* zu sich selber hin. Daher besitzt sie die ungeheure Selbstgerechtigkeit, ihr schales Theorem als Gipfel eines langen Ringens der Erde hinzustellen. Sie betrachtet z. B. die mythologische Naturauffassung als bloße Vorstufe zu ihrer weit höheren ‚Wissenschaft'. Oder sie duldet z. B. polytheistische Religionen als primitive Anbahnungen des Kausalbegriffs, u. dgl. mehr. . . . Daß dem Altertum unsere Mechanik und Wissenschaft nicht darum mangelt, weil man noch nicht wissenschaftlich denken konnte, sondern darum, weil man das, was wir wissenschaftlich denken nennen, gar nicht können *wollte*, daß im Kern unvergleichliche Gemütseinstellungen fälschlich in *zeitliche Stufenfolge* umgedeutet werden, das entgeht dem Aberglauben an historischen Fortschritt.

[1] Ähnlich wie die klassische Mechanik absolute Zeit, absoluten Raum voraussetzt, um zu beweisen, daß es sie nicht gibt.

[2] Die falsche Antithese: Innen—Außen, Seelenwelt—Körperwelt verhunzt mit der Biologie auch die Ästhetik. Auch *deren* Vorurteil behauptet: Kunst sei Nachahmung von ‚Natur'.

offenbart keine Ordnungen des Heils, sondern höchstens eine Ordnung des Heilens, insofern als jede Richtung, die das Leben nahm, nimmt und nehmen wird, ausgehn muß von einem Notstand als von der sie einzig vorbestimmenden Kraft. Dabei bestimmt die Hemmung eben schon die Richtung der sie überwindenden Lebensbewegung! Sie verwaltet ihre eigene Regulation, ähnlich wie der Lauf eines Flusses vorbestimmt wird durch jene Schwierigkeiten, die er zu beseitigen hat. Will man nun diese regulative Funktion der Stauungen logisch, vernünftig, sinnvoll nennen, so mag man das tun. Sicherlich aber hat dieses Zweckmäßigkeitsprinzip alles Lebens gar nichts mit historischem Fortschritt oder mit Wert (im Sinn logischer, ethischer, ästhetischer Normen) zu tun. Es wäre nicht einzusehen, wie denn wohl Leben lebendig sein sollte, wenn es nicht die zweckmäßige Fähigkeit solcher Selbstausheilung in sich trüge. Mit ihrer Konstatierung — (denn auch Krankheit, auch Tod sind Mittel des Lebens und nicht das ‚Leben‘, sondern nur der ‚Geist‘ kann sterben!) — ist nicht mehr konstatiert, als was eben zum Wesen des Lebens gehört.[1]

§ 64. Die Hölle des Fortschritts.

Worlds work is done by its invalids.

Um das ungeheure Paradox der Fortschritts-kultur zu begreifen, müssen wir uns gewöhnen: Leistungen, Bewährungen, Verrichtungen, Funktionen, Werke unerbittlich und unbarmherzig zu unterscheiden von den sie tragenden Seelen, deren Fülle und Tiefe weit zurücksteht hinter der Kraft dessen, was sie können und hervorbringen; ja deren Mängel nicht selten die Voraussetzung werden alle ihrer Kultur genannten Könnereien und Leistereien. Hat man diesen Gegensatz des tragenden Lebens und seiner Produkte in ganzer Tiefe durchschaut, und weiß man, daß das Gebäude der Kultur aus Steinen gebaut wird, die dem Boden, darauf es stehen soll, entzogen werden, ach! dann bemerkt man mit wachsendem Entsetzen, daß das Reich der sachlichen Werte offenkundig in Hader liegt mit dem Blute, daraus es erblüht: just so als ob in dieser Fortschrittshölle jedermann die Aufgabe habe, den Ast anzusägen, der ihm Zuflucht gewährt.

Europa ruht im Christentum. Aber sind die christlichen Ideale nicht grade Mittel, um ihr eigenes Gegenteil zu rechtfertigen? Europa

---

[1] Vgl. Buch I § 40.

fußt auf wissenschaftlicher Erkenntnis. Aber ist Erkenntnis nicht dazu da, um dem Unsinn Begründungen zu schmieden?

Wo birgt das gegenwärtige Europa sittliche oder religiöse Ideale, die nicht zu Zeitungsthema, Seminarübung, Teegespräch, Kanzelpredigt, Zungengedresch, Literatur entwürdigt, zerredet, zerschrieben, zerlesen, verkitscht und vermarktet sind? Man sehe diese Urchristen mit Doktortiteln, diese Buddhas mit Kouponscheren, diese Weltheilande im Feuilleton, diese Gotteskinder auf Aktien. Die widersinnigste Doppelnatur von Lebenshaltung und Absicht erregt kaum noch Worte der Verwunderung! Alles wird möglich! Alles ist in tausend Attrappen vorhanden und Du mein Lied eingesargt, ehevor Du nur zu leben begannst. . . .

§ 65. Der Geschichtsoptimismus.

Bei alledem ist die weltbejahende Geschichtsauffassung gleichsam zur Ehrenpflicht dieses Zeitalters geworden. Grade als ob die seelendünne Maschinenwelt sich immerfort beweisen müsse, daß sie fröhlich sei und lebe, verkündet sie von jeder Kanzel und von jedem Lehrstuhl herab die bekannten anfeuernden Formeln: Leben, Freude, Tat, Anschauung, Sinnlichkeit, Weltbejahung (oder wie sonst immer die rauschersetzenden Schlagwörter lauten, die als Brücken und Krücken benötigt werden). Der nüchterne Geschichtspessimismus erhält demgegenüber den Makel der Ungesundheit! Wer gleich Hölderlin in den Büchern der Zeiten den Kehrreim liest: ‚Vatermord, Brudermord, Säuglinge blaugewürgt. Greulich! Greulich!‘, oder mit Goethe das Wesen der Geschichte so formuliert: ‚Die Menschen sind dazu da, einander zu quälen und zu morden. So ist es, so war es und so wird es allzeit sein!‘, — der erhält den Stempel, vergrollter Menschenverächter zu sein; oder noch lieber das Omen, als ein Feigling, Schwächling, Zärtling sich durchs Leben zu ducken. Man hat sich eben so daran gewöhnt, Philosophie gleich Religion unter sogenannt sozialpädagogische Gesichtspunkte zu stellen, daß, wenn man von einer Gesinnung sagen kann, sie sei nicht recht gesund, oder von einem Gedanken, er sei für Staat, Volk und Gesellschaft nicht recht erbaulich, dann eben auch die Gesinnung schon verpönt und der Gedanke erledigt ist.[1]

[1] Mit reizender Naivität schreibt einmal Maria Theresia an ihren Sohn

Indessen bemerke man dieses: Es wäre immerhin möglich, daß der Ekel vor der Welt, wie sie gegeben ist und eine das Leben verneinende Abkehr vom Leben grade die gesunde, natürliche und lebensstarke Reaktion der gutgearteten, hochgestimmten und kraftvollen Naturen ist (abgesehen davon, daß sachliche Erkenntnis wie die des Pessimismus nicht das mindeste mit persönlicher Lebensstimmung und Gefühlsart zu tun zu haben braucht), während das optimistische Räsonnement jener Glücks- und Fortschrittsethik (für welche Schwarzseher, Weltverneiner, Pessimist eine Art Scheltwort ist) im Kerne auf die abflauende Tatkraft beständiger Aufpeitschung und Lebensermutigung bedürftiger, naturfremder und abgeblaßter Kulturgenerationen hindeuten könnte. Gibt es denn nicht zu denken, daß sowohl ganze Völker wie einzelne geniale Individuen, just auf dem Höhepunkte ihrer Kraft- und Lebensfülle die der Jugend eigentümliche schwermütige Weltflucht offenbaren? In jedem Hinweg und Empor liegt schon eo ipso eine Abkehr von aller geschichtlichen Wirklichkeit oder mindestens ein Versuch sie umzudeuten, während das bekannte Fußen auf Realität, der historische und politische Sinn, die Anpreisung des Praktischen und Gegebenen, Konkreten, Unmittelbar-Notwendigen, die Forderung des Tages (und wie sonst immer die Phrasen der Fortschrittsethik lauten), vielleicht dem dunklen Gefühle entquillen, daß man die reine Wahrheit nicht aushalten würde und ohne die Selbsttäuschung in einer Kette historischen Fortschreitens zu stehen, ja ohne die beständige Narkose mittels ‚Arbeit‘ und ‚Pflicht‘ sein eigenes Ich und sein gegebenes Leben als leer, unberechtigt, ja vielleicht als ganz unerträglich empfinden müßte! Man verwirft also den Geschichtspessimismus nicht,

---

Joseph II: ‚Philosophen und Freidenker können mich nicht überzeugen, weil ich herausbekommen habe, daß es meistens unfrohe und traurige Menschen sind.‘ — Die vortreffliche Frau hat völlig recht darin, daß der gesunde, natürliche Mensch die Freude als den Kern aller Werte anzusehen hat; aber welch circulus vitiosus ist doch dieses: Man tut alles, um Philosophen und Freidenker in der Welt unglücklich zu machen und sagt dann hinterher: sie überzeugen nicht, denn sie sind nicht glücklich. — Übrigens besteht der Hang, hinter allen Leben-bedrohenden Zuständen und Gefühlen eine Schuld zu suchen, mithin auch umgekehrt den gesunden Menschen für den ‚guten‘ zu erklären. tristezza bedeutet sowohl Bosheit wie Traurigkeit. (Hierzu 1. Buch §§ 27 u. 28.)

weil man seine Lehre für unwahr hält, sondern weil man eingesehen hat, daß es sehr schwer oder unmöglich sein müßte, unter dem Drucke seiner Gedanken zu leben; daher man gewohntermaßen vorzieht, solche Gedanken als verrückt, ungesund, volksverderblich usw. zu denunzieren.

Eine große Ahnungslosigkeit liegt ferner auch darin, daß zumal die dichterischen Köpfe sehr gern ‚die Kultur', ‚das Werk', die ‚Welt des Geistes' u. dgl. als feststehendes Gut voraussetzen und dann beweisen, daß es ohne alle die Greuelorgien der Geschichte diese Güter nicht geben könnte. — So rechtfertigt z. B. ein bedeutender Zeitgenosse (Anatole France) 1915 die Barbarei des Weltkriegs folgendermaßen:

„Ich mag gar nicht daran denken, daß dieser Krieg je wieder aufhören könnte, weil ich befürchten müßte, daß die Tugenden und das Heroische, das er hervorgebracht hat, damit ebenfalls wieder verlöschen könnten. Auf den Siegen von Marathon und Salamis beruhten Äschylos, Sophokles, Euripides; auf den Siegen Alexanders die Hellenisierung des Orients und auf den Siegen Roms die Schaffung des lateinisch-griechischen Kulturkreises. Was wäre die Welt ohne diese Kriege und Siege? ..."

Gesetzt, es beruhte wirklich alle Kultur, ja alle Tugend des Menschengeschlechts auf diesen Metzgereien und Räubereien der Geschichte. Was wäre daraus zu folgern? Doch wohl nur dies, daß es besser wäre, es gäbe kein Menschengeschlecht. Es wäre ja möglich, daß alle Gerechtigkeit aus der Quelle Gewalt, aller Geist aus Kraft der Barbarei und die ganze Welt der Schönheit und Güte aus Not und Leiden gespeist würde. Gestattete das eine Theodicee der Gewalt, der Barbarei oder des Leidens? Nein! Es gestattete nur den Schluß, daß der Gipfel der Schönheit und Güte einer solchen Welt eben ihr Nichtvorhandensein wäre....

Man gewinnt aber gegenwärtig den Eindruck, als ob die halbe Literatur Europas nichts anderes bezwecke, als die Menschenseele in ihrer Fortschrittshölle um jeden Preis bei Laune zu erhalten, gemäß dem Worte Gabriele d'Annunzios ‚Die Kunst des Lebens ist es, die Wahrheit zu verschleiern' oder der Aufforderung Stefan Georges ‚So helft Euch aus der Wahrheit, Brüder!' Der natürliche Mensch aber, rein und ruhig in sich selber, fühlt das Leben einzig darum als Wert, weil es ihn und seine Gegenwart hervorbrachte und wird kein Hochgefühl aus dem Bewußtsein beziehen, das verbindende

Glied an einer Kette der Fortschritts- und Kulturgüter zu sein, die schließlich von jeder Art Geschöpfen übernommen und fortgeführt werden könnte.

Es darf nun freilich nicht übersehen werden, daß in einem Weltalter, wo der ‚Kampf ums Dasein' (schon vermöge der ungeheuren Geburtenvermehrung) zum Maßstab alles Lebenswertes gemacht werden muß, der Besitz und die Stimmung der fortschrittlich-optimistischen Weltauffassung selber eine starke, ja vielleicht die allerstärkste Waffe im Daseinskampfe der Völker und Gruppen bildet, schon darum, weil eine nihilistische Erkenntnis die Erkennenden im selben Maße schwächt und lebensunfähig macht, als sie Reize und Freuden der konkreten Welt abbaut und die Illusion raubt, in der eigenen Person der notwendige Übergang, der Gipfel, ja die Erfüllung von Geschichte zu sein.[1]

Wäre es also statthaft, die Lebensnützlichkeit, d. h. die Befriedigung durch eine Überzeugung zum Kriterium ihrer Wahrheit zu machen, so wäre der Glaube an historischen Fortschritt, selbst wenn er Illusion wäre, die wahrste aller Wahrheiten, weil sie die nützlichste ist. Es versteht sich jedoch von selbst, daß es überhaupt keine Wahrheit gäbe, wenn die Frage, wie sich damit leben lasse, als Kriterium für Wahrheit zu gelten hat; in diesem Falle wäre Macht (power to work) das schlechthin Normative.

Lauscht man aber genau auf die Beweisgründe abendländischer Logik gegen daseinnegierende Weltstimmung (in Buddhismus, Brahmanismus, Christentum), so kommen sie alle zuletzt auf das Eine hinaus, daß sich mit ‚destruktiven', die Bewußtseinswirklichkeit vernichtselnden Überzeugungen nicht gut leben lasse (was denn freilich durchaus richtig ist). Somit handelt es sich für die Lehre von der historischen Entwicklung keineswegs (wie es in Deutschland viele weitbekannte Forscher darstellten) um den Kampf der Physik gegen Metaphysik, der Wissenschaft gegen das christliche Dogma, sondern es handelt sich um den Ersatz einer auf Nirwana und Jenseits hinzielenden Religiosität durch eine realistisch-diesseitige, bequemere und aktuellere Religion (eine Art Juchhechristentum, freudig-fortschrittlich, welches

[1] Der amerikanische ‚Pragmatismus' prägte daher für den Geschichtsoptimismus die Formel von der ‚healthy minded attitude'.

sowohl seine wissenschaftlichen Dogmen wie seine Pfaffen, Laien und Ketzerrichter längst besitzt).[1]

Bemerken wir wohl, daß dies Dogma vom historischen Fortschritt die nützlichste aller europäisch-amerikanischen Erfindungen ist, so recht der Welt des Komforts und der Zivilisation zugehörig. Daß es nicht unerläßlich sei, bewies das ganze Altertum.[2] Aber auch die Entwicklungsnaturwissenschaft selber zeigte deutlich, daß man die zeitliche Abwandlung der Lebensformen genau so gut auf absinkende Folge von Höherem zum Niederen; wie auf den optimistischen Gedanken des Aufstiegs begründen kann. So liegt z. B. der zarteren Entwicklungslehre Gustav Theodor Fechners der Gedanke einer Herkunft vom Geiste her, nicht aber der eines Anstiegs zum Geiste hin, zugrunde, so daß z. B. die organische Welt nicht etwa aus der des Anorganischen sich entwickelt, sondern umgekehrt das Anorganische als das letzte, d. h. als Abfallsprodukt bei Entwicklung des Organischen zu betrachten wäre. — Als auf der ersten deutschen Naturforscherversammlung 1863 die Möglichkeit einer solchen Entwicklungslehre mit umgekehrtem Vorzeichen dem jungen Ernst Häckel vorgehalten wurde, da wußte der darauf nichts zu erwidern, als daß ‚eine solche Weltauffassung unmöglich das Gemüt befriedigen könne' (was vielleicht richtig ist, aber nicht als Einwand gegen ihre Wahrheit gelten darf).

Es wäre indessen auch noch dies zu erfragen, ob denn wirklich Geschichtsoptimismus und Entwicklungslehre (so sicher sie dem Nutzen dienlich sind) den Bedürfnissen des Gemüts entsprechen und die Freude, den Frieden und das Gleichgewicht der Herzen auf Erden gemehrt haben. Man hat mit dieser Entwicklungsreligion die halbe Erde unglücklich gemacht. Man hat die friedlichsten, harmlosesten Naturvölker ausgerottet; hat sie zur Beute der modernen Raubstaaterei, der modernen Handels- und Säbelimperien werden lassen; immer im Namen

[1] Vgl. hierzu ‚Europa und Asien' S. 25 f.

[2] Von Hesiod und Heraklit bis zu Ovid und Cicero war die Vorstellung geläufig, daß die Geschichte des Menschengeschlechtes einen Abstieg zum Dünneren und Ärmeren in sich bergen könne, weil das gewaltige Feuer der Vorwelt wohl auch gewaltigere Leidenschaften und Lebensentladungen beseelt haben möge oder die Keimkraft der Erde als endlich begrenzt zu denken sei, und daher ihre Zeugungs- und Vitalkraft in der langen Kette der Arten und Individuen von Stufe zu Stufe sich erschöpfen müßte.

des Fortschritts. Ganze Tierrassen wurden zugunsten des Komforts vernichtet. Jede Einsamkeit, jede Landschaft, jede uralt heilige Stätte wurde längst entweiht. Man hat den Schlaf der Welt zerstört, die Einfalt und Unmittelbarkeit ihres Erlebens. Man hat naturentfremdet, naturverwüstend das elementarisch unfaßliche Leben glücklich zu Bewußtseinswirklichkeit und Nutzwelt des Menschen verflüchtigt, so daß das ursprünglichere Seinsgefühl der Vorwelt, ihre Naturkulte und Götter, Sinnenwelten und Urschauer, Ehrfürchte und Heiligungen, ihr weltverlorenes und asketisches Glück uns vielleicht überhaupt nicht mehr zugänglich sind.[1]

Inmitten aller Barbarei von Kultur wird jedoch der Mensch des Fortschritts nicht müde, von einem Ziele der Geschichte zu schwärmen, das beschrieben wird als Vergottung des Menschengeschlechtes, Vergeistigung der Erde, Ziel des vollendeten Staates, Ziel der vollkommenen Ethik oder als das des erreichten Übermenschen. Wüßte man doch wenigstens, was man sich bei diesen von der Geschichte verbürgten Entwicklungszielen eigentlich zu denken habe!

Versteht man z. B. unter Vergottung oder Gottwerdung eine letzte Versittlichung der Erdenmenschheit, so sollte man wohl überlegen, daß man damit eben auch ihr Bestehen unmöglich macht. Die schlechthin vollendete Sittlichkeit würde keinen Trunk und Bissen ohne Gewissensqual tun lassen, da die Erhaltung meines Lebens schon Vernichtung vieler anderer in sich schließt.

Denkt man vollendete Rationalität (d. h. Herrschaft der Vernunft und Vernunftgebote) als Ziel von Geschichte, so erwäge man wohl, ob nicht das Logische auch das Tote und das Lebendige eben darum Leben ist, weil es noch nicht Vernunft ward.

---

[1] Was ist nicht allein in Deutschland vom Erdboden letzthin weggefegt! Auerochs, Tarpan, Wisent, Bär, Lux, Wolf, Elch, Wildkatze, Biber, Otter, Marder, Nerz. Schopfibis, Alk, Edelreiher, Steinadler, Uhu, Schwarzstorch, Kolkrabe, Kormoran, Lumme, Kranich. Alles dieses Leben ist bei uns schon Sage geworden. Und in überseeischen Ländern wird Europa bald den letzten Elefanten, den letzten Walfisch, die letzte Riesenschildkröte vernichtet haben, bis von allem wilden Leben nichts übrig bleibt als das Raubtier Mensch, das die Welt nicht nach ihrem Wesen, sondern nach seinem Nutzen begreift. Vgl. ‚Europa und Asien‘ S. 19 f. (Über ‚Wertreligionen‘ und ‚Lebensreligionen‘). S. 69 f. (‚Über unsere Stellung zur Tierwelt‘).

Hält man Vergeistigung für das Endziel, so übersieht man, daß der Geist grade Lückenbüßer des Lebens ist, mit dem Worte Pauli der Pfahl im Fleische, nach Buddhas Wort der Krebs am Leben. Man ist ja auch praktisch jederzeit beflissen, die geistigeren, zarteren, verfeinerten Menschen wissen zu lassen, daß man Christus und Buddha zwar anbetet, ihnen aber, wenn sie leibhaftig wirklich kämen, sicherlich ins Antlitz schleudern würde: ‚Gott sei Dank, daß wir gröber und derber fühlen als Ihr!‘ Nur eine Seelenart, die die Problematik der Geistigkeit überhaupt nicht nachzufühlen vermag, kann die Geistwerdung der Erde als Ideal hinstellen, ohne zu merken, daß damit die ganze Menschenwirtschaft dem sicheren Untergange geweiht ist. In Wahrheit erstrebt man nicht Geist und Gott als Ziel, sondern man läßt sie gerade so weit gelten, als man sie für das Leben nötig hat.

Betrachtet man, gleich Kant, den vollkommenen Staat als Ziel der Geschichte, so erwäge man, daß der vollkommene Staat nur auf Kosten der Vollendung des Einzelich sich ermöglicht.

Betrachtet man endlich die letzte Erhöhung zum Übermenschen als Ziel der Geschichte, so vergesse man nie, daß man damit den Staat wie das Glück der Vielen zum bloßen Fußschemel dieses Einzigen macht.[1]

Wäre es somit nicht redlicher und reiner, das ganze, höchst-allgemeine Kultur-, Entwicklungs- und Fortschritts-Gesalbader, wie immer die Formeln lauten, über Bord zu werfen, fest der nackten Wahrheit ins Auge sehend, daß jedes neu zur Welt geborene Wesen sein Ziel einzig in seiner Gegenwart und Freude hält und trägt, indes die Erde als endliche Lebenseinheit, notwendig hintreibt zum negativen Pole, welcher mit Vollendung des Ideals oder der Norm am Menschen auch des Menschen tierische Natur ertötet. Denn immer läuft ein Wille zur Erlösung dem Willen zur Macht den Rang ab.

---

[1] Es handelt sich in jedem dieser fünf (im Kern identischen) Fälle um reine Hypothesen, da die Erde und Erdenmenschheit ganz zweifellos lange vor Vollendung eines solchen Zieles, sei es durch eine neue Eiszeit, durch Fortrücken der polaren Tundra oder durch sonst eine Katastrophe zugrunde gegangen sein wird. Vgl. auch Buch III §§ 81 f. über das Verhältnis von Geschichte und Zeitlichkeit zur religiösen Verhaltung.

XII. Das Fatum in der Geschichte.

‚Wir schweben über dem Leben,
An dem wir kleben.'

§ 66. Endweder — Oder.[1]

‚Blickt um Euch, das alles habet Ihr gesprochen.
Die Zeit arbeitet es in Menschenblut um.'
G. Büchner.

Besäßen wir an der in Zeit und Kausalität verlaufenden Geschichte nicht nur den Reflex des Lebenselementes im Bewußtsein, sondern eben das Elementarische selber, dann wäre es absurd, die ‚als Geschichte geoffenbarte Urvernunft' menschlich beeinflussen, wider ihren Stachel löcken oder ihr Ziele, Zwecke und bestimmende Programme vorschreiben zu wollen! —, folgerichtig wäre nur die einfache Überzeugung gläubiger Herzen: daß einen jeden das trifft, was gemäß einer undurchdringlichen Heilsordnung ihm vorbestimmt wurde.

Nun aber betrachte man das ruchlos-freche Getriebe der breiten Scharen Theologen, Religionisten, Metaphysiker und Poeten, welche, zugleich einfältig und anmaßlich, dünkelhaft und demütig, mit Geschichte gehend und von ihr getragen, gleichwohl doch auch Geschichte machen wollen und daher eine zeitliche Wandlung und historische Genese in das Element des Lebens hineinverlegen.

Die Barbarei der von ihnen ruhig hingenommenen und daher mitverschuldeten europäischen Zeitgeschichte verklären sie willig als den ‚notwendigen Wachstumsprozeß des Lebens', ‚natürliche Angleichung gegebener Kraftrelationen', ‚Entfaltung metaphysischer Energien', ‚notwendiges Austragen der Herrschergewalt' u. dgl.; auch trägt ihre lächerliche Selbstbezüglichkeit und Selbstgerechtigkeit keineswegs Scheu: als das schließliche Endfazit der vermeintlich urnotwendig im Übernatürlichen verankerten Entwicklung eben Sich Selber und die eigenen politischen, nationalen, ganz aktuellen europäischen Machtforderungen und Programme vorzufinden.

Als klare Illustration zu der Taschenspielerei dieses Historische-Notwendigkeits-Köhlerglaubens[2] gelten die großen Zeitkatastrophen,

---

[1] Die Ausführungen des § 66, im Jahre 1915 geschrieben, richteten sich vornehmlich gegen zwei damals vielgerühmte, schlechthin verbrecherische Werke: ‚Der Genius des Krieges und der deutsche Krieg' von Max Scheler und ‚Der Krieg und die deutsche Selbsteinkehr' von Rudolf Borchardt.

[2] Ich wählte den Namen in Erinnerung an die geschichtsphilos. Schriften

die man gerne als Sintflut, Weltgericht, historische Nemesis usw. hinzustellen liebt (womit man nämlich immer das Weltgericht an den andern meint, während jeder Sich Selber die aktive Rolle des Ordners und Strafvollstreckers, nicht die des armen Sünders, dabei zuspricht).

Stellt man die Frage, worin der Sinn und die Absicht all der Neugeburten, Reformationen, Revolutionen und Regenerationen ‚historischen Fortschritts' eigentlich bestehe, so erfolgt mit Sicherheit die Antwort: Es sollen Zustände geschaffen werden, die die Wiederkehr von Geschichtskatastrophen wie der gegenwärtigen verhindern. Die Logik der Historiosophen ist also diese: Die Geschichte offenbart eine Vernunft, deren Vernunft es ist, sich von Uns zur Vernunft bringen zu lassen.

Man könnte angesichts all dieser ruchlosen Zeitdienerei wohl dahin gelangen, nur eine streng kausale Tatsachen-Festlegung gelten zu lassen und mithin alle Metaphysik von Geschichte zu verwerfen.

Damit geriete man aber in die Schlingen eines weit verfänglicheren Irrtums, denn man übersähe den oben dargelegten Unterschied von mechanischer Ursächlichkeit und immanenter Notwendigkeit.

Es kommt somit darauf an, den Begriff der immanenten Notwendigkeit gegen den der äußeren Kausalität der Geschichte aufs klarste abzugrenzen.

Mechanisch-erklärende Geschichtswissenschaft einerseits und Metaphysik der Geschichte andrerseits gelten beide, jede aber innerhalb bestimmter Grenze; und grade die Bestimmung dieser Grenze wäre unsere Aufgabe.

§ 67. Das historische Apriori.

Zur Abgrenzung der Geschichtsmetaphysik gegen Geschichtswissenschaft verhelfe uns der Begriff des historischen Apriori, welcher besagt, daß es geschichtliche Schicksals- und Erbschaftsmassen gibt, welchen der einzelne sich so wenig entziehen kann, als es z. B. einer Ente frei stünde, eines Tages auch als Adler davonzufliegen; denn was ihr Lebenslos als Ente a priori festlegt, das ist eben die Geschichte ihrer Art, welche mithin ein Apriori ihrer Geschichte ist.[1]

von R. Köhler (Tübingen 1915), der sein metaphysisches Abrakadabra heroisch mit dem Tode besiegelte.

[1] In dem hier gemeinten Sinne des ‚fatum' gibt es also weder Verdienst

Dieses an- und ein-geborene Erb- oder Schicksals-kapital der Geschichte benennt man gern mit dunkel-vieldeutigen Worten wie: Karma, Moira, Verhängnis (εἱμαρμένη), Charakter, Idee, Persönlichkeit, und meint damit etwas zugleich Werdendes und Werden Vorbestimmendes; denn in der Tat ist das, was als Vorgeschichte geworden ist, zugleich vorausbestimmend für den weiteren Verlauf von Geschichte, indem der aus allen früheren Geschichtsbeziehungen herrührende und sie in sich aufbewahrende augenblickliche Lebenszustand als fatum wirkt für künftige geschichtliche Geschehnisse, so daß also sowohl die gesamte Vergangenheit wie die gesamte Zukunft in der jeweiligen Gegenwart immer ganz gegenwärtig ist.

Der in einen Geschichtszustand Hineingeborene kann ihn somit zwar von nachhinein billigen, heiligen, mit Sinn erfüllen (er geht zugrunde, wenn er das nicht tut!), aber er kann nicht dem überkommenen Weltzustande sich entziehen; dieser ist vielmehr sein eigener Wille, den er sowenig abzustreifen vermöchte, wie der Fisch das Meer oder die Pflanze den Boden, der eben in ihnen Gestalt wird.[1]

Somit steht es dem Menschen nicht frei, seine Geschichte zu machen, insofern er sich nicht selber macht; dennoch aber kann man sagen, er habe gleichwohl alle Geschichte ‚gemacht' und sei für sie verantwortlich, insofern seine Geschichte nur offenbart, was für ein Wesen er ist, denn wäre er anderen Wesens, so würde eben auch seine Geschichte eine andere sein. . . .

Betrachten wir nun aber den Fluch des Fatum oder Apriori von einer ganz anderen Seite, so enthüllt er sich uns als die dem Lebenschaos abgewonnene Insel: ein umzäuntes Stück Gartenland, ein eroberter Fels im unaufhörlichen Fluß des Elements! Nur grade so weit nämlich reicht fatum, als unsere Fest-legung im Unermeßlichen (als Charakter, Form, Gesetz, Prinzip und Gestalt) reicht. Überall unterstehen wir einem immanenten Zwange, aber dieser ist nichts

---

noch Schuld. Ob man als wohlgeborene Blüte oder als schnödes Unkraut, als Goethe oder als Thersites sein Leben führt, beides ist Bestimmung. Der Natter ist der Giftzahn und der Rose ihr Duft zur Waffe mitgegeben; jedes Wesen sucht Freude; und es unterscheidet die Wesensarten einzig, worin sie ihre Freude finden.

[1] Ich gebrauche hier absichtlich den Terminus Schopenhauers; doch beachte man wohl §§ 57—66 und § 71.

anderes als Notwendigkeit aus Natur und Wesen (oder was dasselbe besagt, als die Freiheit unseres Wesens).

Was wir somit als Einheit und Einheitlichkeit einer Geschichte begreifen, das ist zuletzt bedingt durch die Einheit und Einheitlichkeit der hinter Geschichte stehenden, in ihr sich offenbarenden Lebensnatur.

Nicht also eine blinde elementare, regellos irrationale Gewalt, der wir willenlos uns unterwerfen, nein! die Folgerichtigkeit einer vorbedingenden Wesensart, die wir belasten oder entlasten können, die wir selber, unsere Vor- und unsere Nach-geschlechter in unbewußter Anpassung oder in bewußter Selbstgestaltung, dem sinnlosen Chaos enttauchend, erzüchten und fest-legen; nicht das Sinnlos-Elementare, sondern unsere eigene Sinngebung dieses Sinnlosen, nicht starres Sein des Absoluten, sondern eine an Hand von Idealen selbstgebildete und abgewandelte ‚Wirklichkeit', — das ist Geschichte!

Mithin umschließt die vielgemißbrauchte ‚Historische Notwendigkeit' nicht duldende Preisgabe des Menschen und Kapitulation seiner Ethik vor Naturgewalt, sondern offenbart grade umgekehrt den Triumph des eigenen Sinnes über das an sich Sinnlose. Wir besitzen Geschichte grade so weit als wir fatum haben. Geschichte haben besagt eben: schicksalsmäßige Bestimmung haben. Ein Chaos hat keine Geschichte.

§ 68. Auflösung des Fatums.

Volentem ducunt fata, nolentem trahunt.

Auf Grund dieser klaren Grenzbestimmung der fatalistischen Unvermeidbarkeit können wir nunmehr all die duckmäuserische, sophistische, mystagogische Orakelei über ‚Historische Notwendigkeit' — **abweisen!**

Es ist zwar richtig, daß die gegebene Geschichte notwendiger Ausdruck gegebenen Wesens ist, warum aber grade dieses Wesen, warum der Mensch just als ein solcher dasein müsse, das läßt sich durch keine Logik begründen. Vielmehr ist kein historischer Tatbestand in logischem Sinne notwendig, sondern alles Geschehen innerhalb der Grenze von Geburt und Tod, ja sogar das Geborenwerden und Sterben selber ist der wertend-beurteilenden Selbstbestimmung und Selbstgestaltung einer Vernunft gegenüber, eben das Nicht-Notwendige und Bloß-Zufällige. Die Welt als vorhistorische Tatsache ist eben nichts als bloßes Material! Der Mensch könnte die Erde so gut zum Himmel machen, wie er sie zur Hölle macht. Er könnte so gut Geschöpf der Freude und Freiheit sein, wie er in allen seinen bürgerlichen und sozialen Tugenden nur das Produkt von Not und Notwendigkeit ist.

Wer also auf Historische Notwendigkeit sich beruft, der beruft sich zuletzt doch nur auf die gegebene Natur menschlichen Wesens. Und man sollte daher nie verfehlen, die Verantwortung für Geschichte eben auch seiner eigensten Wesensnatur zuzuschreiben.

Denn statt mit Geschichte alle Grausamkeit, Willkür, Selbstgerechtigkeit, Selbstsucht, Urteilslosigkeit, Dummheit, Widerstandslosigkeit usw. der menschlichen Despoten-, Sklaven-, Raubtier- und Schafs-Naturen zu rechtfertigen, müßte ein jeder von Rechtes wegen die Geschichte als seine eigenste ungeheure Schuld erfühlen.

Die ‚Historische Notwendigkeit‘ darf eben nicht nach Art der logischen oder mathematischen gedacht werden; sondern was Dasein und Geschichte werden solle, das ist vorabhängig von der normierenden Selbstbestimmung des Menschen.

Die Herder-Comtesche Truglehre, daß der Geschichtsprozeß die bloße Weiterführung eines Naturprozesses sei, ist so unrichtig, daß man umgekehrt festhalten muß, daß just mit dem Beginn von Geschichte der Mensch aus der Natur heraus tritt und vom Naturprozesse sich befreit.

Wir finden auch eine ‚geschichtliche Wirklichkeit‘ nicht so vor, wie wir ‚die‘ Wahrheit vorfinden, sondern wir gestalten nach Analogie unsrer selbst die Wirklichkeit als die an und im Lebenselement verwirklichte Wahrheit. So ist also alle Geschichte ein Zeitlich- und Wirklichwerden von Idealen, und man kann sagen, daß das Naturwesen Mensch zwar noch keine Geschichte hat, daß er aber in einer fernen Zukunft eine Geschichte haben kann, denn Geschichte zu haben, das selber ist ja nur Ideal des Menschengeschlechtes.

§ 69. Über die Unerfaßlichkeit des zeitlosen Elementes.[1]

‚Niemand kann sich selbst erkennen.
Sich von seinem Selbst-Ich trennen.‘
Goethe.

Wir haben nunmehr klargelegt, warum ‚fatum‘ nur ein Grenzbegriff ist, an dem die tiefen Gefühlswahrheiten der Religion (z. B. die

[1] Vgl. § 36.

Lehre von Erbsünde, Gnade, Kismet, Karma, Nemesis usw.) und die entsprechenden Lehren der Philosophen (z. B. Spinozas Begriff der ‚causa sui', Kants transzendentaler ‚intelligibler Charakter', Schopenhauers mystische ‚Selbst-verschuldung oder -bejahung' des Willens usw.) nur einen wege-weisenden Grenzpfahl besitzen, um auf das hinter Geschichte als menschlicher Bewußtseinswirklichkeit liegende lebendige Wesenselement zu verweisen, jenes factum brutum, das man ‚Willen', ‚Lebensschwungkraft', ‚Unbewußtes' oder sonstwie nennen mag und das nur darum als ‚sinnvoll' und ‚bedeutend' anmutet, weil es in allen Erscheinungsformen, die sich je darstellen, immer ein und dasselbe, durch Raum und Zeit zerstückelte, aber an jedem Ort und zu jeder Zeit ganz gegenwärtige ‚Leben' ist.[1]

Dieses Lebendige, welches als Geschichte gelebt wird, kann nicht gleichzeitig auch als Geschichte erkannt werden!

So wenig mein historisches Ich (als Spiegelung meines privaten Wesens in meinem und anderer Bewußtsein) ohne weiteres mit meiner eigensten Natur zusammenfallen kann, so wenig kann das, was wir Geschichte nennen, jemals das lebendige Leben des Geschehens zum Ausdruck bringen.

Es klingt freilich paradox, aber es ist dennoch so: Die Geschichte meines Ich ist etwas ganz anderes als Ausdruck meines Ich!

Das nämlich, was ich als mein Ich wahrnehme, das ist ein nach gruppenbezüglichen Interessen selektiv ausgesiebtes Leben, worin ich niemals mein eigenstes Selbst erfahre, vielmehr mich selber in einem von der Geltungssphäre einer Umwelt präformiertem Bilde erfasse; weswegen gewiß sein dürfte, daß es etwas wie unmittelbare Selbstwahrnehmung überhaupt nicht gibt und niemals geben kann.[2]

So wenig das zur Spiegelung einer gegen-ständlichen Welt vorgestaltete Auge sehend sich selber sieht, (mag auch sein Gegenstand Analogon seines eigenen Wesens sein), so wenig kann dasjenige Wesen, welches hinter, in und durch Geschichte sich selber erlebt, in der von Bewußtsein fundierten Kausalkette sich selbst erfassen, (mag auch die Kausalkette Analogon jenes Lebendigen selber sein).

---

[1] Die ‚Welt' ist somit auch ‚an sich selbst': zusammenhängende Ordnung; nicht aber kausaler Zusammenhang, nicht sinnvolle Ordnung (S. 75 f.).

[2] Vgl. § 6.

Was ich hier darlege: die Unerfaßlichkeit unsres Wesens durch uns selbst: wird dem, der sie in sich selbst erlebt (als Daimonion, Sendung, Martyrium, freudiges Gezogen-, schmerzliches Getriebensein, Nicht-auch-anders-können, Nur-auf-sich-selbst-gestellt-sein, Instinktsicherheit, Urteilsgewißheit, oder wie immer er das Bewußtsein seines Muß umschreiben mag) — es wird ihm nichts Neues sagen; dagegen muß es vollkommen unklar und dunkel bleiben dem ‚sozialen Menschen', der durch die Augen seines Kreises, seiner Gesellschaft, seiner Gruppenspielregel, seiner wissenschaftlichen Sprache und Konvention, seiner nationalen oder politischen Urteile, seiner philosophischen Schulung und Schule Sich Selber zu sehen und zu begutachten gewöhnt ward; daher, indem er zu leben glaubt, lebenslang doch nur von Gesellschaft, Wissenschaft, Sprache usw. gelebt wird!

Vergessen wir ferner nie, daß die Wirklichkeit genannte Weltgeschichte eine Wirklichkeit menschlich-irdischer Sinne ist, die, gleich Konsonatoren aufgespannt zwischen Leben und Bewußtsein, vor Bedrohlichem warnen, das Nützliche auffangen, das Notwendige verfestigen. Hätten wir andere Sinne, so hätten wir andere Geschichte! Wir haben aber andere Sinne in solchen Zuständen, die dem normativen Bewußtsein als unter- oder übernormal nebenherlaufen (z. B. im Träumen, Schlafwandeln, Zungenreden, Ekstase usw.).[1]

Hat nun aber alles Wissen und Wissenschaft nur mit einer normalen Bewußtseinswirklichkeit in vorbestimmenden Bewußtseinsformen zu tun, so wäre es irrig, den Seelengrund, Lebenskern und Wesensknoten selber in der Reihe des Bewußtseinswirklichen zu suchen.

Indem wir Gestalt und Form unmittelbar-anschauend erfassen, stehen wir dem darin zum Ausdruck gekommenen Leben näher, als indem wir sie in Raum und Zeit kausal — verstehen und über sie etwas wissen und aussagen. So kann Geschichte, als Wissen vom Leben, dem Lebenselemente selber nur entfremden, denn nicht durch

---

[1] Daß solche Erlebnisse ‚abnorm', ‚pathologisch' usw. heißen, besagt nichts; denn auch normale Wirklichkeit ist nur konventionelle Auslegung der als ‚gesund' erfahrenen, sich selbst erhaltenden Einheit von Bewußtsein. — Ein Mensch, dessen Seele die aller andern überragt, wird notwendig als ein Kranker betrachtet, mißverstanden, gesteinigt, für wahnsinnig gehalten, als Märtyrer enden müssen.

Erfassen der ‚Inhalte' des Bewußtseins (nicht durch Phänomenologie, Psychologie, Introspektion, Intuition usw.), sondern einzig durch Ahmung in Gestalt und Form erfassen wir Leben.[1]

§ 70. Das Vor- und das Übergeschichtliche.

Ich habe in meiner ‚Ästhetik der Tragödie' dargelegt, warum Tiere und Pflanzen zwar Schicksale aber kein Schicksal haben, zwar ‚schuldsein' aber nicht ‚Schuld tragen' können und mithin nicht tragisch sind. Ich müßte nun die selben Gründe, die ich in jenem Zusammenhange anführte, hier wiederholen, um zu begründen, warum Tiere und Pflanzen keine Geschichte haben.[2] Wenn wir gleichwohl von Geschichte eines Hundes, Pferdes, Baumes usw. reden, so meinen wir damit entweder eine bloße Relation zu unserer Geschichte oder reflektieren die am Naturwesen ablaufenden Ereignisse in die tragende Einheit einer sich gleichbleibenden zeitlosen Persönlichkeit, nach bloßer Analogie unseres logischen Ich.

Geschichte hat jedes Wesen grade soweit als es ein Selbst ergreift. Darum sind nicht nur Pferde, Schafe, Rinder, Bäume, Pflanzen, sondern auch die überwiegende Mehrzahl der Menschen völlig geschichtslos. Man merkt an der leeren Zufälligkeit der meisten sogenannten Biographien, daß der Menschendurchschnitt weniger lebt als gelebt wird (insbesondere kann die sogenannte talentierte, intellektuelle Menschensorte eigentlich alles, so daß man den schicksals- und sendungsvollen Menschen nie an dem erkennt, was er ‚kann' und ‚leistet', sondern vielmehr daran, daß er Bestimmtes niemals können und leisten kann).

Nur der providentielle Mensch besitzt ein ideelles Sinnsystem, um das herum alle seine Erlebnisse sich gruppieren müssen; darum ist die Geschichte der großen Menschen immer nur die Geschichte ihrer Ideale. Die Sache ist eben die, daß Geschichte ein Akt der Sinn- oder Wertgebung des Natürlichen, nicht aber mit dem Natürlichen selber schon gegeben ist. Auch die Natur erhält nur soweit ‚Sinn',

---

[1] Auf ‚Ahmungspsychologie' (Universale Charakterologie), als Lehre vom Vorbewußten, wird also an dieser wie an anderen Stellen immer wieder verwiesen.

[2] Ästhetik der Tragödie. Teil III des ‚Fröhlichen Eselsquell', Berlin 1912.

als wir ihr eine Geschichte geben. An sich kennt die Natur nur blinde Geschehnisse; der Mensch aber macht daraus Ereignisse, indem er das Würfelspiel des Zufalls auszuschätzen und aus dem Sinnlosen Geschichte zu bilden unternimmt. Darum sind die pragmatischen Data der Geschichte als bloße Geschehnisse vollkommen gleichgültig und selbst die ungeheuersten Umwälzungen, wie Eiszeiten, Feuerbrände und Weltendämmerungen würden zu Geschichte erst dann, wenn es gelungen wäre, ihre Zufallsnatur zu eliminieren, somit also an ihnen die logificatio post festum zu vollziehen.

Ein schönes Gleichnis für den Gegensatz des Geschichtlichen zum Vorgeschichtlichen findet man in Goethes Faust, Teil II, am Schluß des 3. Aktes, wo die griechischen Mägde sich zurückverwandeln in Elemente, die einen in Bergwiesen und Laub, die andern in Wellen und Wasser, die dritten in Weinrebe und Rausch; Panthalis dagegen, als die getreue, spricht die Worte:

„Wer keinen Namen sich erwarb noch Edles will,
Gehört den Elementen an; so fahret hin.
Mit meiner Königin zu sein verlangt mich heiß,
Nicht nur Verdienst, auch Treue wahrt uns die Person.“ —

Es gibt nun aber nicht nur ein noch vorgeschichtliches Leben (d. h. ein Leben ohne den Kontrast zum Ideal), sondern es gibt auch ein bereits übergeschichtliches (d. h. ein solches, in dem der aller Geschichte zugrundeliegende und an ihr sich verwirklichende Gegensatz vom Lebensbereich und Wertbereich dadurch überwunden ist, daß das Ideal am Leben sich erfüllte).

Nicht die blumenhafte, fromme Seele, die willenlos Schicksal und Notwendigkeit bejaht, weil sie ja doch nichts daran zu ändern vermöchte, auch nicht der Gott, der gegen Schicksal und Notwendigkeit nicht kämpft, weil er selber Schicksal und Notwendigkeit ist, sondern nur der wertende, urteilende, kämpfende, messende Mensch ist der Träger sowohl der Tragödie wie der Geschichte.

Wie das blumenhafte Leben vortragisch ist, der die Schicksale gestaltende Gott übertragisch, so ist auch das eine vor- und das andere überhistorisch, das eine noch nicht, das andere nicht mehr ‚menschlich‘. Die Geschichte aber ist wie die Tragödie eine spezifisch menschliche Angelegenheit des Wertens, d. h. eine ‚Verwirklichung‘ von Idealen am Lebendigen.

§ 71. Die Notwendigkeitsbilligung.

Es ist unvermeidlich, an dieser Stelle auf einen Tatbestand Bezug zu nehmen, dessen Darlegung an vielen Stellen meiner Schriften des näheren zu finden ist, hier aber eben nur gestreift werden kann, weil er sonst den Rahmen dieser Psychologie der Geschichte zersprengen würde.

Es handelt sich um jenes Grunderlebnis der Religion, das ich als Notwendigkeitsbilligung (amor fati, ἀναγκοσφαγή) zu bezeichnen pflege. Was von religiös ergriffenen Gemütern als Kern ihrer Erfahrung beschrieben wird: die Angst, der Abgrund (βῦθος), das Schaudern, die schlechthinige Abhängigkeit, das Gefühl der Kreatürlichkeit, der Auslieferung (surrender), der Abwertung des Ich, das kosmische Allgefühl, das Verlorensein im Unendlichkeitsgrauen (ἀπειροταραξία), die Geborgenheitssehnsucht, das Bedürfnis nach Sicherheit, oder wie sonst immer dieses Erlebnis benannt wurde), — immer kommt er hinaus: auf die eine Tatsache der freudig getönten Bejahung dessen, was unfreiwillig bejaht werden muß.

Ich habe dies Erlebnis des frommen Gemütes gelegentlich klargelegt am Schicksal eines Kälbchens, das, zur Schlachtbank geführt, vor dem Blutgeruch und Schatten des Schlachtraums instinktiv schaudert und durch keinerlei Gewaltmittel dahin zu bringen ist, weiter zu schreiten; plötzlich aber zur Verwunderung seiner Metzger einen freudigen Schrei ausstößt und gesenkten Hauptes das freiwillig tut, wozu es durch rohe Macht doch zuletzt gezwungen worden wäre.[1] —

Ich lese in der Biographie des Störtebeck, daß, als er und seine mit ihm gefangenen Genossen hingerichtet werden sollten, der Bürgermeister von Lübeck dem Räuber die Erlaubnis gab, in dem Augenblick, wo der Schlag des Henkers ihm den Kopf vom Rumpfe trennte, nach vorwärts zu laufen, vorbei an der Reihe der vor ihm aufgestellten Gefährten, und so vielen, als er ohne Kopf laufend noch vorüberlief, so vielen sollte das Leben geschenkt werden; wobei es ihm denn auch glückte, noch sieben seiner Kameraden zu retten. Diese Beimischung ethischer Aktivität in dem Augenblick des Geopfertwerdens benahm der Hinrichtung ihre Schrecken, so daß der Tod des großen Räubers zum bacchantischen Feste wurde, ähnlich dem Untergange des Amokläufers, der in einer unrettbaren Lage so viele andere totschlägt

[1] Schopenhauer, Wagner, Nietzsche S. 471 f.

als er irgend vermag, bevor die andern über ihn herfallen und ihn totschlagen.[1]

Das Gefühl, als wehrloses Schlachttier zur Opferung geschleppt zu werden, erfährt Lösung und Erlösung also dann, wenn man gleichsam mit beiden Füßen in das unvermeidbare Schicksal freiwillig hineinspringt; wir erleben das stündlich im Kriege; in der Lage des Opfertieres ist aber schließlich jeder ins Leben hinein Gestoßene, denn er muß ja leben wollen, wo, wie, als was und auf wie lange auch immer er zur Welt geboren ward. Sich selber, so wie man zur Welt kam, als gottgewollt zu lieben und auch das ungerechte Schicksal hinzunehmen als unergründlicher Heilsordnung zugehörig, das ist die Forderung frommer Einfalt, wodurch auch der Machtlose ein Selbstgefühl erntet und der Verlorene seine Würde gewinnt. Aber sogar noch die scheinbare Umkehrung des Willens gegen sich selbst (jener von Schopenhauer schön beschriebene, nur im Feuer der äußersten Leiden aufleuchtende Silberblick der Selbstverneinung) gründet zuletzt auf dem Triumph des Lebens, das sich preisgibt, um sich in höherem Sinne selbst zu bewahren.

Die Notwendigkeitsbilligung ist also mit dem Wesen des Lebens selber verknüpft und darum unumstößlich: es wäre unmöglich zu leben, ohne sein geschichtlich gegebenes Ich eben auch zu wollen. Jede beginnende Kritik am Historisch-Tatsächlichen ist mithin auch schon eine Verarmung und Vernüchterung des Lebens und eben darum, (solange als das noch irgend möglich ist), verpönt und auf tausend Schleichwegen hintangehalten. Daher wird man immer wieder die erstaunliche Wahrnehmung machen, daß selbst scharfe und klare Köpfe fortfahren, an den ‚Sinn' im historischen Geschehen zu glauben, wenn ihnen auch noch so deutlich all die sinnlose Irrationaliät des Elements von Geschichte bewußt geworden ist; sie können gar nicht anders, denn es handelt sich hier gar nicht um die logische oder empirische Erkenntnis, sondern einfach um ein unausrottbares, unvertilgbares Herzensbedürfnis, wie es z. B. derb und naiv aus folgendem Ergusse Gottfried Kellers hervorleuchtet:

> ‚Ich könnte gar nicht leben, wenn ich nicht mehr glauben dürfte, daß eher ein Berg einstürzt, als daß ein Menschenleben ohne angemessene Schuld zugrunde geht. Daran allein halte ich mich.' —

[1] Vgl. hierzu in der ‚Ästhetik der Tragödie' a. a. O. die Lösung der Frage, in welchem Falle die Darstellung von Todesqualen ästhetisch-erfreulich ist.

Die ethische Roheit, ja Verlogenheit dieser Annahme, (bei welcher der Überlebende und Erfolgreiche sich selber eine Schuldlosigkeit zubilligt auf Kosten der Unglücklichen und Unterlegenen), sollte denn doch eigentlich für jedermann auf der Hand liegen; dennoch ist diese Art Notwendigkeitsverklärung niemals auszurotten, da es sich um das Erträglichmachen letzter Gebundenheitsgefühle handelt, vielleicht sogar um die Unterhaltung eines Geborgenheitsglaubens, in dem die ganze Aktivität des Menschen wurzelt.

Erst von hier aus fällt das rechte Licht auf meine Lehre von der logificatio. §§ 57—66.

Alle die bekannten Nachweise der Kabbala, Theosophie und Mystik, die Voraussage der historischen Ereignisse aus der Bibel, die Umdeutung von Zahlen, Symbolen, Bildern in historische Realität, alles das mündet zuletzt in logificatio post festum.

Es gibt keine Religion, für welche nicht dieser Zusammenhang der religiösen Heiligung mit Gebundenheitsgefühlen wesentlich wäre; das tritt besonders an der Vorausbestimmungslehre Calvins hervor und am Kismet und Kaf der Mohammedaner, wie denn das Wort ‚Islam‘ soviel wie Ergebung bedeutet; auch könnte man in diesem Zusammenhang an die sehr alte Ableitung des Wortes Religion von religare (= zurückbinden, ligamentum = das Band) erinnern; immer ist der religiöse Mensch vor irgendetwas ‚Zitterer‘ (Quäker).

Es sei hier endlich noch auf unsere Darlegung in ‚Schopenhauer, Wagner, Nietzsche‘ S. 455—476 verwiesen, wo von dem Gegenspiele des Ethischen zu dieser religiösen Hingabe an historisches Schicksal die Rede ist! Das für alle Zeit leuchtende Beispiel schuf hier Fr. Nietzsches Umwertung aller Werte, welche die logificatio unter dem Namen ‚amor fati‘ zur obersten sittlichen Forderung macht (‚Schicksal, dir folge ich freiwillig, denn täte ich das nicht, so müßte ich es ja doch unter Tränen!‘) und vom Übermenschen verlangt, daß er billigen lernen solle: den unentrinnbar umrollenden Ring des Seins, auf alle Ewigkeit, in immer wiederholter Wiederkehr des gleichen Einzelschicksals; worin Zarathustra den ‚großen Mittag‘ der Erdgeschichte sieht.

Damit nun aber ist der Gipfel einer Ethik, die sich in Religion auflöst, erreicht. Alles menschliche Trotzen, Aburteilen, Auswerten taucht unter in billigende Hingabe an Notwendigkeit der Geschichte. Das ist die Sackgasse, in welcher nicht nur die alte Moral, sondern jegliche Moral schlechthin erlischt. Und mit der Möglichkeit aller Ethik auch die Möglichkeit denkenden Lebens! Denn was will der Mensch nun noch? Es stünde gar nicht in seiner Macht, irgendetwas am Weltall zu verändern, sondern alles, was von ihm gefordert werden kann, ist das nachträgliche Janicken zu den brutalen Tatsachen, die auch ohne dieses Janicken sich erfüllen müssen. Der Mensch aber ist durch und durch der Bewohner eines Reiches der Mitte, genannt ‚die Wirklichkeit', als welche nichts anderes ist als die eigenbezügliche Wirklichmachung oder Verwirklichung der Wahrheit am Lebendigen. Die Verwirklichung der Wahrheit am Lebendigen durch den Menschen! Mit dieser Aufgabe steht und fällt er! (§ 2.)

§ 72. Geschichte als Erlösung von Wirklichkeit.

Es ist noch wenig erforscht, in welchem Maße der Vorgang der Erkenntnis oder Bewußtmachung erlebten Lebens einen Akt der Befreiung von diesem Leben in sich schließt, um nicht gar zu sagen einen Akt der Abtötung dieses Lebens selbst.

Überall scheint mir die Abstellung eines Erlebnisses in einen Bereich der sachlichen Zeit- und Raum-Wirklichkeit eine Erlösung von dem Erleben selber zu verbergen, indem das Erleben bewußt gemacht (d. h. entwirkt) wird, im selben Maße als es bedrohlich und bedrückend ist.

Daraus nun schließe ich auf eine Heilkraft der geschichtlichen Selbstbesinnung! Und diese scheint mir der eigentliche Kern alles Interesses an Geschichte zu sein, so daß wir also in der Geschichte nicht so sehr die Wiedergabe des wirklichen Lebens, als einen Vorgang der Befreiung von diesem Leben vermittels seiner Wiedergabe und Verwirklichung zu suchen hätten. Nach unserer Auffassung ist schon die ‚Wirklichkeit' selber ein solcher Befreiungsakt des Lebens von sich selbst. . . .

Wenn man sieht, wie die entsetzlichen, sinnlosen, irrsinnigen Gegebenheiten des Lebens von hintennach zu Geschichte umgebogen werden und sich dann schließlich in der Geschichtsüberlieferung so harmlos und einfach lesen, als sei aller Schmerz und alle Not und das ganze Leiden der Seele davon abgestreift (ähnlich wie die großen Ströme allen Schmutz und Unrat der Menschen willig in sich aufnehmen und zuletzt doch in die eine klare, lautere Woge verwandeln); wenn man sieht, wie alles von nachhinein dann wie ein bunter, spannender Roman sich liest, was doch so schmerzlich und rauh zu erleben war, so könnte man wohl auf den Gedanken kommen, daß der Mensch mit der Geschichte nicht die Wiedergabe seiner Lebensereignisse bezwecke, sondern grade das Umgekehrte: seine Ausheilung und Erlösung von allen den quälenden Begegnissen seines Geschicks.

So wie im Leben der Person das Gedächtnis beständig die Geschehnisse verklärt und vergoldet, so daß unsere Vergangenheit auf Kosten der Gegenwart Licht empfängt und Hoffnung wie Erinnerung über die Stunde hinübertrösten —, wodurch die Seele alles Störende verwindet und ihre Wunde vernarben läßt, — so ist Geschichte als Erinnerung des Menschengeschlechts auch nur ein heilsamer Akt der Selbsttäuschung. Daher stammt die allgemeine Erfahrung, daß das Gräßliche, Grausame, Sinnlose der Geschichte nach einigen Geschlechtern verschwindet, bis man von blutigen Barbareien und Metzeleien zuletzt wie von alten Märchen liest und wohl gar wünscht, mitten in solchen ‚Heldenzeiten', wie der gegenwärtigen, gelebt zu haben. Ja, wir bemerken sogar eine Art von Vergemütlichung, ein Herabmildern alles Schwer-erträglichen und Tragischen im Verlauf der geschichtlichen Überlieferung. Ganz besonders tritt uns das in der Geschichte der Gedanken vor Augen! An ihnen modelt ein lebensfroher und lässiger Geist, der das Unbequeme, Störende und Umstürzlerische, das Neue und Aufregende nach Möglichkeit vergewöhnlicht und ausgleicht. Dazu dient ihm zunächst das Ignorieren und Sekretieren, Übersehen, Totschweigen, Verbieten oder Augenschließen. Geht es damit schließlich nicht mehr, so arbeitet er daran, das Unbequeme oder den Unbequemen historisch zu machen. Er beeilt sich zu versichern, daß man ‚den berechtigten Kern vollauf anerkenne und nur die Übertreibung ablehne' und bringt das Unbequeme dort unter, wo es schon, dank der Masse ähnlicher oder verwandter Erscheinungen, seine Seltenheit und Wirkungskraft einbüßt und gleichsam historisch versaufen kann, als etwas nunmehr Gewohntes und Gewöhnliches, um das sich niemand fürder aufzuregen brauche.

Wenn also wirklich einmal die Natur einen seltenen und einsamen Geist hervorbringt, damit er dem Menschengeschlecht die ganze Schwere und Dunkelheit, Tiefe und Widersinnigkeit seines Lebens mit unerbittlicher Klarheit vor Augen stelle, also einen, der mit Kunst oder Philosophie wirklich letzten Ernst macht, dann sind sofort die legendenschaffenden Vermittler und Verwässerer bemüht, das Ungewöhnliche gemütlich, das Unerbittliche mundgerecht zu gestalten, den Problemen ihre Schwere, dem Ausdrucke die Energie, der strengen Wahrheit ihre Herbe und der Erkenntnis ihre Stachel zu nehmen, bis dann zuletzt von dem tragischen und unerkannten Leben so eines Schopenhauer oder Nietzsche, Tolstoi, Strindberg oder Poe gar nichts übrig ist als die Verdünnung, die man Geschichte der Literatur nennt, in Haus- und Lehrbücher aufnehmen, vom Lehrpult gefahrlos darbieten, von der Kanzel anführen, im Salon genießen und beim historischen Gedenkfest beschwätzen kann. Dadurch wird die Unruhe angesichts des Seltenen und Echten glücklich hintangehalten und eine wahre Dankbarkeit bemächtigt sich der vom Genius dank der Gelehrtenarbeit erlösten Menge, wenn bewiesen ist, das der Große genau das selbe gedacht habe, was Hirt und Herde denkt, und genau ebenso Einer gewesen ist, wie der Herr Rat und der wirkliche Herr Rat und des wirklichen geheimen Herrn Rates Schwiegersohn. Geht es aber auf keine andere Weise, nun! so muß man eben das Beunruhigende zu Tode *erklären*: z. B. als für ‚sehr bedeutend, *aber* . . .', — womit die Angelegenheit sich befriedigend erledigt und die Pflicht der herben Nachfolge abgewendet wird. Das wäre die Art, wie man mittels Geschichte sich von Tatsachen *erlöst*! Man kann durch Anerkennung den Schauder und Schrecken vor Größe in Wissenschaft ertränken, bis alles hübsch historisch ein Schriftstellerthema, ein sinnvolles Spiel geworden ist. Darum kommen auf einen, der sich mit der Sache abgibt, immer tausend, die sich mit ihrer *Geschichte* abgeben. Das ist Menschenart, sich zu schützen und zu erlösen.

§ 73. Bemerkungen über den Geschichtsunterricht.

‚Das Beste, was Geschichte geben kann, ist der Enthusiasmus.'

Goethe.

Es mögen hier einige Worte stehen über den Unterrichtsgegenstand: Geschichte, der an allen öffentlichen Schulen dem widerstandslosen Gehirne eingehämmert wird, entsprechend der Glaubenslehre, damit schon in zartester Kindheit dasjenige Vorurteil angepflanzt werde, das im Gesichtskreis der jeweiligen Staats- und Lebensformen liegt; also z. B. im gegenwärtigen Deutschland unter Namen wie Manneszucht,

Vaterlandsliebe, Bürgerpflicht usw.: eine höchst zweifelhafte Freude an Soldaten- und Kriegsspielerei, ein geistloser Kadavergehorsam gegen Organisation, eine kleinherzige Ehrerbietung vor Röcken, Uniformen, Ämtern, Titeln und Traditionen; eine sentimentale Rücksicht vor Vorzugsrechten des Besitzes und der Zufallsmacht; und dazu ahnungslose Selbstüberhebung gegenüber fremden Nationen (zumal Verachtung der englisch sprechenden Menschheit) und ein ewiges Herumwerfen mit idealen Grundsätzen, hinter denen nichts als die brombeerbillige Selbstsucht brennt.

Was wir unter dem Namen Weltgeschichte den Kindern auf der Schule darbieten, dieser gräßliche Wust von Papst-, Kaiser-, Städte- und Ländernamen, Jahreszahlen, Gedenktagen, zweifelhaften Zusammenhängen, veralteten Gesetzen und Verfassungen, das ist für das Gehirn eine künstlich geschüttete Salpeterplantage unerlebter und gar nicht mehr erlebbarer Gewesenheiten. Und alles das, um den zarten wehrlosen Gehirnen diejenigen Wünsche und Richtungen einzubrennen, die dem jeweiligen Staate und seiner Regierung angenehm sind! Wenn schon die Besetzung der Ämter und Lehrstühle in nicht exakten Fächern ohnehin selten erfolgt gemäß dem Werte der persönlichen Seelenart, sondern meist auf Grund derjenigen Gesinnung, in welcher die Machthabenden und somit Machtgebenden die Bestätigung ihrer Vorurteile erblicken, so ist vollends die Schulprüfung in Geschichte zuletzt eine nackte Gesinnungsprüfung! Was an exaktem Gehalt in der politischen Geschichte steckt, das könnte zwanglos an andere Wissenschaften, wie Volkswirtschaftslehre, Staatskunde, Bürgerkunde, Rechtskunde, Erdkunde usw., aufgeteilt werden; es bedürfte dafür nicht des Faches, wie es denn allemal eine heikle Sache ist, die auf Gesinnung und Gemütsbildung abzielende Erziehung einem Lehrfache anzuvertrauen. — Aber nicht hier ist der eigentliche Mißstand des Geschichtsunterrichts zu suchen. Seine schlimmere Gefahr ist die, daß er die ganze Oberflächlichkeit der ‚allgemeinen Bildung‘, eine leichte, seichte Befriedigung der Wiß- und Neu-begierde und jene Lesewüstheit erzüchtet, die den philologisch-historischen Wissenschaften überall anhaftet. Das geschichtliche Studium befördert eine Kunst des Nicht-genau-hinsehens und Darüber-hinweg-redens, die jedem ganz und ernst von der Sache Durchdrungenen die sogenannten historischen Kenner der Sache oft unerträglich macht, z. B. dem tiefbewegtem

Künstler die Kunsthistoriker, dem religiösen Gemüt die historischen Theologen, dem denkendem Staatsmanne die politischen Historiker. Denn Vereinfachung, nicht aber Aufhäufung der Gegenstände und Tatsachen tut dem Menschen not. Der Historiker gewöhnt sich eben an Beschäftigung mit Menschen und Werken, auf die er kein Seelenrecht hat, zu denen er schon darum keine notwendige Beziehung haben kann, weil ihm, wie im Wandern durch eine Gemäldeausstellung, jeder starke Eindruck sofort von einem neuem, stärkerem verdrängt wird. Der treue, zuverlässige, gründliche Mensch kann nur zu einem kleinen Kreise von Büchern, Bildern, Menschen in persönlichem Verhältnis leben, diese dann aber ganz und nach allen Richtungen sich einzuverseelen suchen. Er wird zu dem ein Mal als wesentlich Erkannten immer wieder mit zäher Geduld zurückkehren, treu, weil er sich selber treu ist. Der historische Kopf aber ist ein Schmetterling, der aus jeder Blume Honig nascht und keine wahrhaft kennt. Für ihn gilt vor allem Bacos Satz: knowledge is power; aber nicht die Macht, sondern Wesensschau ist letzte Frucht der Erkenntnis (§ 76). Das historische Studium ist somit eine bequeme Art, um mit dem Wissen um und über die Gegenstände die mühevolle Erkenntnis der Gegenstände selbst zu umgehn; daher denn dem historischen Kenner eine gewisse Uferlosigkeit, Unverschämtheit und Anmaßung anhaftet. — Ein verwandtes Seitenstück besitzt das ‚historische Interesse‘ an dem heute überschätzten sogenannten psychologischen Interesse, denn auch dieses ist ein nebenzuordnendes Machtmittel für den neugierigen, anstelligen, energischen Willen, der zur eigentlich wesenhaften und tiefen Inschau sich nicht eignet. Solch ein ‚psychologisch Interessierter‘ entwöhnt sich des sachlichen Zuhörens und Erfassens und bleibt außerhalb und über der Sache, indem er (besonders gern unter Verwendung modischer Formeln wie: Psychoanalyse, Charakterologie u. dgl.) immer darauf aus ist, zu erkunden, aus welchem Muttergrund, Beweggrund und Zusammenhange die von ihm vernommene Meinung wohl kommen möge. Indem er die Frage nach dem Wie des Zustandekommens stellt, geht ihm aber die Sache verloren. Somit ist beides, das historische wie das psychologische Interesse, der Herrschaftsbereich der Geister zweiten Ranges, denen mehr um die Bemächtigung als um das Wesen der Dinge zu tun ist, während eigenschauende und edlere Naturen gegen beide Geistesarten oft Widerwillen hegen. —

Die Grenze dieser Andeutungen und die wesentlichere Ergänzung, wie auch der Geschichtsunterricht fruchtbar und ergiebig zu gestalten wäre, wird der Leser im dritten Buche finden.

XIII. Der schöpferische, der schaffende, der geschichtliche Geist.

§ 74. Erläuterungen.

1. Unter schöpferischem Geist verstehe ich eine das Gesamtleben gestaltende Wesensart, welche weder durch Merkmale eines besonderen Schaffens oder Leistens noch durch solche des Wissens oder Verstehens zu erfassen, sondern nur als einfaches Sein zu erläutern ist, worin angedeutet liegt, daß es sich nicht um gesellige Beziehungen der Kultur, sondern um eine vielleicht auch in einsamer Wüste lebendige höhere Art des Lebens handelt. Ob, wie weit und in welcher Weise diese auch gegenständlich sich versinnlicht, das ist eine Frage zweiten Ranges; auch ist es unwahrscheinlich, daß das schöpferische Wesenselement in der Geschichte Spuren hinterläßt, wofern nicht zufällig die sekundären Eigenschaften des schaffenden oder geschichtlichen zu dem schöpferischen Vermögen hinzutreten.

2. Unter schaffendem (produktivem) Geist verstehe ich jede Art außerordentlichen Könnens und Leistens, insbesondere in den schönen Künsten, in der Poesie, in den Wissenschaften, wobei das Individuum hinter einem gegenständlich gewordenen Werke oder Werte zurücktreten, ja als bloßer Träger großer Werke und Werte, die sich ihrem Schöpfer gegenüber verselbständigen, wirksam werden kann.

3. Unter geschichtlichem Geist ist alles zu begreifen, was weder schöpferisch-eigenlebendig noch schaffendes Auswirken, sondern im engeren Sinne Arbeit ist (z. B. Experimentieren, Aufsammeln, Einordnen, Beschreiben, Erforschen in den Erfahrungswissenschaften, nicht minder alle altertümelnde, antiquarische, genetische, historische Einstellung).[1] Die Quelle dieser dritten Art Geistigkeit ist Übermächtigungswille. Er übermächtigt nicht in Art des schaffenden Geistes (nachbildend, verdichtend, symbolisierend), sondern indem er logisch-ordnet, verstandesmäßig-zurechtweist.

---

[1] Ich benutze hier das Wort historisch (*ἱστορέω*, *ἱστορέομαι*, erkunden, wissen) mit einer denominatio a potiori im Sinne von wissenschaftlich überhaupt.

Die gemeinten Gegensätze mag man mit anderen Begriffen umschreiben; wichtig ist nur, daß sie gesehen werden.

§ 75. Über die Fragwürdigkeit des Schaffens.[1]

‚Wir achten oft bei aller Freude an dem Werke seinen Schöpfer gering, gleich wie Farben und Purpurstoffe uns wohlgefallen, während wir doch die Farbenköche für gemein und niedrig halten.‘

Plutarch, Perikles c. 1.

Wäre es möglich, daß das schöpferische Element des Lebens den gewaltigen Werkzeugapparat der Kultur erschafft, dieser aber seinerseits das schöpferische Lebenselement selber überwächst und aufzehrt?

Wäre es möglich, daß die Summen zahlenmäßig einzuschätzender Sachwerte den Einzigkeitswert lebendiger Seele so überwuchern, daß der in Genossenschaft und Geschlossenheit gleichsam eingekäfigte Zivilisationsmensch allmählich für allgemein-gesellschaftliche Zwecke verbraucht wird?

Wäre es möglich, daß aus dem Schöpfer alles Wertes zuletzt der bloße Träger von Werten werden kann? . . .

Es gehört zu den erschütterndsten Erfahrungen, die das Leben in der Welt des schönen Geistes uns aufspart, daß wir zuletzt entsetzt bekennen müssen, daß die unreine Verächtlichkeit, Dürftigkeit, ja Nichtswürdigkeit persönlichen Menschentums ohne weiters dort übersehen und geduldet wird, wo die Person als schaffende, könnende, erfolgreich-wirkende auf bedeutende Leistungen verweisen kann, so daß insbesondere auf allen Gebieten, die zur Unterhaltung oder veredeltem Genusse des Menschen dienen, schließlich die zweifelhafteste Persönlichkeit als Hersteller ganz vortrefflicher Werke, ja sogar seelenlose Seele als Träger seelenvoller Ware sich auftun kann.

Man könnte daher die inhaltsschwere Frage aufwerfen, ob die sogenannte Kultur als Träger ihrer erhabensten Sachwerte nicht etwa grade ausgelaugter Menschen benötigte, indem ein Leben, das aus sich selber nicht viel offenbart, erst von seiten sachlicher Allgemeingültigkeiten eine Würde empfängt.[2]

---

[1] Zum Verständnis des sehr wichtigen § 75 sei verwiesen auf ‚Europa und Asien‘ Kap. V u. VI.

[2] Daß grade die sachlichste Sphäre am sichersten der Einzigkeitsbedeutung des Persönlichen entraten, ja der Person sich nur als vertretenen Symbols

Es wäre möglich, daß zwischen den sicheren sachlichen Werten einerseits und den zweifelhaftesten Seelentümern andrerseits eine gewisse fatale Wahlverwandtschaft bestünde. Jedenfalls darf man nicht das von einer Person Geleistete ohne weiters als Ausdruck ihrer Eigen- und Wesen-heit hinnehmen. Vielmehr hätte man zu erfragen, ob etwa ein Wunschbild, ein Wille zum Gegenich, ein Selbstausheilungsbedürfnis, ein Vorgang innerer Ökonomie, eine Selbstbestätigung, Selbstsicherung hinter ihrer objektiven Geistes- oder Bewußtseinsleistung zu suchen sei. Auch gibt es Seelen, die an ihren Leistungen verbluten und grade bei Geistern von höchstem Range, wie z. B. bei Kant, gewinnt man die quälende Erkenntnis, daß sie als menschliche Persönlichkeit durch ihr eigenes Werk schließlich erdrückt oder aufgebraucht worden sind.[1]

Über dieses Auseinanderfallen von Werk und Träger täuscht wohl die Tatsache, daß jedermann als öffentlicher Mensch sich auf Persönlichkeit sozusagen stündlich einstellen muß. Ein Individuum, welches sich in seinen Verrichtungen oder öffentlichen Amtierungen als heldenhaft, kraftvoll, harmonisch und so fort darbietet, braucht darum die von ihm dargebotenen Eigenschaften nicht als einfältige Seele zu besitzen. Wer die nahe Bekanntschaft öffentlicher Größen, berühmter Schriftsteller, Gelehrter, Politiker usw. macht, wird nur in den wenigsten Fällen in den Menschen die Erfüllung und Bestätigung ihrer Werke finden. Nur in seltenen, echten, genialen Naturen (deren Erkenntnis oft unmöglich ist) ist das Schaffen und Formgeben eine von frühauf notwendige unmittelbare Preisgabe ursprünglicher Natur; im allgemeinen jedoch machen diese Talentierten und Gebildeten eigentlich alles: nicht nur ihre Werke, sondern sogar ihre Ichs.

Für diesen wunderlichen Tatbestand gilt ein bitteres Wort Oskar Wildes: Wo zwei Europäer einander begegnen, da sagen sie ‚how do you do?‘ (Was machen Sie?); gerade als ob alles gemacht würde.[2]

---

bedienen kann, haben wir S. 25 u. 105 dargelegt. Vgl. dazu auch § 18. Ferner ‚Philosophie als Tat‘ S. 91.

[1] § 50.

[2] Übrigens ist bezeichnenderweise im gegenwärtigen Deutschland die schnoddrige Formel m. w. (machen wir) zum Grußwort gewisser Kreise geworden; neben dem Worte ‚Mahlzeit‘ offenbar der passendste Nationalgruß. Hierher gehört auch jene komische Art von Lob, die bedeutenden Könnern,

Käme es auf sachliches Werken an, so wäre grade für die tiefsten, schönsten Menschen alle Wirkungsmöglichkeit ein für allemal verbaut. Wer ein ganzes Leben lang geschrieben, geredet, gelehrt, geschaffen, gearbeitet, gedient hat, der steht zuletzt, mag er noch so wesenhaftes Werk hinterlassen, vor der selbstverneinenden Erkenntnis, daß er sich selber vielleicht besser erfüllt und geehrt hätte, wenn er überhaupt nichts geleistet hätte, und daß es durchaus entscheidend ist, daß grade nie tiefsten, höchsten Menschen auf Erden (Jesus, Buddha, Sokrates, Laotse) nicht eine einzige geschriebene Zeile hinterließen, ja vielleicht überhaupt nicht schaffen, leisten und im öffentlichen Sinne wirken konnten.

Auch das Vortrefflichste, Bedeutsamste und Wertvollste ist schon in tausenden Werken gesagt, geleistet und geschaffen worden. Die vorhandenen Wissenschaften und Künste des Abendlandes stehen, was bloßes Können und Leisten anbetrifft, auf letztem Gipfel der Leistungs- und Werkfähigkeit.

Wie aber Düfte einer Duftstofffabrik beschämt verblassen vor einem unscheinbarem wurzeleigenem Veilchen, so sinkt die Kulturwelt ungeheuerlicher Leistungen, deren eine immer die andere in sich aufzuheben trachtet, kläglich zusammen, sobald schöpferisches Leben nichts mehr will als sich selbst. Und grad die Unbedeutendheit oder Primitivität von Leistung kann zum Echtheitszeichen schöpferischer Kräfte werden. Ja, die Tatsache, daß jemand überhaupt nichts zu ‚schaffen‘ vermag, könnte ein Gipfel von Geistigkeit, Klugheit, hoheitsvoller Überlegenheit sein, da zum Schaffen, zumal auf Gebieten der schönen Künste, immer eine rechte *Enge*, ja, um es grob zu sagen, eine natürliche oder künstliche Dummheit notwendig ist.

Wie wenig geleistetes Werk gegenüber der Einfalt schöpferischen Lebens zu bestehen vermag, zeigt jeder Vergleich hoher und eigenwertiger Naturen mit den Verdiensten der bloß Schaffenden.

In der Philosophie sind die Werke Platos, Spinozas, Schopenhauers im Vergleich zu manchen modernen Leistungen von geradezu klobiger Begrifflichkeit. Dennoch werden Plato, Schopenhauer, Spinoza mit vollem Rechte unsterblich weiterleben, wenn alle der Scharfsinn, die Begriffstechnik, die Zerlegekunst und Feinwirkerei viel besser-aus-

Künstlern, Gelehrten mit Vorliebe gespendet wird: Dieser Autor hat ein Werk geschaffen, das er nicht mit *sich selbst* gestört hat.

gerüsteter und schärfer-unterscheidender Köpfe längst verschollen ist. Und warum? Einzig darum, weil bei jenen schöpferischen Naturen ihr Stück persönlichster Notwendigkeit schlicht gestaltet, dargelebt, geoffenbart ist, während diese weit Bedeutenderen und Widerspruchsloseren ihr Stück Natur im Dienste geistigen Zwecks mißbrauchten und verbrauchten.

Es wäre aber auch möglich, daß die lebendige Offenbarungskraft von Kunstwerken oder Systemen überhaupt nichts mit logischen, ethischen, wissenschaftlichen oder sonst welchen Bedeutungen ihrer Schöpfer zu tun hat, so daß möglicherweise die tiefsten Dämonen, weltbeherrschenden Kräfte, elementaren Gewalten der Erde in den Formen des Irrtums, der Schwäche, der Sünde, der Armut, des Unsinns, ja des Wahnsinns sich auswirken.

Wie immer dem nun sei, keinesfalls kann man den Sinn des Menschenlebens darin suchen, daß der Mensch den Gipfel der Selbstenteignung zugunsten von Leistungen erreicht. Vielmehr sollte angesichts alles Geschaffenen die Frage gelten: Hat der Mensch das aus sich selber herausgestellt? Oder spricht daraus sein Beruf, sein Gelese, sein Kopfwerk, sein Gesellschaftskreis, seine Sprache, sein Zeitalter? Wenn man so fragt, dann entdeckt man, daß die meisten eben die Sklaven von Leistungen sind. Betrachten wir diese ewige Leisterei und Könnerei, so gewinnen wir den Eindruck, als ob alles darauf ankomme, sich selbst zugunsten der sogenannten großen Dinge dahinzugeben.

Wo immer Bedeutung gesucht wird, da verkörpert der Mensch die entsagende Richtung auf Träger- und Lehnsmannschaft gegenüber objektiver Wertwelt und Verfestigung des unsicher schwankenden Ichs im Übertragbaren sachlichen Kulturguts.

Lassen wir uns über die bittere Tragik dieses Wertverhältnisses nicht täuschen durch den ruchlosen Individualismus europäisch-amerikanischer Prägung.[1]

[1] Im Gegensatz zu Asien! (‚Europa und Asien' Kap. IX). Es ist der Kern der Weisheit des Ostens, daß man dort den Wahn des Ichgedankens nicht kennt. Brahmanismus und Buddhismus sind erfüllt von der Scheinbarkeit der Person und der Außerweltlichkeit unsres wahren Wesens. Die Upanischaden kennen kein Ich und Du (tatwamasi); der Inder spricht nicht von einem besonderen Ich, sondern nur von dem Ich (attā). Die Sprachen Chinas und Japans haben kein Fürwort der ersten Person.

Grade das Pochen auf ‚Persönlichkeit‘ ist illusionärer Ausgleich für die Verdinglichung der Seele in Raum- und Zeit-form. Das menschliche Gehirn kann nicht im gleichen Zeitmaß sich fortentwickeln wie seine Leistung. Die Hand, welche ein Auto, ein Flugzeug, eine Bobbinetmaschine, einen Bechsteinflügel meistert, ist keine andere Hand als die eines Urmenschen aus der Steinzeit.[1]

Man hat daher mit einigem Rechte behauptet, daß die Menschen immer in der selben Richtung an Geist verlieren, in welcher die von ihnen geschaffenen Werke geistvoller werden. Nicht das Seelische in verschämter Einzigkeit, sondern der Mensch als öffentlicher Nenner sachlicher Bewährung wird eingeschätzt. Wir ersticken schließlich unter einem Berge objektiver Werte wie unter dem Aschenregen verkohlten Lebens. Immer stirbt das Bessere am Übermaße des Guten. So wird die Seele des Abendlands Opfer der Kultur.[2]

Dem schönsten Augenblicke der europäischen Geschichte (4. August 1789) folgte ihr ruchlosester (4. August 1914). Da empörte sich Maschine gegen Maschine. Der Mensch wurde willenloses Füllsel! Sechzig Millionen, jeder schuldig an jedem, taten einander, was keiner wollte. Die bloße Tatsache, daß wir dieses Zeitalter überdauern, behaftet auch den schuldlosesten mit unaustilgbar brennender Scham.

Im Anschluß an § 75 seien endlich einige letzte, schon § 64 angedeutete Fragen erneuert.

Könnte die Welt der Werte Ersatz für fortschreitende Verarmung und Ernüchterung des Lebens sein? Ist das Dinglich-Gegenständliche

---

[1] Die ‚Organprojektionen‘ schreiten also rascher vorwärts als die Organe selbst. (‚Philosophie als Tat‘ S. 31 ‚Wissenschaft als Kraftökonomie‘.)

[2] Daher fühlen wir nicht, daß der Individualismus den Menschen unfrei macht, während der Weg zur Freiheit (nicht grundsätzlich, aber im konkreten Falle) über die soziale Gleichheit führt. Der von ‚Persönlichkeit‘, ‚Selbstbestimmung‘, ‚Autonomie‘ ganz angefüllte Europäer würde glauben, ein wichtiges Stück eigensten Wesens dadurch preiszugeben, daß er an Stelle der heute bestehenden kraftvergeudenden Eigenbrödelei äußerer Wirtschaftsform neue kommunistische Wirtschaftsformen für Mann, Frau und Kind zu verwirklichen suchte. Grade das beweist Unpersönlichkeit! Er kennt nicht die Not tiefer persönlicher Sehnsüchte, die nur durch sozialisierende Regelung und bewußten Haushalt äußeren Lebens zu ihrer Befriedigung gelangen können.

das Grabmal des Lebendigen? Sind Werte möglicherweise Selbstausheilung eines Lebenssiechtums? Sind Ideale Ersatzmittel für erkaltenden Lebensrausch?

Kann das Bereich des logisch-ethisch-ästhetisch Wertvollen vom Leben sich abschnüren und das Leben so in sich aufheben, daß das Logische Rechtfertiger des Irrtums, die unsittliche Gesinnung zum Gerüst sittlicher Normen, das unschöne Leben zum Nutznießer der Schönheitswerte werden, daß mithin am Werthöchsten sich das Niedrigste, im Wertniedrigsten das Höchste offenbaren muß?

§ 76. Der geschichtliche Geist.

Während schöpferischer Geist nicht anders schafft, als wie Vögel ihren Gesang, Blumen ihre Düfte verströmen; der Schaffende aber einem bewußten Baumeister vergleichbar ist, welcher nach vorgefaßtem Plane mit Zirkel und Richtscheit seine Gewölbe baut, ist der wissenschaftliche oder geschichtliche Geist nichts anderes als der treueste, fleißigste Handlanger. Darum eben ist das Feld der Wissenschaft unbegrenzt und der Verstand eines wissenschaftlichen Menschen ebenso uferlos, wie der des Schaffenden einseitig zu sein pflegt. Dem entspricht auch der wunderliche Hochmut der Wissenschaft, ein Hochmut der grenzenlosen Macht, welcher alle schöpferischen Seelen und schaffenden Geister am Bändel zu haben glaubt, weil er sie alle übersieht, von allen etwas weiß, ihrer aller Grenze nachweisen und ihre Formen zerbröseln kann.

Daß den Wissenschaften und wissenschaftlichen Geistern trotz aller ihrer Wichtigkeit gegenüber den beiden anderen Geistesarten etwas Niedriges anzuhaften scheint, ist wohl darin begründet, daß Wissenschaft im wörtlichen Sinne mittelmäßig, d. h. immer nur mit Herbeischaffung des menschlichen Organon, also im Dienste des Macht- und Lebens-willens beschäftigt ist. Der wissenschaftliche Mensch ist nur ein dienendes Glied der menschlichen Gesellschaft, weswegen sein Leben aus lauter funktionellen Verknüpfungen bestehen kann, daher man wohl meinen könnte, seine Größe beruhe darauf, daß einer mit einem Gehirne zuwege bringt, was man ohne seine Lebensarbeit sich wohl auch auf ein Dutzend Gehirne oder, in den Fällen der größten Leistung, auf ganze Generationen von Gehirnen verteilt denken könnte; dagegen kann man nicht unter die Büste des wissenschaftlichen oder historischen Menschen den Spruch setzen, den man unter Rousseaus Büste schrieb: ‚Die Natur schuf ihn und zerbrach den Stempel.‘ Daher steht die Wissenschaft in einem gewissen Gegensatz zum religiösen, ästhetischen und künstlerischen, aber in Verwandtschaft zum sozialen, moralischen und ethischen Leben. Ja es haftet ihr ein gewisser demokratischer, gemeiner Zug an.

Befragt man einen für Geschichte kennzeichnend begabten Kopf nach wichtigen und großen Lebensfragen, so wird er sogleich aufs genaueste anzugeben wissen, was dieser und was jener und was ein dritter darüber geäußert, wer alles darüber ‚gearbeitet‘ habe, und welche Bücher über den Gegenstand geschrieben sind; ja womöglich weiß er den Druckort, den Namen des Verlegers, das Jahr des Erscheinens und die Anzahl der Auflagen. Eine solche Geistesart findet man bei tüchtigen, energischen, auf Ehrgeiz und Leistung gestellten Naturen; aber sie ist arm an Anschauung und an Phantasie; eben darum wirft sie sich mit Vorliebe auf die schönen Künste; immer neue Büchereien anhäufend, ebenso gebildet, gediegen und bedeutend, als langweilig und im letzten Kerne unnotwendig.

Zum Schluß von Kap. XIII sei ausdrücklich gesagt, daß die Trennung des schöpferischen, schaffenden und geschichtlichen Geistes nichts als künstliche Handhabe für seelenkundliche S i n n g e b u n g ist; denn in jedem guten und glücklichen Falle ist der schaffende wie der wissenschaftliche Geist Ausdruck des dahinter blühenden Lebens und im erfreulichen, wohlgearteten Menschen sind die drei Geistesarten untrennbar vereint.

XIV. Über Politik und politische Geschichte.

§ 77. Über ‚Realpolitik‘.

,non paranda nobis solum, sed fruenda sapientia.
Cicero.

Man ist davon überzeugt, daß Geschichte und Politik in einem besonders nahem Verhältnis zueinander stehen, sei es, daß man, wie der deutsche Geschichtsforscher K. L. Schlözer (1735—1809), die Geschichte als bloße Vorschule der Staatswissenschaften, die Politik aber als angewandte Geschichte erläutert, sei es, daß man, gleich dem englischen Geschichtsschreiber Freeman, umgekehrt alle Staats- und politische Wissenschaft in Geschichte einmünden und daher Politik nur als fortgesetzte Geschichte, Geschichte als Politik der Vergangenheit zu kennzeichnen unternimmt.

Dieser angeblichen Verwandtschaft von Politik und Geschichte widerstreitet es, daß Geschichte nur anschauliche, sozusagen bei bestimmtem Wetter und Wind eingetretene, in genau der gleichen Art sich nie wiederholende Begebenheiten darstellen kann, (für welche möglicherweise überhaupt keine allgemeingültigen Gesetzmäßigkeiten nachweisbar sind), während Staatskunde eine Wissenschaft mit allgemeingültigen Gesetzen, im Grundbegriff wenigstens auf zeitlose Wahrheit hinzielt.

Diese bloß betrachtende Natur der Politik wird vom üblichen Praktikerdünkel freilich bestritten. Sein Zauberwort lautet: Realpolitik. ‚Die Realpolitik verfügt von Fall zu Fall.' ‚Die Realpolitik ist Wissenschaft vom Möglichen.' ‚Die Realpolitik muß sich die Entscheidungen vorbehalten', solche und ähnliche Binsenwahrheiten werden mit unendlichem Hochmut zu unendlichen Malen wiederholt.

Mit alle dem wird immer nur gesagt, daß Rechtbehalten und Sichdurchsetzen um jeden Preis den ganzen tatsächlichen Inhalt von Staatskunst ausmache. Nun kann aber keine Macht oder Gewalt angestrebt werden, ohne daß damit Gesetze geltend gemacht werden. Gesetze aber werden von auswertender Vernunft als richtig oder unrichtig beurteilt; darum ist nicht abzusehen, wie denn Politik es eigentlich anfangen sollte, nicht theoretisch zu verfahren.[1]

Kant schrieb 1793 eine spöttische Betrachtung über den Gemeinspruch: ‚Das mag in der Theorie richtig sein, taugt aber nicht für die Praxis', hinter welcher Redensart die kurzsichtige, immer auf Gegenwart beschränkte, unklare Theorie sich gegen gründliche und weitblickende zu verschanzen pflegt, indem sie eigentlich doppelte Vernunft erfordert, die eine für theoretische und die andere für praktische Leute, welche schließlich so praktisch werden, daß sie überhaupt nicht wissen, zu was sie denn praktisch sind.

Echte Staatskunst bedurfte stets der letzten gedanklichen Begründung, weswegen in den Rat und zur Herrschaft gern die Weisesten und Einsichtigsten, mindestens die Erfahrensten und Ältesten berufen wurden, (während man im Abendland von Angelegenheiten, die nicht-

---

[1] Wertaxiomatik S. 39, 87.

politisch sind, wohl zu sagen pflegt, sie seien Angelegenheiten mehr für Weise und Philosophen, woraus hervorzugehen scheint, daß diejenigen Angelegenheiten, die politisch sind, eben nicht für Weise und Philosophen taugen).[1]

Wenn in Preußen gelegentlich ein Minister oder Rat den Kant oder Fichte anführt, so warnt der Tagesschreiber, die Politik gerate in Gefahr philosophisch zu werden, und wenn die Praktiker, welche ‚die Geschäfte der Nation' besorgen — (Advokaten, Literaten, Publizisten, Aktionäre, Bankiers, Parlamentarier usw.) —, sich recht etwas Schönes antun wollen, so versichern sie einander, daß sie keine Theoretiker seien, womit gesagt sein soll, daß sie den Schwindel verstünden. Auch sind von der Gegenseite her Europas ‚Philosophen' (Professoren und Doktoren der Philosophie) ängstlich darum bemüht, nur um des Himmels willen nicht praktisch genommen zu werden, sondern vielmehr ‚rein'.[2]

Eine der widerlichsten Armesünderreden dieser Geisteshaltung ist folgende: die zwischen Mensch und Mensch als unöffentlichen Personen gültige Ethik sei wohl recht schön und gut, höre aber zu gelten auf, sobald es sich um das Machtverhältnis von Völkern oder Staaten handele, was grade so sinnig klingt, wie wenn jemand sagen wollte: meine Anständigkeit besitze ich für meine legitime Ehefrau, bei meiner Maitresse dagegen bin ich unanständig.

Wenn Staatskunst nicht auf ethische Regelung des Menschenlebens hinauswill, dann weiß ich nicht, worauf sie hinauswill, und wenn nicht Ethik auf tatsächliche Staatskunst abzielt, dann weiß ich nicht, wozu sie überhaupt da ist. Wer aber behauptet, man könne Politik auf ‚Lebenserfahrung' und ‚Anschauung' aufbaun, der behauptet, man könne Häuser auf Wasser errichten, denn die lebendige Wandelwelt offenbart gar nichts an sittlichem Wert oder sittlicher Norm.

---

[1] Während ich dies schreibe, Juni 1916, äußert ein deutscher Politiker, Graf Reventlow, folgendes: ‚Wir beten zu Gott, dem Herrn, daß wir in den nächsten dreißig Jahren in Deutschland nicht mehr das Wort ‚Kulturmenschheit' zu hören bekommen, denn wir müssen Deutsche, nichts als Deutsche sein. Und wir wollen auch nichts von Philosophie mehr hören, denn wir sind ein Volk von Politikern.'

[2] Reine Logik, reine Ethik, reine Praktik, reine Anschauung, das betreiben sie, mag die Erde darüber zugrunde gehen.

Man hat seit 1914 als geheiligten Gewährsmann für diesen angeblichen Unterschied der staatlichen und privaten Moralität Johann Gottlieb Fichte namhaft gemacht, hat eine deutsche Fichtegesellschaft gegründet, Fichtes Schrift von 1807 ‚Über Macchiavelli als Schriftsteller und Stellen aus seinen Schriften‘ weit verbreitet und im Namen dieses berühmten Redners die ungeheure Verwirrung der Geister kräftig gemehrt.

Fichte, von der Natur mehr zum Anordnen und Befehligen als zum Schauen und Künden vorbestimmt, ebenso grobkörnigen als überstürzten Geistes, verkündet ein Durcheinander selbstgerechter Skrupellosigkeit und weltrichterlicher Überstrenge, immer neu beweisend, daß das Moralpredigen ebenso leicht ist, als es schwer ist, Moral zu begründen, und am schwersten, sie im entscheidenden Augenblick schlicht darzuleben. Für die traurige Lüge der politischen Wirklichkeit, die er nicht etwa nur als niederträchtige Tatsache feststellt, sondern eben auch als Ethiker zu rechtfertigen unternimmt, hält er sich gleichsam schadlos durch eine peinliche Überstiegenheit sittlicher Forderungen, die weder er selber klar eingelöst hat, noch überhaupt je ein Mensch einzulösen vermöchte. Versicherungen wie die, daß er lieber den Tod seines Weibes verschulden als ihr durch eine Lüge das Leben retten wolle, widerstreiten wunderlich der Versicherung, daß im politischen Leben jede Lüge erlaubtes Machtmittelchen sei. Dabei spricht und schreibt Fichte ein so abscheuliches und trübes Deutsch, daß z. B. die ‚Reden an die deutsche Nation‘ (1808), welche Napoleon aus Deutschland hinwegfegen sollten, getrost von Bonaparte selber hätten mitangehört werden können, ohne daß dieser je hätte merken können, um was es sich eigentlich handle.[1]

Macaulay bemerkt in seinem Versuch über Macchiavelli: ‚Allgemeine Grundsätze, wenn sie unanfechtbar moralisch sein wollen, können als kalligraphische Vorschriften für einen Waisenknaben dienen. ... Die Grundsätze der Politik sind so beschaffen, daß der gemeinste Räuber sich scheuen würde, sie seinem vertrautesten Spieß-

[1] Man vergleiche Fichtes Besprechung von Kants Schrift „Zum ewigen Frieden“ (S. W. Bd. 3 S. 367) oder die „Grundlagen des Naturrechts“ (S. W. Bd. 8 S. 427) mit den Reden und reime sich die offenkundigen Widersprüche. Vgl. in der Wertaxiomatik die Darlegung über Fichtes ‚Kollision der Pflichten‘ S. 75.

gesellen auch nur anzudeuten' — aber wenn das tatsächliche Leben menschlicher Wolfsrudel brutal anarchisch ist, so ist damit nicht gesagt, daß der beurteilende Geist sich dabei zu beruhigen habe, ja diesen geschichtlichen Tatbestand als das Kluge, Gescheute, Praktische und Bekömmliche der Verdammnis durch auswertende Vernunft entziehen solle. Gebt die Freiheit erkennenden Urteils gegenüber dem factum brutum: Geschichte auf, gebt sie triumphierend oder höhnend auf, so ist die Naturgeschichte des Menschen die zuletzt gleichgültige Bosheitsangelegenheit von Milliarden futterneidischer, halb bedauerns-, halb untergangs-werter, einander ablösender Bestienhorden und ihr habt eben aufgehört, am Reiche der übervölkischen Geisteswelt zu bauen. Eine politische Moral freilich, die gibt es nicht; aber es gibt eine Politik, die als moralisch, und eine andere, die als unmoralisch einsichtig gemacht werden kann, da die Bündigkeit der Moral ein zeitloser Tatbestand der Vernunft, nicht aber der zeitlich-geschichtlichen Wirklichkeit ist.

Übrigens fordert Gerechtigkeit festzustellen, daß Macchiavelli an dem wüsten Mißbrauch seines Werkes durch Fichte unschuldig ist. Denn bei ihm findet sich nicht eine Zeile, welche die zu bestimmtem Zwecke und unter bestimmten Zeitverhältnissen anempfohlenen Maßregeln als den idealen Inhalt politischer Vernunft erscheinen oder vermuten ließe, daß er Macht und Gewalt, welche zweifellos Grundlage aller natürlichen Beziehungen sind, für den Sinn und Zweck menschlicher Verbindungen gehalten habe. Das ist grade so, wie wenn man dem Erzieher an einem Magdalenenheim, welcher, um ethische Grundsätze überhaupt durchführen zu können, gelegentliche Stockprügel anempfiehlt, den Nachruf widmen wollte, sein sittlicher Grundsatz hieß: Prügele die Mädchen!

Solcher Mißbrauch des Nicolò Macchiavelli ist ebenso niederträchtig, wie der mit den Lehren und Schriften von Thomas Hobbes und David Hume betriebene, welche drei Denker, was Einsicht und Urteil über praktisches Weltleben anbetrifft, die drei schlechthin klügsten Menschen waren, die das Menschengeschlecht hervorbrachte.

§ 78. Über Ideologie.

> ‚Unheilsam in der eigenen Haut wird allgemeines Wohl erwählt.'
>
> Buddha.

Einen tiefen Einblick in den allgemein-menschlichen Widerspruch gibt ein sicher beglaubigter und doch kaum glaublicher geschichtlicher

Tatbestand wie der folgende. 1848 haben die Sizilianer während der neapolitanischen Schreckenstage Menschenfleisch gegessen. Das Fleisch der gefallenen Franzosen wurde im Topfe gekocht und mit Pasta verzehrt; das geschah zu der selben Zeit, wo das gesamte Volk in hochherziger Aufwallung für „Menschenrechte" und gegen die „entwürdigende Einrichtung der Todesstrafe" einmütig sich einsetzte. (Es ist erst 70 Jahre her.)

Klare Köpfe haben ihr Mißtrauen gegen Logik, Recht, Sittlichkeit als geschichtlicher Kräfte stets ausgesprochen; am klarsten Talleyrand, dessen ganze Politik darin bestand, Ideale praktisch auszunutzen.[1]

Aus der unendlichen Fülle von Beispielen für die Umwandlung von Idealen zu politischen Machtmitteln, sobald sie Triebkräfte der Geschichte werden, will ich nur zwei besonders lehrreiche herausgreifen.

1. Die Lehre Jesu stellte der Welt ein reines, zeitloses, ungeschichtliches Ideal vor Augen, mit welchem die wirtschaftliche Ohnmacht gegen die weltliche Gewalt des Cäsarismus sich wehrte. Aber dieses Ideal wurde selbst zur geschichtlichen Macht, und so konnte Konstantin im Jahre 324 mit ihm eben das Imperium befestigen, welches verneint werden sollte. So wurde auch in Asien die durchaus machtfeindliche Lehre des auf alle politische Wirksamkeit verzichtenden Buddha schließlich zum staatlichen Machtmittel zur Beherrschung unglücklicher Völker. Genau wie beim Christentum ging der innere Verfall des Ideals parallel der geschichtlichen Blüte der Kirche.

2. Die neueste Zeit hat mit fast religiöser Inbrunst das demokratische Ideal ergriffen. Sobald aber dieses Selbstbestimmungsideal geschichtliche Macht geworden sein wird, so wird jede Partei, möglicherweise sogar der Kapitalismus oder die Militärdiktatur, mit seiner Hilfe ihre Raubbegierden zu befriedigen verstehen.[2]

---

[1] So machte er den Wiener Kongreß 1815 zu einem Geschwätz über Prinzipien, welche alle andern ernst nahmen, er selber aber nur gebrauchte, um durch Verwirrung die Köpfe zu beherrschen. — Napoleon bezeichnet sogar die Bibel, die Veden und den Koran für politische Bücher. — Ludwig XI sagt: „Wer nicht heucheln kann, kann nicht herrschen." Und Machiavelli: „Ein Fürst muß zugleich Löwe, Fuchs und Schlange sein."

[2] 1914—16 gaben England, Amerika und Frankreich den idealen Wahrspruch aus: Krieg für die Selbstbestimmung der Völker wider preußischen Militarismus. Zu diesem Zwecke verband sich die Entente mit — dem Zaren. Nun geschah 1917 das Wunder, daß die große russische Revolution mit dem

Was also steckt hinter den Ideologien, an welche die Völker glauben und glauben müssen?

Vielleicht ist keines Volkes politische Geschichte so reich an erhabenen Lügen wie die deutsche. Die innere Geschichte unserer Stämme (Eindeutschung Böhmens, Aufteilung Polens, Angliederung Hannovers usw.) ist eine einzige Kette ideologisch gerechtfertigter Gewaltakte. Dagegen muß der englischen Politik nachgerühmt werden, daß sie weit nüchterner und nackter ist und keine anderen Rechtstitel erheuchelt als die der Not und der Gewalt (‚by the law of necessity, by the power of the sword'). Von der praktischen Seite gesehen ist daher die englische Nation dank ihrer klar bewußten Brutalität unter den Nationen die gesündeste, ähnlich wie der Kaufmannsstand unter den bürgerlichen Berufen der ehrlichste ist.

Die politische Heuchelei, wofür der Engländer das Wort cant braucht, äußert sich eben in der Maskierung aller menschlichen Nutz- und Profitgelüste mittelst Ideologien, z. B. in dem widerwärtigen Geschimpfe fast aller deutschen Professoren, die doch Kant mit gutem Grunde „Kaufleute des Geistes' nennt, auf das ‚Krämer- und Händlertum Englands'. Schließlich ist ja der Händler auf der großen Maskerade des Lebens der einzige, welcher ehrlich eingesteht, was er *will*, während alle andern, nicht zum mindesten die Priester, Künstler und Lehrer, sich aus idealem Überschwang eine *Maske* machen.

In diesem Zusammenhange werde bemerkt, daß vor allem die noch jugendliche Wissenschaft der Nationalökonomie durch diese innere Verlogenheit gekennzeichnet ist, indem sie durchaus *praktische* Gegenstände in bloße Untersuchungsstoffe und theoretische Fragestellungen verwandelt, so daß man schließlich mit einer Theorie der Staatsfeindschaft Professor der Staatswissenschaften werden kann (beliebt es doch z. B. im Augenblick der Gelehrtenschaft mit Individualismus, Egotismus, Anarchismus ebenso Geschäfte zu machen, wie man um 1880 mit staatssozialistischen und kommunistischen Theorien Geschäfte machte); wenn aber ein ehrlicher, armer Teufel das in gesunde Tat umsetzen wollte, was der Professor theoretisch verkündet, so würde er dafür gelyncht....

Selbstbestimmungsrechte der Völker zum ersten Male wirklich Ernst machte. Sofort wandelte sich das Bündnis in Feindschaft, während die russische Demokratie ihre Stütze suchte an — Preußen. Welchen *Mißbrauch* des demokratischen Gedankens kann die Zukunft sehen!

Unter der unendlichen Fülle von Beispielen für die Umwandlung von Idealen zu politischen Machtmitteln, sobald sie Triebkräfte der Geschichte werden, ragt eines ganz besonders hervor, ein allerschmerzlichstes, allerbeschämendstes: der großen sozialistischen Gedanken Mißkennung und Schändung, die im Augenblick, wo ich diese Seiten in den Druck gebe, in Deutschland im hellen Lichte steht.

In diesem Augenblicke nämlich (November 1918) besteht unter der gesamten Geldmacht und Bürgerwelt Europas und Amerikas eine zwar nirgend ausgesprochene, aber doch stillschweigende, geheime Übereinkunft, nur ja um Gottes willen die junge Weltrevolution in der Wiege zu erdrosseln und gleichsam den vulkanischen Flammenausbruch eines neuen Menschengeschlechtes unter den Aschenbergen der ‚praktischen Politik' noch rechtzeitig zur nützlichen Herdflamme für den bürgerlichen Hausgebrauch herabzudämpfen.

Ob die künftige ‚Kulturwelt' monarchisch oder republikanisch, demokratisch oder sonstwie regiert wird, das ist der machthabenden Gesellschaft aller Länder vollkommen gleichgültig! Sie ist längst in allen Sätteln gerecht! Sie mausert sich (wenn es sein muß von heute auf morgen), aus Monarchisten in Republikaner, aus Patrioten in Pazifisten, aus Mystikern in Freidenker — oder auch umgekehrt! Echten Ernst kennt sie nur an einem Punkte: Wären die Herzen nicht kalt und hart wie das Gold, davor sie dienen — August 1914 schon hätte ausbrechen müssen die große Weltwende, welche gegenwärtig nur ein Häuflein ehrwürdiger Schwärmer vergeblich zu ertrotzen unternimmt.

Nehmen wir doch einmal an, daß im August 1914 dem fürchterlichen Aufgebot der europäischen Regierungen zu wechselseitigem Morde das Hohngelächter freier, mündiger Völker geantwortet hätte — statt des Weltkrieges wäre die Weltrevolution dagewesen. Und selbst wenn das werktätige Volk anderer Länder versagt und der Feind Deutschland überflutet hätte, nie wäre das Schicksal deutscher Reichsgeschichte so banal, so namenlos erbärmlich ausgelaufen, wie es nun auslaufen wird.

Betrachtet man das Getriebe der politischen Geschichte und ihrer falschen Ideologien von dem überragenden Standorte der Philosophie aus, so weiß man nicht, haben alle Parteien der Geschichte recht, haben sie alle unrecht. Es waren einmal zwei Ritter in einen unlöslichen Streit geraten. Als sie aber zum Richter gingen, da sagte dieser: ‚Das ist ein schwieriger Gewissensstreit, wir müssen damit zum Papste gehn.'

Der Papst hörte zunächst den ersten der beiden Ritter an, und als der geendet hatte, sagte er: ‚Wenn man dich hört, so muß man sagen, du hast recht.‘ Darauf begann der zweite zu reden, und nachdem der Papst ihn gehört hatte, sagte er: ‚Jetzt muß ich gestehen, auch du hast recht.‘ Da aber warf sich der Richter dazwischen und rief: ‚Eure Heiligkeit werden doch zugeben, daß nicht beide recht haben können.‘ Der Papst senkte sinnend das Haupt und erwiderte: ‚Da hast du auch recht.‘ — Man könnte vermuten, daß doch vielleicht beide recht hatten oder beide unrecht. Am wahrscheinlichsten aber ist, daß beide recht und unrecht hatten. So aber geht es mit allen politischen Parteien.

Das gegebene natürliche Menschenleben, ewig wechselndes Ergebnis der Not und des Zufalles, das dem Politiker als Vorwurf zur Gestaltung an hand theoretischer Ideale gegeben ist, ist nicht schon an sich selber logischer oder moralischer Natur; vielmehr werden noch die beiden letzten Menschen auf Erden dazu verflucht sein, Feinde bleiben zu müssen und noch die beiden letzten Staaten werden Raubstaaten sein; wollten sie es anders halten, so dürfte es ihnen ergehn wie dem indischen Könige Asoka, der an den Grenzen seines Reiches Inschriften gegen den Krieg befestigen ließ und damit einen Krieg heraufbeschwor. Logik und Ethik sind nicht von dieser Welt und wären gar nichts als bloße Luftgespinste, wenn nicht Macht dahinterstünde! Immer gilt für sie das vortreffliche Wort Napoleons: ‚Man muß stark sein, um gut sein zu dürfen.‘ Mit tiefsinniger Ironie steht diese Einsicht hinter dem jüdischen Volkswort: ‚Ein guter Mensch gehört an einen guten Ort‘, das heißt er kann sich nur begraben lassen, wenn er nichts ist als ‚gut‘. Daher ist es eine große Verirrung zu glauben, daß Liebe, Güte, Schönheit aus sich selbst mächtig seien, daß das Große und Geniale ‚sich schon von selber durchsetze‘, daß Wahrheit, Vernunft und Recht schließlich siegen müsse. Demgegenüber haben wir klar gezeigt, daß sich durchaus nicht an Werte ein Erfolg zu heften brauche, daß aber an Erfolg sich Werte anheften können (§ 23). Alle Schätze des Herzens und des Geistes sind zum klanglosen Untergang in Einsamkeit vorbestimmt; die höchsten Kräfte des Menschen haben überhaupt keine Möglichkeit, sich je zu erfüllen, ja werden überhaupt nicht bemerkt werden, außer in den ganz seltenen Fällen, wo eine Macht (sei es Geld, Rang, emportragendes Vorurteil, Aberglaube, Zufall) diese

Werte ans Licht stellt. Der uralte Satz, daß Macht vor Recht gehe, ist ebenso selbstverständlich und wahr, wie der, daß die Menschenwelt ausschließlich auf Egoismus gründet.

Das normale Leben ist also durch und durch brutal. Wehe dem, der je es vergißt! Aber Ethik und Geist sind kein ‚normales Leben'. Wie sie Notausgang menschlichen Leidens sind, so leiten sie schließlich das Leben zu Selbstaufhebung in Nirwana.[1]

§ 79. Über antipolitische Politik.

‚Da wo der Staat aufhört, da beginnt erst der Mensch, der nicht überflüssig ist.'

Also sprach Zarathustra. Vom neuen Götzen.

Man kann die Frage aufwerfen, ob in der Geschichte der geistig Erkennende überhaupt politisch wirksam werden könne oder ob ihm nicht wesenszugehörig sei, überall die Politik der Befreiung anzustreben von dem, was man gemeinhin Politik nennt?

Unsere Antwort liegt auf der Hand.

Wenn Männer überlegenen Urteils, Frauen reinen Herzens jemals Einfluß erlangen könnten auf Staatsleitung, Volksvertretung, Behörden, Presse usw., dann wäre unverzeihlich, in unfruchtbarer Gegnerschaft oder philosophischer Selbstgenügsamkeit, den Verzicht zu leisten auf Mitgestaltung am Gemeinschaftsleben und die nur persönlich-seelische Lösung der alle bedrückenden Lebensfragen zum Grundsatz zu erheben. Denn dem Übel nicht Fehde ansagen, heißt es erschaffen. Wer hat denn das Zeitalter des großen Mordens gemacht? Alle, die ihm nicht von erster Stunde an (im August 1914) widerstanden!

---

[1] Besonders die französische Sprache ist reich an scharfsichtigen Einblicken in die Irrgärten der Ideologie. Vortrefflich ist z. B. die bekannte Definition dessen, was Menschen unter Freiheit verstehen: ‚la liberté c'est l'esclavage des autres.' — Als der Imperialismus die Devise schuf ‚l'empire c'est la paix', wandelte der Volkswitz sie in das Wort ‚l'empire c'est l'épée'. Und wie hübsch sind die Wortwitze auf die Schlagwörter der Revolution. ‚Vivre libre ou mourir' wandelte man in ‚ventre libre ou mourir', und die Zeile der Marseillaise ‚le jour de la gloire est arrivé' in ‚le jour de boire est arrivé'. Vgl. auch S. 104 Anm. 2. — Das klügste Wort, das ich über Politik kenne, ist folgender Ausspruch des Talmud: ‚Fällt der Stein auf den Krug, wehe dem Krug. Fällt der Krug auf den Stein, wehe dem Krug. Immer wehe dem Krug!'

Alle, die im tiefsten Innern die Wahrheit zwar fühlen, aber sie niemals sagen, wann es gefährlich ist, Wahrheit zu sagen.

Nun aber fordert das, was man Politik nennt, den Ausschluß just der edelsten Seelenkräfte und Tugenden. Auf immer überrädert in politischer Geschichte der witzige, freche Kopf den tiefen, schlichten; auf immer der gewaltsame Denker den besonnenen, der Dogmatiker den Kritiker, der Volksaufwiegler den Wahrheitsager (§ 31). Darum kann der geistige Mensch nicht Politiker sein, ohne sich selber preiszugeben. Man erinnere sich an das im § 14 dargelegte Gesetz, wonach die Gemeinschaftsgeisteshaltung um so ärmer werden muß, je zahlreicher ihr eine Teilhaber- und Anhängerschaft zuwächst.

Will man die ganze Ausschußware der Schöpfung, den ganzen Markt der Eitelkeit und Verantwortungslosigkeit, alles Maul- und Faustheldentum der Völker sehn, so blicke man auf die jeweils öffentlichste Instanz: Parlamente, Presse, Kirche, Universität, Vereinswesen usw.; je breiter, je aktueller ihre Wirkung ist, um so gemeiner wird auch die von ihr hochgetragene und verbreitete Geistesart. Ja man kann Parlamentarismus, Klubbismus, Journalismus, Publizismus usw. wohl als notwendige Ventile der menschlichen Böswilligkeit und Borniertheit auffassen, Ventile, die man darum offenhalten muß, damit die allgemeinsten Instinkte wie Neidhaß, Ehrgeiz, Machtwille, Unzufriedenheit (die selben, die in Kriegszeit wider den äußeren ‚Feind' sich kehren), im sogenannten Geistesleben ihren möglichst friedfertig-unschädlichen Abfluß gewinnen.

Die edelste Regierungsform wäre zweifellos der eiserne Gewaltdruck eines alle anderen Gehirne überragenden Einzelgehirns. Bismarck kleidete diese Erkenntnis in die weisen Worte: ‚Das beste Regierungssystem wäre die absolute Monarchie, wenn der Monarch nicht ein sterblicher Mensch wäre.'[1] Die politische Weisheit des Konfuzius, der Kirchenväter, der buddhistischen Orden usw. versucht, der Masse das eigentliche Auswerten zu unterbinden und die Beurteilung einem kleinen Kreise Auserwählter, aber streng Verantwortlicher zuzuweisen, indem durch strengere Kastenzucht, peinliche Standesehren, Prüfungen, Zölibat, religiöse Übungen eine Ausschließlichkeit von führenden Geistern gezüchtet wird, der *φύλακες* des Plato, der Hei-

[1] Er kommt damit hinaus auf das Ideal des Gottesstaates. . . .

ligen des Augustin. Dieser Versuch ist in der Wirklichkeit zwar überall mißbraucht oder entartet, dennoch leitet ihn das richtige Prinzip, denn der Mensch im Durchschnitt, verkümmernder Sklave der Notdurft, wartet im Grunde seines Herzens nur darauf, daß ein höherer oder stärkerer als er selber komme und ihm sage, was er denn nun eigentlich mit sich und seinem kurzen Leben anfangen solle. Er wird daher heute ‚Es lebe der Volksstaat' und morgen ‚Es lebe der Cäsar' schrein, wird jeder Kraftentfaltung anheimfallen, wird sich nach der Seite des jeweils stärkeren Druckes neigen und jeder Regierung gehorchen, die ihm panem et circenses[1] sichert. Er wird alles, aber auch alles ertragen und sich aufbürden lassen, wofern ihm der fromme Glaube erhalten bleibt, das müsse nun einmal so sein, denn so sei es Naturgesetz, Schicksal, Vorbestimmung, Gottes unergründlicher Ratschluß, historische Notwendigkeit. Und dem ist gut so! Denn fürchterlich wird der arme, notige Sklave erst dann, wenn er herausbekommen hat, daß es keine historischen Gesetze gibt (außer dem Gesetz seiner Dummheit), denn jetzt will er die Sache in die Hand nehmen; aber seine Dummheit ist unheilbar.

Was also soll der geistigere Mensch in politischer Geschichte? Er mag in seltenen Fällen stark genug sein, um die Menschen wider ihren Willen und ihre Einsicht zu ihrer eigensten Glückseligkeit zu benützen, in der Regel aber steht er völlig ohnmächtig gegenüber Gewalten, denen nie der Einzelmensch Selbstzweck, sondern nur Mittel ist für Irgendetwas.... Von jeher war alle politische Moral, alle öffentliche Tugend, alle nur soziale Gerechtigkeit nur eine Verkleidung für Geschäftsabsichten und Hoffnungen auf Vorteil; ja die ganze soziale Ethik selber ist nichts als Glücks-, Nutz- und Machtgeschäft, und umgekehrt wird dort, wo ein gutes Geschäft abgeschlossen wurde, von hinterdrein die Sinngebung und Versittlichung (logificatio und dignificatio) nicht lange auf sich warten lassen. War denn der Krieg Amerikas gegen Spanien, war der Burenkrieg Englands, war der deutsch-chinesische Krieg, bei Licht besehen, mehr als eine schnöde Nichtswürdigkeit? Waren Frankreichs Einfall in Marokko, Italiens in Libyen, Deutschlands in Belgien nicht richtige Räuberstücke? Ist Englands Herrschaft in China, Indien, Ägypten nicht eine lange

---

[1] Kartoffeln und Kientop.

Kette politischer Ruchlosigkeiten? Aber getrost! Wenn das Geschäft glückt, so ist es auch gerechtfertigt! ... Revolution, Konfusion, Reaktion — das ist der ewige Kreislauf der sogenannten Weltgeschichte! So war es, so ist es, so wird es bleiben, bis der Zusammenprall der armen Erde die unglückselige Menschheit zur Ruhe bettet.

Welcher Denker könnte wohl daran zweifeln, daß die alten Revolutionsideale: Freiheit, Gleichheit, Brüderlichkeit, daß die endgültige, folgerichtige Abrechnung mit dem weltbeherrschenden Kapitalismus, daß die volle Einheit und Gemeinsamkeit des Bodens und der Produktionsmittel für alle das einzig menschenwürdige Ziel jeglicher Politik sein sollte?!

Nun aber kann die Wirklichkeit des politischen Lebens immer nur bescheidene Abfindungen in der Richtung auf dieses letzte Ziel offenbaren. Denn sie hat es mit Menschen zu tun, das will sagen mit Wesen, welche, herb und derb gesprochen, in drei Gruppen eingeteilt werden können: die erste kommt grade aus dem Zuchthaus, die zweite kommt morgen hinein, und die dritte hat Glück gehabt.

Man darf zudem nicht vergessen, daß das Historisch-Politische zweiten Ranges ist. Ob nämlich die Verfassung eines Staates imperialistisch oder republikanisch, konstitutionell oder syndikalistisch ist, das entscheidet nur darüber, welche Bevölkerungsgruppe die Machtmittel in Händen hat, (ob Soldaten, Priester, Bauern, Händler, Arbeiter); daß aber diese Machtmittelverteilung ‚richtig' und ‚gerecht' sei, das kann nie durch Interessenpolitik, (und alle praktische Politik verfolgt mit vollem Recht nur ein bestimmtes Interesse!), gewährleistet werden.

Die gesamte Zweckwirtschaft der sogenannt zivilisierten Völker, die ganze Arbeiter- und Kaufmannschaft, zu der auch die Arbeiter und Kaufleute des ‚Geistes' gehören, ist insgeheim längst darüber klar: Kommen Revolutionen, so spielen wir eben das Spiel: ‚Alle Bäumchen wechseln sich.' Alle Ungerechtigkeiten und Unrechtmäßigkeiten der wirtschaftlichen Unterschiede bleiben! Aber es findet eine große Umschichtung der Machtmittel statt, auf welche die alles-könnende und alles-ausnützende ‚praktische Intelligenz', das heißt sämtliche Gewinnmacher, Glücksritter, Praktiker und Rechner der Erde im Nu und auf der Stelle sich einrichten werden. Dabei rufen sie: ‚Freie Bahn dem Tüchtigen!' Aber was besagt das, solange man unter ‚tüchtig' und ‚Tüchtigkeit' nichts versteht als den Besitz derjenigen Tugenden, welche in einer Welt allgemeiner Gesinnungslumperei zum Erfolge, zum Anerkanntwerden und Sichdurchsetzen verhelfen. Ach! die Erde hat schon zahllose politisch-historische Umwälzungen erlebt, alle unter dem Drucke der Not, des Hungers oder der Bajonette. Wann erlebt sie die große Revolution unter dem Drucke der verwandelten menschlichen Herzen?

Man kann erwidern, daß eine politikfeindliche Geschichtsanschauung wohl eine gute ‚Philosophie' (für pflanzenhaft dahinlebende Bettelmönche oder kouponabschneidende Junggesellen), nie aber die ‚sozialpädagogische' Lösung verspreche für diejenigen Lebensnöte, welche die arme, große, sich fortzeugende, um Nahrung und Freude besorgte Masse so schwer und so unheilbar seit je und immerdar bedrücken.

Was aber beweist das? Es beweist nur, daß man den Gesichtspunkt der politischen Förderlichkeit von vornherein zum Maßstab der Wahrheit machte.[1]

‚Der Staat geht dabei zugrunde.' — Ist die Existenz des Staates das zweifellos wünschenswerte Geschichtsziel?

‚Das Menschengeschlecht hört zu bestehen auf.' — Ist die Existenz des Menschengeschlechtes die um jeden Preis festzuhaltende Norm der Erkenntnis?

‚An solchen Anschauungen ist Athen, ist Rom, ist das Reich Alexanders untergegangen.' — Handelt es sich für Menschen darum, daß Athen, Rom, das Reich Alexanders oder sonst ein Geschichtsgebilde durchaus bestehen bleibe? Nein! Die entscheidende Frage lautet: ‚Ist der Mensch vor oder nach dem Untergang von Athen, Rom, Deutschland, England, Rußland usw. glücklicher, besser, gesunder, reicher, freier geworden?[2]

Es besteht nun einmal die unvermeidliche und ganz unheilbare Gegensätzlichkeit zwischen den im Ich wurzelnden, eigenbezüglichen,

---

[1] Vgl. in der Wertaxiomatik die wichtige Notiz über das Verhältnis von Leben und Wert S. 112 f.

[2] Das gilt auch für den unsinnigen historisch-politischen Aberglauben, daß Völkerwachstum, Menschenmehrung, Geburtenüberschuß ohne weiters der erstrebenswerte Reichtum der Nation sei, wobei man die Einzelexistenz als funktionellen Nutzfaktor in die bis zum Fetischismus verehrte staatliche Präzisionsmaschinerie einstellt. (Wertaxiomatik S. 107.)

religiösen und ästhetischen Einstellungen und den moralischen, sozialen, politischen, die das Einzel-Ich zuletzt zum Opfer objektiver Wertsphäre machen.[1] Ein sehr lehrreiches Beispiel dieses uralten Gegensatzes sieht man in Asien am Gegensatze des Laotse und Confutse.

Die Auflösung dieser Gegensätzlichkeit kann nur die sein, daß das umfassendste Ich eben auch als letztes Ziel von Politik zu betrachten ist, so daß nicht der Mensch Material für Staatengeschichte, sondern Staatengeschichte der Mutterboden für das zu höchst entwickelte Ich ist, als welches nicht bloß Träger von Kulturen, sondern die naturgewordene letzte Blüte der Kultur und mithin die Kultur selber ist. Nur so kann der Anspruch des Lebens gegenüber der Selbstherrlichkeit objektiver Weltforderungen gewahrt werden.

Dieser unsrer Auffassung liegt es freilich ganz ferne, die ästhetische Selbstsucht, die religiöse Tatlosigkeit, das mystisch-kontemplative Hindämmern und die genießerische Bequemlichkeit von Luxus- und Eliteklassen (welche Art ‚besondere Menschen' übrigens in der Regel grade Redeblumen wie ‚soziale Arbeit', ‚tätiger Geist', ‚Ethik' usw. im Munde führen) theoretisch zu rechtfertigen.[2]

Unser A und O ist nicht ein erfahrbares Ich! Sondern nur dies wird behauptet, daß alles politische und historische Leben völlig sinnlos wäre, wenn es nicht auf die höchste Erfüllung im Einzel-Ich eingestellt würde, deren Verwirklichung eben nur auf dem Wege weitester Politisierung und Sozialisierung zu erwarten steht.

Gesetzt also, ein Staatengefüge, eine Nation träfe der Fluch, daß grade ihre freien und großen Seelen verkrüppeln, verbiegen, verkümmern müßten, so würde die glänzendste Weltherrschaft und Machtentfaltung dieser Volkheit dennoch nur ein Unglück sein.

Ich mag in diesem Zusammenhange nicht reden von alle dem Leiden, das die Edelsten und Reinsten, welche Deutschland hervorbrachte, an ihrem Vaterlande erlitten haben; mußten sie sich doch freuen, wenn ihnen nur das nackte Leben im Dunkel gedrückter und untergeordneter Lebensstufen gegönnt ward und wenn man sie nicht grade zu Tode geärgert oder zu Tode gehungert hat. Und wenn sie in diesem Kampf um bloße Erlaubnis, Selbstzusein, sich nicht auf-

[1] Die seelischen Grundlagen behandelt unsre Ahmungspsychologie.

[2] Übrigens ist für die Möncheethik der Zustand reiner Kontemplation grade die letzterreichbare Willensaktivität.

rieben, sondern in einigen seltenen Fällen, wie man bezeichnenderweise sagt, ‚sich durchsetzten‘, so haben sie mit Aufgebot eines ganzen Lebens nicht mehr erreicht, als was zu der Zeit, wo sie begannen, gerechterweise sie nie hätten entbehren dürfen.

Es hieße die Erfahrungs-Natur der Erdenwelt und ihrer Geschöpfe vollkommen verkennen, wollte man Werte und Ideale, welche menschliche Vernunft aufrichtet, (indem sie mittelst ihrer das Lebendige zu Wirklichkeit umdenkt und den endlosen Lebenswerdedurst der Erdgeschöpfe am Geiste stillt und vernichtet), so betrachten, als wären sie selbst aus Naturbedürfnis ableitbar oder im Natürlichen gegeben.

Die Natur ist Hunger (tanhā)! Nichts anderes! Will man also den natürlichen Menschen packen, so packe man ihn beim Nahrungstrieb oder allenfalls beim erweiterten Nahrungs-, dem Geschlechtstriebe. Der gemeine Mensch hat Ehrfurcht vor dem Verhungern, sonst aber verehrt er gar nichts! Denn alles andere ist nur ein durch Angst und Zwang mählich auf dem Leben aufgetürmter idealer Oberbau, der wieder zusammenstürzt im Augenblick, wo Angst und Zwang, Kirche und Staat preisgegeben werden. In einer Raubtier- und Räuberwelt nützen die Weisheits- und Entsagungstugenden niemandem, sondern einzig die heroischen Tugenden des Krieges und des Kriegers. Niemand mache sich vor, daß christliche, brahmanische, buddhistische Ethik jemals praktisch politische Wirkung haben können. Sie sind, wie alles Höchste, vollkommen unpolitisch. Und werden in alle Ewigkeit vollkommen unpolitisch bleiben.

Man muß also wissen, ob man in der furchtbaren Welt der Not und des Neides bis zum Ende ausdauern will. Und will man es, so muß man seinen Mann stehn.

Nun aber bricht aus dieser Welt des Krieges aller gegen alle als ihre eigene Voll-Endung ihre eigene Verneinung hervor.

Eine brahmanische Legende gibt dafür ein tiefsinniges Gleichnis. Der weiseste Brahmane liegt schwer leidend in Todesnot. Da kommt Indra und spricht: ‚Du kannst dein Ich retten, wenn du wünschest, daß statt deiner dein Feind leide.‘ ‚So nimm das verworfenste Geschöpf als Stellvertreter,‘ bittet der Brahmane. Indra wählt die Giftschlange. Als aber der Heilige die Schlange leiden sieht, ruft er: ‚Wähle ein Geringeres zum Stellvertreter.‘ Indra wählt nun das niederste Insekt. Aber auch dieses Mal ruft der Heilige, als er des Insektes Leiden sieht: ‚Wähle ein noch Geringeres.‘ Und so wird die ganze Kette der untersten niedrigsten Lebensstufen durchgenommen, aber immer wieder erkennt der Heilige, daß er selber unerlöst bleiben muß, solange noch irgendetwas um seinetwillen leidet. So spricht er zuletzt das schlichte Gebet des Brahmanen: ‚Mögen alle Wesen schmerzfrei sein.‘ Da ruft Indra: ‚Steige zu mir empor, sonst zwingst du mich zu dir hernieder.‘

In dieser Legende ist der einzig mögliche Imperativ aller Ethik niedergelegt, die Forderung: Mindere das Leiden![1]

Man kann die gesamte politische Vernunft des Menschengeschlechts als eine gegen die Not und das Leiden geschaffene Zurüstung betrachten, womit denn freilich gesagt ist, daß das Ziel aller Politik und Geschichte zuletzt eben nur — Erlösung von Politik und Geschichte sein kann.

Wir haben den hier dargelegten Grundgedanken (den Kern der ‚Philosophie der Not‘) wiederholt an einem bestimmten Gleichnis erläutert.[2] Es sei hier noch einmal wiedergegeben.

Man hat festgestellt, daß die Bildung der Perle im Gewebe der Muschel durch eine gefährdende Milbe veranlaßt wird, indem der selbe Krankheitsprozeß, der die Perle entstehen läßt, auch dazu dient, die Muschel von ihrem Krankheitserreger zu befreien.[3]

Was besagt dieses Gleichnis?

---

[1] Schopenhauer formuliert das oberste Gesetz aller echten Moral so: ‚Du sollst nicht wollen‘; da aber wollen bei ihm so viel wie leben ist, so heißt das, ‚du sollst nicht leben‘.

[2] Schopenhauer, Wagner, Nietzsche c. VIII.

[3] Ein zweites Gleichnis für diesen systematischen Kerngedanken bietet die physiologische Tatsache, daß die Atmung, also der gesamte Lebensprozeß, durch Bildung der tödlichen Kohlensäure unterhalten wird, welche ebenfalls als todbringender Eindringling betrachtet werden kann, den der Organismus ausscheiden muß, so daß der selbe Apparat, der dazu dient, ihn aus dem Körper zu entfernen, andrerseits grade dem Vorhandensein des Fremdstoffes seine Entstehung verdankt. . . . Ich gebe endlich für meinen systematischen Hauptgedanken noch ein drittes Gleichnis. Die beste Birnensorte, la duchesse, wird dadurch gewonnen, daß man dem Stamm oberhalb der Wurzel schwere Verletzungen beibringt. Das veranlaßt ihn zu erhöhter Saftbildung, die sich in den Früchten sammelt. Sobald die Früchte abgenommen werden, geht der Baum ein.

Wenn die gesamte wertbildende Arbeit irdischer Vernunft auf Überwindung von Lebenshemmungen hinauskommt, so ist andrerseits das Leiden und die Hemmung selber die auslösende Ursache alle der wertebildenden Arbeit, so daß man sagen kann, daß die Bewußtseinswirklichkeit zwar aus der Not des Lebenselementes gespeist, gleichwohl in der Erlösung von dieser Not ihr Ziel besitze, dessen Erreichung mithin auch das Erlöschen der Bewußtseinswirklichkeit selber wäre.[1]

§ 80. Zusammenfassung. Historische Stellung dieses Buchs.

Giovanni Battista Vicos ‚Principi di una scienza nuova d'intorno alla commune natura delle nazioni' vom Jahre 1725 war wohl das erste Buch, welches die Lehre vom notwendigen Zusammenhang in der Geschichte als wissenschaftliche Überzeugung vortrug.

Vicos Kerngedanke war der: daß alle Geschichte, von Natur aus, gesetzmäßige und rhythmische Abfolgen und durch diese hindurch Verfalls- und Blütezeiten, Alter- und Jugendkulturen der Völker offenbare.

Auf diesem Gedanken baute Montesquieu seine ‚Betrachtungen über die Größe der Römer und ihren Verfall' (1734) und Voltaire seinen ‚Versuch über die Sitten und den Geist der Völker' (1756). Ihnen folgten die nicht minder einflußreichen Betrachtungen der Bossuet, Duclos, Volney und Condorcet, bis der Gipfel aller dieser Lehren vom ‚Historischen Forschritt' von der Geschichtsphilosophie Auguste Comtes erreicht wurde, deren Drei-Stufen-Gesetz (1847) mit grotesker Komik drei ihrem Wesen nach verschiedene Einstellungen zur Welt, die mythische, die metaphysische und die positive, als drei einander in der Zeit ablösende und explizite verdrängende Stufen der Entwicklung verkündete, von denen die letzte endlich in der herrlichen ‚Jetztzeit' erreicht worden sei.[2]

---

[1] Wo immer Wert im Leben erwacht, da beginnt schon die Lebensminderung. Der Brahmanismus, die größte aller Lebensreligionen ward zur Wertreligion Buddhas, und damit zum Grenzfall der Lebensverneinung. Sokrates führt die Ethik ins Griechentum ein und das Griechentum stirbt. (III c. XVII.)

[2] Man könnte meinen, daß die Drei-Stufen-Betrachtung in einer logischen Vorform begründet sei, denn immer wieder tritt sie auf, bei Turgot, bei

Diesen geschichtsphilosophischen Werken der Franzosen gesellten sich manche verwandte Schriften der Engländer, unter denen besonders Buckles ‚Geschichte der Civilisation in England‘ (1860) und Leckys ‚Geschichte des Geistes der Aufklärung‘ (1865) noch heute ihre wohlverdiente Wirkung bewahrten.

In diesen englischen Geschichtswerken lebte und webte der selbe Gedanke des Fortschritts, welcher in den Naturwissenschaften, an die Namen Darwin und Spencer anknüpfend, von 1860 bis 1900 die allbekannten und gerühmten Hypothesen über Abstammung und Stufenfolge der Pflanzen und Tiere gezeitigt hat.

Auch in Deutschland hatten Lessings ‚Erziehung des Menschengeschlechtes‘ (1780) und Herders ‚Ideen zur Geschichte der Menschheit‘ (1784) den Entwicklungsgedanken zum Gemeinplatz der Geister gemacht und seither blühte der Glaube an Sinn und Wert im sinnlichen Lebensspiel: Natur und Geschichte.

Gewisse ‚Kulturideale‘ gingen, während des 19. Jahrhunderts, mit dem Geschichts- und Fortschrittsaberglauben Hand in Hand.

Berauscht von nützlichen Findungen und Erfindungen, Leistungen der Technik und Aufschwüngen der Gewalt, von ungeheuren Völkervermehrungen berauscht, räumte Europa das Schwergewicht christlicher Symbole und religiöser Mythen beiseite bis auf einen Glauben, den Glauben an ‚Historischen Fortschritt‘: Vom Plattwurm zu den Stachelhäutern, von Stachelhäutern zu Tintenfischen, von Tintenfischen zu Kriechtieren, vom Kriechtier über das Schnabeltier zu den berühmten Professoren und Zivilisationsliteraten in Amerika, England und Deutschland, welche sich in die neuen Götter der Erde zu wandeln im Begriffe standen. Dieser Glaube (Deszendenztheorie, Evolutionslehre, Selektionsgesetz, Anpassungsprinzip) beherrschte die Weltanschauung der letzten Geschlechter. Welche Wunder hat er gewirkt?

Das Lebendige auslaugend, bis als toter Ertrag die sachliche Kette von Ursache und Wirkung übrig bleibt, setzte Europa die Welt der gedachten Geschehnisse und der objektiven Werte an Stelle unfaßlich-elementaren Lebens, die Orientierung im Lebenselemente mit dem Leben selber vertauschend und viel darauf haltend, daß man nun die sogenannte objektive Wirklichkeit oder Wahrheit hinter der Welt

Saint-Simon, bei Comte, bei Vico, bei Herder, bei Hegel, bei Schelling, Krause und Baader.

der bloßen Erscheinung endgültig gefunden habe. Denn der wissenschaftliche Mensch, Logiker und Mechanist, entwöhnte sich des einmaligen nur in Vision gegenwärtigen Lebens und vertauschte Lebendiges mit jener verblaßteren Nutzungswelt der ‚Gegenstände‘, die wir Ursachen von Sinnenschein nennen und die doch nichts sind als unsres Sinnenscheins blutleerere Wiederspiegelung.[1]

An Stelle zeitloser Dauer traten nun mechanische Reihen der Zeit. Das Wissen über ... wurde mit Leben selber verwirrt, und in endloser Folge erschien eine Kette beherrschter Bewußtseinswirklichkeit am Leitfaden: Ursache-Wirkung, sei es in Raum, sei es in Zeit aneinandergereiht. Das ist der Menschheit gewaltige Wirklichkeitswelt, gewaltige Bewußtseinswirklichkeit, auf Kraftersparnis aufgebaut, auf ‚Willen zur Macht‘.

Europa hat die fruchtbarste aller Ideen: den Fortschritt, zu einem realen in der Zeit verlaufenden Vorgang der Geschichte verbogen.

Europa vertauschte ein Ideal mit Erfahrungstatbeständen und wähnte die menschlichen Wünsche aus Wirklichkeit bestätigen zu können, aus Wirklichkeit, die doch vom Wunsche — gewebt wird!

Das letzte Denken des asiatischen wie des antiken Menschen dachte die auch das Leben hinter der in Raum, Zeit und Ursächlichkeit erscheinenden Bewußtseins- und Willenswirklichkeit umfassende Substanz als zeitlos beharrend unwandelbares Sein.[2]

Erst die Neuzeit, die man das Zeitalter der Entdeckung des Menschen genannt hat, wurzelte in dem Bestreben, in das Unwandelbare die auf Menschen zugespitzte, im Menschen gipfelnde Entwicklung hineinzutragen und nur in Zeitform denkbare Vorgänge (Wille, Energie, Bewußtsein usw.) in den metaphysischen Urgrund einzubauen.

Schon das Mittelalter schwärmte für den Gott, der sich der Welt einverleibte, um aus ihr heraus sich selbst gebären und im Haupte des Menschen vom Stoffe befreien zu können. Und wie damit schon der Sinn (Logos) im natürlichem Geschehnis auch der tatlos-duldenden Menschenwelt innewohnend schien, so versicherte die Philosophie des 18. Jahrhunderts, in Deutschland an die Namen Wolff und Leibniz anknüpfend, daß der ‚Weltprozeß‘ voller Ordnung, ja ein richtiger Aufstieg zum Geiste und Gotte hin sei. Die Erbin dieser uralt ratio-

[1] ‚Europa und Asien‘ S. 88 f.

[2] τὸ ὄν γένεσιν οὐκ ἔχον.

nalen optimistischen Metaphysik wurde der Hegelsche Historizismus, der Darwinische Evolutionismus, sowie die Weltanschauung der Physik, welche die Rechenmünze der Mechanik, die wir Wirklichkeit nennen, mit dem formend schöpferischem Leben und beides, Leben und Wirklichkeit, mit dem dritten raum- und zeitlosem Bezirke Wahrheit untermengt. Demgegenüber galt es neue Scheidung und Unterscheidung. Denn wir erlitten den Zusammenbruch der abendländischen Fortschrittswirtschaft und Entwicklungsphilosophie.

Wer die Jahre 1914 bis 1918 wachen Sinnes erlebt hat, der weiß, was er künftig von Entwicklung und Fortschritt in Natur und Geschichte zu halten hat.

Äußerte sich ein Abflauen und Ermatten gestaltender neuaufbauender Lebenskraft des Abendlandes in dem Wahn, Idee sei entwirkt, Illusion sei unnütz, wenn sie nicht reale Tatsache, sondern Forderung zu Tat offenbare?

Oder wird erst Fortschritt und Entwicklung erblühn, wenn Entwicklung und Fortschritt aufgehört haben, natürliche und historische Gegebenheit zu sein?

Eine neue Art Geschichtsschreibung und Geschichteschreiber ertagt uns.

Man pflegte bisher Gegenwart aus Vergangenheit zu deuten, ja man wünschte sogar das mühevolle und ans Kleine verlorene Durchstöbern aller Vergangenheiten damit zu rechtfertigen, daß man nur dank des ‚historischen Studiums‘ die Zukunft vorausschauen und die kommenden ‚Entwicklungen‘ und ‚Fortschritte‘ des ‚Menschengeschlechtes‘ richtig beurteilen könne (wofür Auguste Comtes flache Formel ‚voir pour prévoir‘ besonders kennzeichnend ist); — wir aber wünschen gar nicht diese vergangenheitslüsterne oder zukunftdeuterische Geschichte, denn wir sehen eine Geschichtswissenschaft voraus, die nichts mehr ist und nichts mehr sein will als ewige Gegenwart und alles Vergangene nur noch begreift als einen Mythos, den das immergegenwärtige Leben mit seinem Blute beseelt, wie Odysseus die Schatten der Unterwelt. Diese Geschichtsschreibung sagt nicht mehr platt-zuversichtlich: ‚So war es!‘, aber sie sagt reinen Gewissens und stolz fordernd: ‚So soll es gewesen sein.‘ Denn das Lebensgegenwärtige ist nicht nur — o tiefe Wahrheit! — immer ein Erbe, ein Kind, eine Frucht der Vergangenheit (ihr glückliches oder unseliges Ergebnis), sondern auch das Umgekehrte ist wahr, daß die Geschichte der Vergangenheit der Gegenwärtigen Erbe und Frucht ist, die Wiederspiegelung und Rechtfertigung ihres Lebens, ihr Sinn und ihr Unsinn, die Verlegung ihrer Tugenden und Werte auf die Ebene der Zeit, so wie in China, wenn ein Mann geadelt wird, zugleich seine verstorbenen Vorfahren in den Adelsstand kommen. Sind wir groß, so haben wir auch große Vergangenheiten und können von unserm Überreichtum ganze Jahrhunderte zehren lassen, denn es gibt nichts Kleines; erscheint uns das Gewesene klein, so gebricht es uns an Kraft der Liebe und Selbstliebe.

So ist also nicht nur die vergangene Geschichte die Vorbedingung der gegenwärtigen, sondern das Immergegenwärtige ist Vorbedingung für die Geburt und Neugeburt der immer wieder umgebauten, umgeschauten Vergangenheit. Auch die Vergangenheit ist somit nichts als Gegenwart, wie die ganze leuchtende Welt der Farben in nichts versinken müßte, wenn kein Auge da wäre, um zu sehen. Es ist nicht nur die gegenwärtige Geschichte die Keimzelle einer künftigen, nein, es ist auch die Zukunft, das will sagen der Aufriß zum ferneren Leben der Erde, der Grund dafür, daß die Gegenwart das ist, was sie ist; niemand kann größer werden, als seine Ideale es verstatten.

Hat man dieses große Geheimnis des Enkel- und Ahne- und Selbst-Seins zugleich und in einem, erst einmal durchschaut, dann versinkt der ganze Trug der gradlinigen Ursachszusammenhänge und Entwicklungsketten von ‚Kultur' oder von ‚Kulturen'.

Jede dieser vermeintlichen Kulturen wird immer wieder neu und anders unter dem Auge jeder folgenden, unter dem Auge der Liebe oder des Zorns, der Verwandtschaft, Ehrfurcht, Hingabe, des Zweifels oder des alles betastenden Verstandes; neu und anders im Gedächtnis des begeistert Eingeweihten oder des draußen stehenden Kritikers, und gewiß sind an Tatsachen und Menschen der Geschichte noch ungeheure und fast fabelhafte Neugestaltungen, Umprägungen, Zurechtlegungen, Religions- und Mythenbildungen möglich (aus Liebe, aus Stolz, aus Rausch, aus Bildnerkraft und Dichterschaufreude oder auch aus dem Scharfblick des Neides, der Bedürftigkeit, der Sehnsucht), von denen wir mit unsrer lächerlichen, einen politischen Maulwurfshügel rechtfertigenden Wirklichkeitswissenschaft, genannt ‚Weltgeschichte', noch gar nichts ahnen. Sie schlafen noch wie Dornröschen die vergangenen Zonen und Zeiten hinter tausendjährigen Rosenhecken und der Kuß des Prinzen kann sie zum Leben lösen. Denn es war nicht ein Hellas, ein Rom, ein Weimar, ein Boston, sondern von aller Geschichte gilt Schillers Wort, daß sie sich nie begeben hat und — immer. Es sind die selben Kräfte der Seele, welche Religion erdichten und Geschichte; immer wieder gestalten sie des Menschen Götter und Teufel, und dem Reichsten wird am meisten gegeben. Alles Wirkliche möchte zu Wahrheit, alle Natur zum Mythos werden. Denn das ist das Höchste, was der Mensch auf Erden erreichen kann, daß ein anderer ähnlicher ihm nachleben und in seinen hinterbliebenen Lebensspuren sich selber suchen und wiederfinden und ehren wird. Da wird er denn seinen Glauben und seine Sehnsucht, seine Enttäuschungen, Nöte und Verzweiflungen, Hoffnungen und Aufschwünge wie in einem Spiegel erblicken und an das Gedächtnis längst versunkenen Daseins knüpfen und somit das immer bruchstückhaft zurückgelassene und unerfüllte, weil unerfüllbare Erdenleben als Geschichte zu Ende dichten, gleichgültige Wirklichkeit in stetsgültige Wahrheit wandelnd. ‚Seht,' so scheint jede hinterbliebene Wesensspur zuzurufen, ‚hier ist der Ton und die Melodie zu tausend Gedichten, denkt und gedenkt mich zur Vollendung.'

Hier enden die geschichtskritischen und geschichtspsychologischen Untersuchungen. Es bleibt übrig die Würdigung von Geschichte als einer außer- und übernatürlichen, den Gewalten des Glaubens verschwisterten Lebensmacht.

Geschichte als Ideal

„Du hast sie zerstört,
Die schöne Welt. . .
Prächtiger
Baue sie wieder,
In deinem Busen baue sie auf."
Goethe.

Den Freunden
Erich und Netti Katzenstein

Drittes Buch.

Geschichte als Ideal.

οὔτε λέγει, οὔτε κρύπτει, ἀλλὰ σημαίνει.
Heraklit.

Vorbemerkung.

Haben wir im 1. und 2. Buch das Lebendige, Wirkliche, Wahre scharf unterschieden, so dürfen wir nun die Vereinigung ahnen lassen, für welche das Lebenselementare Stützpunkt ist, um die Sphäre des Normativen in historische Wirklichkeit zu wandeln.

XV. Wille und Willenschaft.

§ 81. Wissenschaft und Willenschaft.

Wir können, hinter die unseren Sinnen unmittelbar gegebenen Erscheinungen greifend, das den Sinnen Erscheinende umdenken.

Das tut Naturwissenschaft.

Wir können die sinnlichen Gegebenheiten der Erscheinungswelt, sie in Wertzusammenhänge einstellend, umdichten.

Das tut Geschichte.

Die umdenkende Wissenschaft setzt hinter die unmittelbare Erscheinungswirklichkeit der Sinne eine neue Wirklichkeit. Hinter diese eine zweite, dritte, vierte.[1] Schließlich macht die Umdenkung Halt bei der vereinfachtesten, inhaltlosesten, objektivsten, nicht weiter umdenkbaren ‚wirklichen Wirklichkeit', der der mathematischen Mechanik.

Die umdichtende Willenschaft dagegen verwebt die Inbegriffe der Erscheinungen zu zeitlichem Zusammenhang an hand von ‚Gesichtspunkten'. (Wunsch-Anbild; *εἴδωλον ἡγεμονικόν*.) Sie läßt die einen aus den anderen hervortreten und gibt somit der Welt, sei sie Natur- oder Seelenwelt, eine Geschichte.

Das erste ist der Weg, auf dem der Mensch im Lebenselement, wissend, sich zurechtfindet.

---

[1] Es geschieht an hand des Prinzipes des kleinsten Kraftmaßes.

Das zweite ist der Weg, auf dem der Mensch im Lebenselement, wollend, Wünsche verwirklicht.

Der wollende Mensch umfaßt den wissenden. (Beide umfaßt der Fühlende.)

§ 82. Geschichte als Element. Geschichte als Wille.[1]

Descartes (welcher die Doppelnatur des ‚Seins' vernachlässigte) schrieb über die Pforte der Philosophie den Satz: „Ich denke also bin ich.'

Ein Seiendes also denkt: Da ist etwas!

Indem das Seiende das aussagt, hat sich ein doppeltes Sein dargetan. Erstens fordert: ‚Da ist etwas!' . . . daß Etwas als seiend gedacht werde (also: ein gedachtes, von Erlebnis unabhängiges, objektives Sein). Zweitens aber drückt im Denken gedachten Seins ein anderes Sein sich aus (ein auch im Gedachtsein seiner selbst sich denkend darlebendes Sein). Diese Doppelheit gilt auch für die Feststellung meines eigenen Selbst. Unmittelbar habe ich mich nur, indem ich mich erlebe. Dieses darlebende Ich aber unterscheiden wir deutlich von der Feststellung seiner selbst im Bewußtsein.

Das Ich wie die Welt sind also doppelt gegeben. Einmal als Ausdruck, zweitens als Gedanke.

Jedes Wort der Sprache hat diese doppelte Verrichtung. Es kann einmal unmittelbarer Ausdruck eines Erlebens sein (Gestalt, Form, Lied, Gesang). Es kann zweitens ein unmittelbar nur Erlebbares denken oder meinen (Begriff, Hinweis, Rede, Formulierung).[2]

Wohlgemerkt aber muß beides sozusagen im selben Atem geschehn.

Auf Geschichte angewendet bezeichnen wir diese Doppelheit des Seins als:

1. Lebenselement von Geschichte (d. h. unmittelbarer Ausdruck geschichtlichen Seins),

2. Wirklichkeit der Geschichte (d. h. festgestellte, gedachte, formulierte Geschichte).

---

[1] § 82 verweist auf den Punkt, der unsre Drei-Sphären-Theorie von der Schopenhauer-Bergsonschen Metaphysik trennt. Über das Nähere unterrichtet der Essay ‚Die Krontermini: Wille und Vorstellung' in der Festschrift zur Jahrhundertfeier des Erscheinens der ‚Welt als Wille und Vorstellung'.

[2] Was der Dichter, der Philosoph gibt, ist zugleich Ausdruck und Meinung; sowohl Leben wie Lehre, sowohl der Natur wie dem Geiste angehörend.

Denken von Geschichte bezeichne ich im Gegensatz zur orientierenden Wissenschaft als Willenschaft (d. h. als Funktion menschlicher Wunsch-Anbilder; sogenannter Werte).

(‚Wille' als Gestalter der geschichtlichen Wirklichkeit muß vom Element historischen Lebens ausdrücklich unterschieden werden.)[1]

§ 83. Das Ideal als Norm der Geschichte.

‚Gott bewegt den Menschen, wie das Geliebte den Liebenden bewegt.'
Aristoteles, Metaphys. XII, 7.

Wir haben im ersten und zweiten Buche Geschichte als Wirklichkeit betrachtet, welche Betrachtung zu dem Ergebnis führte, daß Geschichte sich als völlig sinnlos enthüllte, indem sie weder Wahrheit im Sinn der logomathischen Erkenntnis noch auch Wirklichkeit im Sinn der Erfahrungswissenschaft jemals gewähren kann.

Nun aber tritt uns Geschichte in einer völlig anderen und neuen Bedeutung entgegen. Nicht als eine Wirklichkeit, sondern als eine Verwirklichung. Nicht als Wissenschaft, sondern als Willenschaft. Was aber für die Wissenschaft die Richtschnur der logischen Vorformen ist, das ist für die Willenschaft die fordernde Welt der Ideale (das System der Zwecke und zuoberst die Axiomatik der Werte). Beides zusammen (die logischen und ethischen Normen) bezeichnen wir als die ideale Sphäre des Wahren.

Der Ausgangspunkt des aufbauenden Teiles unsrer Untersuchung ist die Einsicht, daß die Triebkräfte des geschichtlichen Geschehens nicht Ursachen (causae) und nicht Gründe (rationes), sondern Werte (normae) sind, und daß ‚Werte' eine andere Klasse von Ursächlichkeit bilden, als jede Art der Notwendigkeit oder Begründung.

Über kein Thema ist mehr geschrieben und gesprochen worden als über das des Werthaltens und der Werte. Um so erstaunlicher ist es, daß die eigentümliche Natur ihres Wirkens an Geschichte nie beobachtet wurde, so daß es zunächst wohl befremdlich anmuten mag, daß wir das Ideale oder Normative als eine besondere, von jeder sonstigen Wirkung oder Begründung verschiedene ‚Kausalität' be-

[1] Vgl. Philosophie als Tat S. 68 über ‚Sprache als Intention und als Ausdruck'. Ferner Europa und Asien, Kap. XIV über ‚Symbolisch und Gegenständlich'. Auch Schopenhauer, Wagner, Nietzsche S. 67 f. über Sein, Vorgestelltsein und die Doppelnatur des cogito ergo sum'.

zeichnen und als die fünfte Wurzel den vier anderen Wurzeln des Satzes vom zureichenden Grunde nebenordnen.[1]

Es kommt hier nicht darauf an, ob nun diese fünf Gruppen die möglichen Arten von Ursächlichkeit erschöpfen. Wesentlich ist nur die Feststellung, daß die eigentümliche, mit keiner anderen Art Ursächlichkeit zu vergleichende Natur der normativen Ursache bisher übersehen ist.[2]

Der Richter, welcher ein Urteil fällt ‚auf Grund' des Gesetzes, der Gläubige, welcher dem Dogma ‚gemäß' bestimmte Handlungen tut, bestimmte verwirft, der Enthusiast, welcher eine schöne Tat begeht nach dem ‚Vorbild' eines Helden; sie alle brauchen nicht kausiert oder motiviert zu werden durch Gesetz, Dogma, Anbild, welche ihre Wertungen normieren, sondern es ist möglich, daß die an Hand eines bestimmten Wertmaßes von ihnen bewertete Tat aus Gründen geschieht, welche mit der Norm der Werthaltung nichts zu tun haben.

Mithin sind Werte oder Ideale zunächst nicht ‚Geschichte', sondern eine fordernde Welt über Geschichte, eine Welt, an Hand deren freilich alle Wirklichkeit der Geschichte gedacht und denkend gestaltet wird; ein stilles Geisterreich, das nirgend derb und faktisch in das Getriebe der Geschichte-wirkenden Motivkräfte eingreift, dennoch aber das eigentliche Vor- und Anbild, das Regulativ, die Richte abgibt, bei jedem Urteil, das wollend oder denkend der Geist über Wirklichkeit fällt.

Erst zweiterhand und dank einer Doppelsinnigkeit bezeichnet man die faktisch wirksamen Motive der Geschichte als Werte und Ideale.[3]

Während die Normen des Wollens oder Denkens (vérités de raison) klar und einsinnig in sich selber sind, unabhängig von Glaube und Zweifel, Gewißheit und Ungewißheit, ja sogar davon, ob sie gesehen werden oder ungesehen bleiben, sind alle faktischen Motive (vérités de fait) unsicher und wandelbar.

---

[1] Schopenhauer als erster unterscheidet bekanntlich vier Klassen von Ursächlichkeit, nämlich des Seins in der Mathematik, des Erkennens in der Logik, der Motivation in der Geschichte und der Kausalität in der Naturwissenschaft. Zu diesen vier Klassen ratio essendi, cognoscendi, agendi und fiendi füge ich also als fünfte die ratio aestimandi. Vgl. hierzu Kap. III §§ 16—26.

[2] Eine Kritik der Lehre von der vierfachen Wurzel der Kausalität findet man ‚Wertaxiomatik' S. 100 f. Vgl. auch ‚Philosophie als Tat' S. 367.

[3] Wir werden gut daran tun, für die Sphäre des reinen Wertes lediglich die Begriffe Norm, normativ zu verwenden, dagegen dort, wo man gemeinhin von Idealen spricht, an die oft recht ‚unidealen' Motivkräfte der Geschichte zu denken.

Uber die Formen und Normen von Geschichte ließe sich die Einigkeit aller denkenden und wertenden Geister erzielen, die Einheit anschauender reiner Erkenntnis; aber steigen wir aus der Wolkenschicht der reinen Idee auf der Geschichte blutgetränkten, notgepflasterten Boden, dann wird aus dem Ideal die — Lüge (§ 31).[1]

§ 84. Das Ideal als Bewegkraft der Geschichte.

‚Wenn der Geist sich gegen das Leben kehrt,
so kehrt das Leben sich gegen den Geist.'
Thomas Hobbes.

Sogenannte geschichtliche Ideale sind, wie wir wiederholt betont haben, nie etwas anderes und werden nie etwas anderes sein als Umschreibungen für völkische oder persönliche Notstände.

Daher steht es in keines Menschen Belieben, sich geschichtliche Ideale zu wählen, sondern Geburt, Volkheit, Landschaft, Gesundheit, Zufallslage usw., alles wirkt vorbestimmend auf seine Ideale ein, und während er zu denken glaubt, denkt und handelt aus ihm ein Klima und ein Beruf, ein Interesse und eine Notdurft. Erst in der Sphäre der normativen Erkenntnis erlischt die Person und ihre Seelenkunde; damit aber auch das Leben.

Diesen Zusammenhang der historischen Werte oder Ideale mit Notständen (seien die nun seelischer oder wirtschaftlicher Art) hat die vielverkannte Lehre des historischen Materialismus durchaus erfaßt.

Man hat das Notprinzip des Materialismus freilich dadurch zu widerlegen vermeint, daß man darauf hinwies, daß Geschichte als ein Kampf um Ideale eine Fülle von Bedürfnissen und Nöten im Dienste der Ideale erzeuge, so daß man ebensogut das Bedürfnis aus dem Ideal wie das Ideal aus Bedürfnis herleiten könne.

[1] Ein klassisches Beispiel für die Unvermittelbarkeit von Motiv und Norm bildet die ganze Kritik der praktischen Vernunft, deren ‚Kategorischer Imperativ' unbedingt einsichtig ist als wahre Norm des als rein zu beurteilenden Willens, während doch gleichwohl diese Entdeckung der Norm für die praktische Sittlichkeit ohne jede Bedeutung und nicht im mindesten imstande ist, in der Kette wirklicher menschlicher Willensakte jemals irgendwo wirksam zu werden, so daß Kants unvergleichlicher Scharfsinn ganz verzweifelt und ganz vergeblich sich daran abmüht, mit Hilfe von allerlei Mystizismus nachzuweisen, daß aus der Norm des Wollens ein Motiv des Willens werden könne, oder in Kants Sprache, ‚wie der Kategorische Imperativ praktisch werden könne'. (Vgl. ‚Der Bruch in der Ethik Kants', Bern 1909.)

Nun in der Tat, es scheint wohl so, als ob erst Ideale dasein müßten, ehe sich Bedürfnisse einstellen. Auch scheinen Ideale grade daran sich zu bewähren, daß sie unabhängig von Alltag und Not von einem Hauche rührender Erdenferne umwittert sind, ja die höchsten Ziele scheinen sich sogar gegen Geschichte und gegen Leben zu kehren. Soll man etwa annehmen, daß z. B. die religiöse Ethik des Christentums oder des Buddhismus gleichfalls dem Notprinzip unterstehe?

Ich glaube in der Tat, daß man das annehmen muß! Denn da die ganze Geistigkeit des Menschengeschlechts auf Leidenserlösung hinauskommt, so könnte unmöglich je ein Ideal erstarken, welches die Not des Lebens vermehrt. Scheint das gleichwohl der Fall zu sein, womit ja der Materialismus seine Angriffe gegen Christentum und Buddhismus als vermeintlich ‚lebensfeindliche' Mächte begründet, so täuscht uns die Kurzsichtigkeit aller weltlichen Zwecke.

Die tiefste Erkenntnis, — [Buddha nennt sie Wissen aus Leiden (dukhasatyia),] — stellt uns vor die ungeheure Wahrheit, daß Befreiung vom Leiden nur durch Aufhebung des Lebens selber sich vollenden läßt, da das Leiden das Wesen der Vergänglichkeit, also der eigentliche Kern dieser Welt ist.[1]

Die Wahrheit des historischen Materialismus und seines Notprinzips ist also unwiderleglich! Aber sie ist nur eine Hälfte der Wahrheit.

Wie der Begriff ‚Funktion', y = f (x), die Wechselwirkung zweier Größen meint, nicht nur die einseitige Wirkung der einen auf die andere, so muß, wer die Abhängigkeit der historischen Ideale von der Not der Wirklichkeit erkannt hat, auch ergänzend feststellen, daß die Wirklichkeit und ihre Not hinwiederum nichts ist als das Werk der Ideale.

Es hat noch nie einen Glauben gegeben, der nicht grade dadurch, daß er geglaubt wurde, zu Wirklichkeit von Geschichte geworden ist. Indem ich eine Norm der mir zugänglichen Wirklichkeit ergreife, beginne ich die Wirklichkeit nach dieser Norm zu strecken. Denn schließlich ist Wirklichkeit nichts anders als das an der Norm gebrochene Leben.

Warum bauen die christlichen Völker Dampfschiffe, Fernschreiber, Fernsprecher, Luftkreuzer? Warum haben sie allein unter allen Völ-

[1] Buddha und Christus also vollenden den Epikur. (§§ 99—101.)

kern der Erde die ungeheure Überwältigung und Übermächtigung der Natur erwirken können? Darum, weil sie das Ideal eines Heilandes geglaubt haben, der über Meere schreiten und durch die Luft fahren konnte, der die Kranken heilte und mit einem einzigen Brote tausend Hungernde speiste. Es ist der Segen oder Fluch von Träumen der Dichter und Denker, daß sie Geschichte werden. Es ist der Fluch oder Segen jeder großen Liebe, daß sie den Liebenden wandelt in das Geliebte.

Die ganze Geschichte des Menschengeschlechtes ist Ergebnis von Traum! Der Teppich der Ereignisse wird nach geträumtem Musterbilde gewebt. Von Scham und Sehnsucht, Wunsch und Hoffnung, Angst und Ermutigung, Reue und Erbarmen, Selbstachtung, Schuldgefühl, von allen Mächten der Menschenseele. Und daß dem so ist, gesellt die Geschichte allem Erlösenden, das der grauen Lebensnüchternheit Heiligung und Ansporn verleiht.

Wenn wir die Särge unsrer Toten mit Blumen kränzen und ihre Gräber bepflanzen (statt aus ihren Häuten Leder und aus ihren Zähnen Armreifen zu machen); wenn sich Weib und Mann seiner Nacktheit schämt und voreinander sich schmücken (statt entblößt in der Sonne zu laufen und voreinander sich's bequem zu machen); wenn wir Zurückhaltung vor dem Alter üben und Ehrfurcht vor den Schwachen (statt über das Alter zu spotten und den Schwächeren zu überrädern), so liegt in diesen und tausend anderen Verhaltungsweisen kein praktischer Nutzen und keine faktische Erkenntnis (weswegen der nüchterne Verstand immer geneigt ist, sie aus bloßer Gewohnheit, Angst, Aberglauben, mittelbarer Nutzabsicht zu ‚erklären'). Man beseitige aber die in gemeiner Hinsicht sinnlosen Tatbestände des Lebens, und man beseitigt alles, was des Menschen Auferhöhung über das Tierisch-Natürliche verwaltend, der Wirklichkeit ihren ‚Sinn' erst gibt.

So ist auch die rein illusionäre Natur der Geschichte grade der Geschichte unverweltlicher Ruhmestitel! Was aus Geschichte spricht, sind Herzenswünsche. Sie überliefert nicht mechanische Objektivität; sie befreit uns aus ihr; es gilt für sie das Wort aus Novalis' Historischen Fragmenten: ‚Nur solche Geschichte kann Geschichte sein, die zugleich auch als Fabel erzählt werden könnte.'[1]

[1] Man mag in dieser Lehre eine Bestätigung der ideae innatae (eingeborenen Gesichte) des Descartes sehn. Ja, es ist so! Der Geist verwirklicht an der Welt eingeborene Gesichte.

§ 85. Die Übertragung der Ideale auf die Ebene der Zeit.

‚Die Weltgeschichte ist das Weltgedicht.'

Schon Vico hat den merkwürdigen Gedanken ausgesprochen, daß das Zustandekommen von geschichtlichen Legenden seinen Ursprung in der Unfähigkeit zur Begrifflichkeit haben müsse, indem der Mensch eine Erkenntnis, die er mit seinem Geiste nicht zu fassen vermöge, in eine sinnliche Begebenheit umwandle und durch Gleichnisse ausdrücke, wobei zuletzt der Erkenntnisgehalt verschwindet und nur die Mumie (caput mortuum) der sinnfälligen Geschichte übrig bleibt.[1]

Die Flügel unsrer Seele können wohl auf Augenblicke in den luftleeren Raum der einen Erkenntnis sich heben, aber sie können dort nicht leben. Wie helfen wir uns? Dadurch, daß wir das Zeitlos-Normative zu einem zeitlich-einmaligen Geschehnis herabsetzen, also den Himmel gleichsam herniederholen auf unsre Erde.

Somit ist denn Geschichte, wie sie in den Geschichtsbüchern von Geschlecht zu Geschlecht überliefert wird, eine fast möchte ich sagen erotische Vereinigung von Leben und Wahrheit zu Wirklichkeit, eine organische Durchdringung der zeitlich sinnfälligen Erdenbegebenheit mit zeitloser Wahrheit zu dem, was (nach Schillers schönem Wort) ‚sich nie begeben hat und immer'.

Wer die großen Geschichtsschreiber liest, steht unter dem Gefühle, daß es ihnen zuletzt nicht so sehr darauf ankomme, die einmalige und darum nichts offenbarende Tatsächlichkeit des Geschehens zu überliefern, sondern daß dieses bestimmte tatsächliche Geschehnis etwas geheimnisvoll Bedeutsames allgemeingültig offenbare, welches der Mensch gleichsam durch das Transparent der sinnfälligen Geschichte hindurcherblicken und ‚wahr'nehmen soll.

Kann man bei geschichtlichen Erzählungen vergessen, daß ihre Inhalte zu bestimmter Zeit, an bestimmtem Orte geschehen sind? Kann man die geschichtlichen Inhalte bildhaft so anschaun, als ob sie niemals ‚wirklich' gewesen wären? Nur wenn uns das gelingt, vermag Geschichte ihre Bedeutung zu entfalten. Denn als bloße Feststellung: ‚Dies war damals; dort und so' wäre Geschichte die unnützeste Belastung des Geistes, während sie doch als anschauliche Wirklichkeit den selben geheimnisvollen Zauber ausübt wie jedes Kunstwerk, welches

[1] Michelet, Hist. rom. 1831 VII.

immer etwas Bestimmtes vor die Augen stellt, gleichwohl aber grade vermittelst seiner Sonderzüge ein für alles Leben Gültiges vorbildlich schauen läßt.[1]

Was wir als scheinbar starre Gegebenheit wahrnehmen, enthält ebensoviel allzu menschliches Bedürfnis, allzu menschlichen Wunsch wie menschenferne Tatsächlichkeit, wir wissen nicht, können nicht wissen: wieviel Traum in unsere Erfahrungserkenntnis einfließt. Selbst in der stummen Dingwelt, die die mechanische Naturwissenschaft erschließt, steckt immer noch ein Endchen Menschentraum. Ja, selbst in die Wahrheit der reinen Logik und Mathematik — der einzigen unverbrüchlichen Bündigkeit, die es gibt — strahlt noch etwas über vom entgegengesetzten Pole, von der andersartigen, aber ebenso unumstößlichen Bündigkeit unmittelbaren Gefühls. Der Mensch kann nicht anders als Wirklichkeit in Wahrheit, Wahrheit in Wirklichkeit wandeln; und jenseits beider lebt das Lebendige.

Vermitteln wir uns den Tatbestand durch ein Gleichnis, welches wir einer Fabel von Lafontaine entnehmen.

Ein Greis verteilt sterbend sein Besitztum unter seine drei Söhne, indem er den beiden älteren alle Wiesen, Wälder und Weinberge hinterläßt, dem jüngsten geliebtesten aber nichts zuspricht als einen steinigen Acker, mit der Versicherung, daß in diesem unergiebigen Acker ein Topf mit Gold gefüllt verborgen liege. Als der Alte gestorben ist, beginnt der Sohn den Goldtopf zu suchen, indem er den Acker täglich ein Stückchen um und um schaufelt. Dadurch aber wird der Boden allmählich bestellbar. Nach vielen mühevollen Jahren ist der Goldschatz noch immer nicht gefunden, aber während die älteren Brüder in Wohlleben und Müßiggang ihre ererbten Besitztümer vergeudet und eingebüßt haben, ist der jüngste über dem Suchen nach dem Goldhort zu Wohlstand gelangt. Als er nun unter der Linde auf seinem selbsterworbenem Lande zum Sterben kommt, umstehen ihn seine Enkel und fragen, ob der Ältervater sie nicht belogen habe,

[1] Es gibt freilich gewisse, im engeren Sinne historische Fragestellungen, welche grade ausdrücklich auf Entscheide über Existenz oder Nichtexistenz abzielen. Fragestellungen wie die, ob Wilhelm Tell, Arnold Winkelried, Till Eulenspiegel oder der brave Schweppermann wohl ‚historische Personen' gewesen sind. Solche Fragen verkennen gern den Sinn von geschichtlicher Wirklichkeit und geschichtlicher Wahrheit.

aber der Sterbende erwidert: ‚Grabt weiter, es liegt ein Goldtopf im Acker‘ . . . In aller Völker Sagenbildern taucht übereinstimmend das selbe Traumgesicht auf: die Sage von einer besseren Zeit und schöneren Menschheit, von einem großen Geiste oder hohen Geistern, von denen wir stammen, von Wundertätern, Drachentötern, Helden, Halbgöttern, die zu uns niederstiegen, Erlösern, auf wundersame Weise erstanden, durch Wunder von den Frauen aufgefunden und erhalten, durch übernatürliche Zeichen bestätigt; die Sage von einem Paradiese, das wir besaßen, aber verloren haben durch Abfall und Schuld; von einem goldenen Zeitalter, da der Wolf friedlich weiden wird beim Lamm; von Arsareth, dem Rubinland, dem Land, wo Milch und Honig fließt; von den Feldern Zions, der ewigen Stadt mit goldenen Zinnen; die Sage vom Elysium und dem Glück der Asphodeloswiesen, deren Farben allmählich verblassen zum Gefilde des Himmelreichs, darin die Engel wohnen und Gott.

Wer möchte bezweifeln, daß diese Überlieferungen der Schriften, die aus Historienbüchern in die Sphäre des Immerwahren wuchsen und daher heilige, geoffenbarte heißen, keine historischen Feststellungen realer Begebnisse darbieten? Und ebenso gewiß ist, daß ein Seelenbedürfnis am Teppich biblischer Legende wob, ähnlich wie an Träumen und ihrem farbigen Dickicht unser Wunsch und unsere Liebe.

Die Entwicklungslehre hat, indem sie den Schleier der Mythe über Herkunft, Vorgeschichte und Urgeschichte der Erde zerriß, in den märchenhaften Vorstellungen über das, was vor uns war, eine Beziehung entdeckt zu dem, was geworden ist und künftig werden soll. Was die Überlieferung der Vorwelt als Wissenschaft verlor, hat sie somit gewonnen als Weisheit. Der Mensch kann nicht anders, als was er liebt, für wirklich halten, um so die Kraft zu gewinnen, es tatsächlich zu verwirklichen. So werden Ideale zu historischer Tatsache und aus vermeintlicher Geschichte gehen neue Ideale hervor.

Es ist ein fruchtloses Bemühen, die beiden Bereiche scheiden zu wollen. Was wir heute Geschichte nennen, wird in zehntausend Jahren die traumhafte Legende unsres Lebens sein; was vor zehntausend Jahren Geschichte war, das ist heute Legende, übergipfelt von den unerklimmbaren Felsen des Mythus, umblüht von holden Blumen des Märchens, überwuchert vom Eppich der Anekdote.

Wie könnten wir Wirklichkeit und Wahrheit auseinanderreißen, da wir Wahrheit nicht anders haben und haben können als in Gestalt von Wirklichkeit? Das ganze Wesen unsres menschlichen Ameisenbaus ist Verwirklichung von Wahrheit am Element des Lebendigen! Geburt immer neuer Träume und Anbilder, damit Träume und Anbilder Wirklichkeit werden. In diesem Geschäfte der Verwirklichung erschöpft sich das Leben! Mag tausendmal eine nüchterne Wissenschaft sagen: ‚So war es'; die Hoffnung, Sehnsucht, Begeisterung tönen dazwischen: ‚So soll es gewesen sein'; und die Wissenschaft der Geschichte steht machtlos und muß erkennen, daß sie nie etwas anderes ist als Sprachmund wissensfremder Gewalt.[1]

Dieser Vorgang der Anbildverwirklichung im Glauben ist nicht Sonderbesitz der Geschichte. Er unterströmt das ganze Menschenleben. Indem der Mensch, der zu einer bestimmten Tagesbeschäftigung nicht geeigneter ist als zu einer anderen, sich gleichwohl zuspricht, daß er grade für diese Art der Betätigung berufen sei, indem ein liebendes Paar, das auch hundert andere Möglichkeiten der Liebeswahl gehabt hätte, sich die historische, also zufällige Tatsache seines Zueinanderfindens von nachhinein sinnvoll auslegt („In den Sternen stand es geschrieben ... Wir sind von Natur füreinander bestimmt gewesen ... Unsere Ehe wurde im Himmel geschlossen ... Gott fügt zusammen, was zusammen gehört'); indem der Freund im Glauben des Freundes eine Schönheit besitzt, die er zu haben wünscht, indem der Verbrecher sich als Ehrenmann, die Dirne sich geglaubt sieht als geachtete Frau, da erwirkt der Glaube das, woran geglaubt wird, da wandelt Traum sich in Wirklichkeit, da bildet Einbildung zuletzt die reale Geschichte. Immer werden wir genau soviel wirklich machen, als wir verwirklichen zu können glauben und geglaubt werden. Und tausendmal besser Illusion als volle Ernüchterung zur Glaubenslosigkeit erschöpften Wollens, die zusammenfällt mit dem letzten Siege eines schlaflosen Wissens über die Hoffnung. Die Unfähigkeit der erschöpften Kraft, weitere ‚Rauschsurrogate' aus sich

---

[1] Blut und Tränen, Tränen und Blut. Das Ganze ein chaotisches Gewirre undurchdringlicher Fäden. Aber der Historiker kommt und dichtet ihm Geschichte, in welcher es Helden gibt, Könige und hohe Seelen. Ein Glück, daß wir sie nicht kannten.

herauszustellen, wird der Tod der abendländischen Welt sein an ihrem Wissen.[1]

Lessing hat das Wort gesprochen: ‚Was das Auge sieht, das glaubt das Herz', ich aber möchte es umkehren und sagen: ‚Was das Herz glaubt, das sieht das Auge'; denn die gesamte Welt, die wir die wirkliche nennen, außermenschliche Natur nicht minder als das Reich der Städte und Stuben, mußte zunächst einmal als unwirkliche *Vision* da sein, ehe bewußter Geist imstande war, das bildhaft Geschaute zu verwirklichen.

Entkleidet einmal das, was die europäische Wissenschaft in die abstrakte, nur wenigen zugängliche Sprache der Mathematik kleidet, seiner wissenschaftlichen Form und merkt, was dann übrig bleibt und was ihr in der Hand behaltet. Ein Wunschbild, ein Ideal! Und zwar genau das selbe, welches auch der Mythus und die Religion unsres Kulturkreises in Form von Traum und Vision verkündet hat. Ob das Märchen spricht von Kobolden, Zwergen und Wichtelmännchen oder die Mechanik von Atomen, Jonen und Elektronen, ob der Glaube Wasser und Luft bevölkert mit Undinen und Elfen, oder die Physik sie zusammengesetzt sein läßt aus Molekülen der Elemente und Milliarden Ätherwellen, ob der Priester spricht von dem einen Gotte oder der Gelehrte von der einen Kraft, vielleicht ist das alles gar nicht so verschieden, sondern beides nur Ausdruck des *selben* Ideals und die ganze Natur- und Geschichts-welt nur das Abbild der Seele, die sie denkt, das Abbild eines Willens zur Macht, indem das Bewußtsein am Lebenselemente das verwirklicht und zu Wirklichkeit macht, was es als *wahr* ergreift.

Der Grieche besaß den Olymp nicht darum, weil er selbst ein schöner Mensch war, sondern er wurde schön, weil just diese Götter in ihm lebten. Nicht darum verneint der Hindu die Welt, weil er keinen Platz fand an ihren Tischen, sondern er wird nie an ihren Tischen einen Platz gewinnen, weil das Hochziel seiner Weisheit ihre Feste verneint. Der Römer ersann nicht als Gesetzgeber und Krieger ein Leitbild der Kriegergröße und Bürgertugend, sondern das Ideal, auf das er blickte, gestaltete ihn, wie die Pflanze annimmt die Farbe

---

[1] Schopenhauer, Wagner, Nietzsche S. 304—322 ‚la fin du monde par la science'.

ihres Bodens, der Vogel die Natur des Baums, auf dem er nistet, das Insekt die Gestalt der Kelche, die es sucht, der Schäfer die Physiognomie der geliebten Herde. Die Fülle von Mittlergestalten zwischen Gott und Mensch ist darin begründet, daß das hohe abstrakte Strebebild dem armen Vogel Strauß so unerschwinglich ist, daß die Ermutigung, es je als Wirklichkeit zu vollenden, erlahmen müßte, wenn nicht der Beweis gegeben wäre, daß am geschichtlichen Menschen in Fleisch und Blut und zu geschichtlicher Zeit das ersehnte Ideal einmal leibhaft gewesen ist. Da der Gottmensch einmal da war, so liegt darin die Ermutigung, daß er künftig werden kann.[1] . . .

Es steht uns nicht zu, in Streitigkeiten der Theologen uns einzumischen; sie liegen außerhalb unsres kleinen Gartens. Unvermeidlich aber ist es, den Zusammenhang unsrer Geschichtsauffassung mit den Tagesfragen des christlich-europäischen Kulturkreises zu berühren. Daß wir ihm fernstehn, suchten wir damit zu bekunden, daß wir unserm Garten das Doppelbild des Buddha und des Epikur voranstellten.

Die große Selbstgerechtigkeit der Menschen, die auf dem Boden des naturübermächtigenden, das Anbild des weltüberwindenden Menschen errichtenden Christentums erwuchsen, gipfelte in der Umwandlung lebendiger Glaubenskräfte in Menschengeschichte und Menschenseelenkunde, in wissenschaftliche Gotteslehre, die zuletzt geschichtliche Menschenlehre werden muß. Dieser letzte Stamm der erschöpften Wurzel trägt als Wipfel die Historisierung der Heilswahrheit.

Die ewigen Gleichnisbilder, (Christi Geburt aus der reinen Jungfrau, Erdenwallfahrt und Kreuzestod des Göttlichen, seine Wunder, sein Wandeln über Meere, das Durchschweben der Luft, die Speisung der Armen, die Wiedererweckung der Toten, seine Auferstehung, Himmelfahrt und Verklärung, alle großen Wunschanbilder der europäischen Menschheit, welche als Wahrheit ihres Ideals wichtiger und mächtiger sind als alle Ausgemachtheiten der Geschichte), müssen zum Staube herabgezogen werden, indem der Theologe sie zu Daseinstatsachen der Vergänglichkeit erniedert. Weil Ideale nur in Form historischen Berichtes verständlich sind, so wie Märchen dem Kinde wirklich werden; weil die Abstraktionsunfähigkeit bedürftiger

[1] Madonna Sixtina S. 36 f.

Massen greifbares Brot des Geistes fordert, ist es darum geboten, Leitbilder zu zeitlicher Menschengeschichte zu verkleinern oder das beschämende Doppelspiel zu spielen, das für die Eingeweihten philosophisch ausdeutet, was der Laie derb und deftig glauben soll?... Mit dieser zweifelsfreien Unterscheidung der menschheitlichen Wunschanbilde von der geschichtlichen Daseinsform darf nun freilich nicht die Frage vermengt werden, ob Wunsch- und Willensmodelle ohne Anhalt und Anschluß an irgendwelche historische Wirklichkeit, gleichsam als freies Dichten aus leerem Nichts von Einzelnen oder Völkern geschaffen werden.

Wir haben diese Frage beantwortet, indem wir betonten, daß selbst das phantastischste Traum- und Hirngespinst immer nur das Gegebene der historischen Wirklichkeit zu ordnen und an hand überzeitlicher Normen zu gruppieren vermöge. Damit ist aller Zweifel aufgeklärt-liberaler Theologie an dem historischen Jesus, historischen Zoroaster, historischen Buddha bestimmt zurückgewiesen. Woher denn sollten Ideale ihre Lebenskraft, ihr leuchtendes Auge, ihr Wangenrot haben, wenn nicht aus Geschichte? Menschheitliche Idealbildungen können nicht beziehungslose Gedankenbilder sein. Sie trinken aus dem natürlichen Leben ihre Nahrung, wie der Rosenstrauch aus der Ackerkrume der Vergangenheit. So knüpft schon frühester Mythus zweifellos an höchst sinnhafte Naturbeobachtung an. Fernste Heldensagen weisen auf historische Begebenheit. Die fabelhaftesten Berichte von Drachen, Minotauren und Lintwürmern bergen zweifellos irgendeinen wirklichen Kern. Auch Götter sind Kinder bestimmter Landschaft. Und was Mythus berichtet, ist zwar niemals so gewesen; aber ist gewesen. Gestalten des Glaubens erstehn, indem Wünsche des Herzens auf die Ebene der Zeit übertragen und an der gelebten Wirklichkeit versinnlicht werden. So wird die an sich gleichgültige zufällige Tatsächlichkeit der Geschichte vom dichtenden Volksgeist und seinem Fürsprech, dem Geschichteschreiber, zu Wahrheit erhoben.[1]

§ 86. Die Arten der Geschichtswissenschaft.

‚Alles Vergängliche ist nur ein Gleichnis.'

Die Betrachtung Friedrich Nietzsches ‚Vom Nutzen- und Nachteil der Historie für das Leben' hat zuerst den Versuch unternommen,

[1] Vgl. § 51.

die verschiedenen Arten der Geschichtswissenschaft gegeneinander abzugrenzen, ein Unternehmen, das man Bacos verdienstlichem Versuche einer Theorie der menschlichen Vorurteile an die Seite stellen darf.

Als Urteil an den alexandrinischen Künsten der Gegenwart, als Bekenntnis des Zweifels und der Hoffnung, als schönste Verteidigung unhistorisch-unpolitischen Denkens ist Nietzsches Schrift von entzückendem Reiz; aber was sie an schöpferischen Einsichten bietet, ist voll Unsicherheit und enthält im Keim die ganze Fülle widersprechender Fragen, welche lebenslang den großen Denker nicht mehr losließen, ohne je einheitlich von ihm gelöst zu werden. Seine Dreiteilung der Geschichte als monumentalische, antiquarische und kritische, das heißt als die Geschichtschreibung der Tätigen und Strebenden, der Bewahrenden und Verehrenden, der Leidenden und Befreiung-Bedürftigen erschöpft nicht im mindesten die unübersehbare Mannigfaltigkeit möglicher Willensgesichtspunkte der Geschichtsschreibung, welche gleicherweise und selbst einander den Rang ablaufend, an ein und dem selben Geschichtswerk mitwirken können. Vor allem aber lauert hinter dem führendem Begriff des Heroischen eine unbeantwortete Frage, denn wer Geschichte als den Ehrentempel der Helden betrachtet, müßte klar und scharf sagen können, was als Heldengeist und Heldenleben unwidersprochen zu gelten habe.

Die Gestalten, welche die Geschichte festhält, sind zufällige Vertreter eines auf- und abwogenden Vorgangs der Idealbildung. Völkische Bedürfnisse heften sich an sie und tragen sie empor. Die große Masse notgestachelter Erdenwesen, welche völlig machtlos zur Welt geboren, durch Bedürfnis und Gläubigkeit allen historischen Ruhm geschaffen und an einzelne geheftet hat, blieb dabei selber der arme Caliban der Geschichte, der seinen wahren Vorteil nicht kennt, denn der unbenannte Erfinder der Zahnbürste oder der Seife leistete für ‚Forschritt‘ mehr als alle die verherrlichten Siege Cäsars und Bonapartes; und ein stummer Held, dessen Namen kein Heldenbuch zurückbehielt, nahm stolzere Möglichkeiten der Natur mit ins Grab, als jene darlebten, deren Ruhm höher stieg als ihre Leistung, deren Leistung höher stieg als ihre Person. Sollten wir angeben, was in historischer Verklärung eigentlich dauere, so könnten wir nur hinweisen auf Erfolg- und Machttatsachen, an welche zweiterhand wesentliche Werte oder wertbildende Vorgänge sich knüpften.

Die Lesungs-Gesichtspunkte der Geschichteschreiber sind nur Teilausdruck der gesamten religiösen oder philosophischen Wunschanbilder der Zeitalter. Sie entfalten ihre Macht in Bezirken, welche scheinbar mit der Natur der Geschichtsschreibung nichts zu tun haben (zum Beispiel als wechselnde Leitbilder bei der Liebeswerbung der Geschlechter).[1]

Würde also an den Willens- und Geschmackseinstellungen einer Volkheit eine wesentliche Wandlung vorgehn, so würde sich sofort auch die scheinbar-objektive Überlieferung ihrer Geschichte verändern. . . .

Als der Knopfgießer, der den ‚Menschen ohne Selbst' gleich einem mißlungenen Knopfe immer neu umgießt, den verzweifelten Peer Gynt zu holen kommt, da richtet dieser an ihn die anklagende Frage: ‚Wie kann einer wissen, wozu er geboren ist?' Und der Tod hat darauf nur die eine Antwort: ‚Das soll er wissen.'

Wie der Schiffer auf der Wasserwüste seinen Weg kennt, indem er den Blick gerichtet hält auf den unverrückbaren Polarstern, so baut Volk und Mensch *seine* Geschichte, indem man das Auge richtet auf den Pol des Normativen, welcher niemals selber tathaft und historisch werden kann, wohl aber die notbewegte Welt des Tatsächlichen richtig beurteilen und auswerten lehrt.

§ 87. Über die dreifachen Leitbilder der Geschichte.

Solange der Mensch im bloßen *Anschauen* verharrt, ist er frei von aller Not und allem Schmerz, die mit dem Bewußtsein auch die Welt des Bewußtseins und ihren furchtbaren Gegensatz: Subjekt-Objekt aus dem Lebendigen herausschlagen.

Es ist der glücklichste und ursprünglichste Zustand der Seele, über der Ausdrucks- und Bilder-seite des Lebens seine menschliche (sei es logische, sei es ethische) *Bedeutung* vergessen zu können.

Darum ist die *ästhetische Geschichtsbetrachtung*, wenn auch nicht die höchste, so doch die ursprünglichste und lebensnächste. Denn wie jedes unmittelbare Schauen eine Entselbstung und Ichauflösung im Gegenstande, also die Aufhebung des Gegensatzes (Ich und Gegen-

[1] Im Zeitalter der Revolution ergriff die Frauen und Mädchen ein solches Freiheitspathos, daß alle erotischen Gefühle davon durchtränkt waren. Der leidenschaftliche Weltbürger, der Gleichheitsapostel, der Jakobiner und Sansculotte, er mochte sein, wer er wollte, entfachte die Liebe der Frau. In den Zeiten der Religionsstürme wurde der Märtyrer, der Blutzeuge, der Bußprediger angeschwärmt. Zur Zeit der großen Kriege der Patriot, der Soldat, der Verteidiger der Heimat.

stand) benötigt, so ist die Kraft der ästhetischen Geschichte eine Hingabe und Anerkennung des ‚andern‘, befreiend von aller Not des eigenen zeitlichen Daseins.

Wer diese ungeheure Seelenkraft besitzt, den grauenhaften Höllenbildern der Weltgeschichte rein als schauendes Auge sich hinzugeben (so daß er den Tod vergißt über den Anblick seiner Schönheit und gleichsam unter den Klauen des Tigers die Pracht des Felles bewundert), für den gilt das tiefe Wort Buddhas: ‚Es ist alles schrecklich zu sein, aber schön zu sehn.‘

Vergessen wir nie, daß die wirkliche Geschichte nicht die lebende, sondern nur ‚gewirkte‘, das heißt gedachte Geschichte ist, daß wir aber die geschichtliche Wirklichkeit erleben müssen, ehe wir sie denken.

Was bedeutet die ganze historische Wirklichkeit gegenüber dem allumfassenden naturgegebenen Meere des Lebens, welches die menschliche, das heißt wirkliche Geschichte mitsamt all ihrer Logik und Ethik nur wie ein vergängliches Wellengekräusel aufwarf, um schließlich die ganze Wirklichkeitswelt in Raum und Zeit wieder aufzutrinken und einzuschlucken. Wir haben das Leben nur, solange wir es nicht denken (homo fit omnia non intelligendo). Nur in dem Erlebnis der Welt steckt eine keines Beweises bedürftige Gewißheit und Bestätigung, die die gedachte Welt, genannt ‚historische Wirklichkeit‘ niemals haben wird.[1] . . .

Beobachten wir näher den Schlag des ästhetischen Geschichtsschreibers,[2] so fällt uns auf: die bewundernswerte Freiheit von aller Stellungnahme zum eigenen Erlebnis und der Verzicht auf das Auswertenwollen der Tatsachen, die als Lebensgeschehnis eben jenseits von Vernunft und Sinn beharren. — Der ästhetisch gerichtete Historiker (mag das nun naive Ursprünglichkeit des Gefühls oder letzte menschliche Weisheit sein) hat alle Geschichtsereignisse, selbst auf die Gefahr hin, mitleidlos, grausam, unsozial, unbewegt uninteressiert zu heißen,

---

[1] Es handelt sich um Unterscheiden des Daseins der ‚Welt in Raum und Zeit‘ von ihrem Sein. Denn nur das Dasein der historischen Wirklichkeit untersteht der sinngebenden, gestaltenden Kraft des Geistes. Das Sein der Geschichte dagegen, jenseits von Sinn und Nichtsinn, ist uns so gewiß, daß der Begriff Gewißheit darauf nicht anwendbar ist.

[2] Bhagavadgita, Herodot, Goethes Tagebücher, Henri Barbusse le feu; lettres d'un soldat, 1917.

lediglich als Bild der Anschauung vor Augen. Und während der moralische Mensch im Grund sich selber liebt, erlebt der Schauende, im fremden Dinge weilend, die Liebe des fremden Dinges zu sich selbst und lernt es auf diese Art bestätigen. Können wir die Berechtigung einer Lebenstatsache nicht erfassen, so besagt das nur, daß wir weit von ihr entfernt sind; und unser Gut und Schlecht entfremdet uns mehr und mehr und vereinzelt uns gegenüber der Lebendigkeit. Der künstlerisch Schauende kennt weder das Gut und Schlecht, noch das Wahr und Falsch. Er begrübelt das Leben nicht, auch da nicht, wo er als Philosoph spricht. (Wenn aber der wollende Mensch den denkenden mitumfaßt, so umfaßt der nichts-als-fühlende alle beide. § 81.)

An diesem Punkte hat der zweite Schulfall der Geschichtsschreiber, der humane und heroische, trotz höherer Würde und edlerer Wärme seine Grenze.[1]

Er ist als der leidendere auch der tätige, der somit den Geschehnissen gegenübersteht und bei geringerer Kraft der Einahmung in Ereignisse die stärkere Rückstauung gegenüber Ereignissen besitzt. Für diesen wollend auswertenden Historiker gilt das Wort: indignatio facit historiam. Er hält die Wage der Werte. Seine Geschichtsauffassung entfließt weniger der künstlerischen Freude an Wiedergabe der bunten Wandelwelt als vorbestimmender Absicht, die ihn zum Prediger, zum Priester, in den höchsten Abarten zum Richter der Erde macht.[2]

Der denkende, logische Geschichtsschreiber endlich[3] wird von einer Lust rein wissenschaftlicher Art beflügelt, die man in einem ganz anderen Sinne der künstlerischen Freude vergleichen kann, indem diese Art Historiker weniger geleitet werden von der Frage nach dem Wirklichsein dessen, was sie feststellen als von dem Genuß am Zusammenhang und an Aufdeckung der lückenlosen historischen Notwendigkeit.[4]

---

[1] Tacitus, Plutarch, Carlyle, Niebuhr, Schlosser, Treitschke.

[2] In Worten, wie Gegen'stand, Ob'jekt, res, steckt deutlich der Hinweis auf das Abgeleitete aller Wirklichkeit. Sie ist ja eigentlich immer nur eine Rück-wirklichkeit. Nur im Ahnungserlebnis ist sie unmittelbar. Das aber kennt nur der ästhetisch-religiöse Mensch, nie der moralische, nie der logische.

[3] Cäsar, Livius, Ranke, Mommsen.

[4] Diese dreifache Einstellung des Historikers entspricht der dreifachen Art, die Not des Lebens zu bewältigen: gestaltend-anschauend; beurteilend-aus-

Von einer anderen Seite her möchte ich die dreifache Möglichkeit der Geschichtsschreibung an Hand jener drei Illusionsmächte beleuchten, die das Christentum die Kerntugenden nennt. (Liebe, Glaube, Hoffnung.)

Goethes Auge war das eines großen Liebenden. Indem er auf die Geschichte blickte, schaute er die Wahrheit des Ideals in das den Sinnen unmittelbar Gegebene liebend hinein. Daher sind seine Berichte zwar immer realistisch, aber ihre Wirklichkeit ist auferhöhte, verklärte, gesteigerte. Dabei bedarf er weder des Glaubens an eine ideale Welt jenseits von Geschichte, noch der Hoffnung auf den durch geschichtliche Entwicklung in der Zeit verbürgten Fortschritt. Ihm genügt der Augenblickspunkt, selbstgenugsam, göttlich, unersetzlich. Alle Würde und aller Wert ist in Gestalt und Form der jeweils lebendigen Gegenwart unmittelbar gegenwärtig.

Anders das Auge Schillers, das gläubige Auge. Als das eines Sehers und Propheten schweift es von dem in Raum und Zeit leidvoll Gegenwärtigem hinweg zu heiteren Regionen, wo des Jammers dunkler Strom nicht mehr rauscht. Er besitzt den Blick des typischen Geschichtsschwarzsehers, dessen Poesie Nahrung zieht aus dem Zwist von Wirklichkeit und Ideal, eine Poesie teils des jugendlichen Überschwangs, teils der wirklichkeitunfrohen Ernüchterung, zugleich jüngling- und greisenhaft, wie denn Greis und Jüngling einander begegnen, dieser noch nicht auf der Erde daheim, jener schon nicht mehr. Aber nur darum ist Wirklichkeit voller Ekel, weil der sittliche Heros sie meistern will mit dem Maßstabe des höheren Glaubens.

Herder endlich, von den drei Großen der deutscheste und glücklosefte, hat in seinem brüchigen Leben das hoffende Auge des Bestgläubigen, der, die großen Zusammenhänge sehend, auf Entwicklung vertraut. Nicht wie Goethe besitzt er die zeugende, allüberwindende Liebeskraft, die, festlicher Gegenwart froh, selbst in Staub und Kiesel den Gott einblickt, noch sieht er wie Schiller hinauf zu den Sternen als auf das bessere Jenseits, sondern sein Blick ruht auf der weiten Ebene Zeit, wartend auf Entwicklung, die aus Natur und Geschichte heraus den in der Welt eingekerkerten Gott stufenweise hervortreten lassen wird.

---

wertend; einordnend-orientierend. Man könnte unterscheiden den fühlsamen, reizsamen, ordnenden Historiker: l'histoire sensitive, irritable, pensive.

XVI. Lehre vom Rauschersatz.

§ 88. Geschichte als notwendige Illusion. Rausch und Licht.

‚Wissen ist Leiden. Wer am meisten weiß,
Beklagt am tiefsten die unsel'ge Wahrheit.
Der Baum des Wissens ist kein Baum des Lebens.‘
Byron.

Wir müssen die Annahme machen, daß die als Erdenleben verkörperte lebendige Kraft eine endliche Anzahl und Menge darstelle.

Damit ist gesagt, daß, wenn das Wesen des Erdenlebens historischer Prozeß (sog. Weltprozeß) ist, im Verlaufe dieses historischen Prozesses eine Abnahme seiner Wirkungs- und Lebensfähigkeit eintrifft, in wachsender Annäherung an einen Endzustand (welcher gleich sein müßte mit dem Zusammenfallen der drei das Wesen des historischen Prozesses begründenden Sphären in Eines).[1]

Es ist nach Natur menschlicher Erkenntnis unvermeidlich, für den Gesamtvorgang der Geschichte die Anschauung einer Bewegung zwischen zwei Polen festzuhalten, deren ersten Pol wir als aktive (noch potentielle), deren anderen wir als gebundene (schon aktivierte) Kraft vorzustellen haben: Reines Lebenselement als Beginn. Reine Geistigkeit als Ende.[2]

Wollen wir einen der beiden Pole unabhängig von der funktionellen Beziehung zum anderen betrachten, so können wir das nur *negativ*, indem vom ‚reinen Element des Lebens‘ gar nichts auszusagen wäre, als daß es noch diesseits von Bewußtseinswirklichkeit, also

---

[1] Die Voraussetzung dieser bloßen Verbegrifflichung ist, daß die Geschichte der Erde ein aus endlichem Kraftvorrat gespeister Prozeß ist, welcher durch Fortschritt vom elementaren zum bewußten Leben gekennzeichnet werden kann. Für diesen historischen Prozeß gilt das sogen. zweite Prinzip der Thermodynamik, welches besagt: Ein System (‚menschliche Geschichte‘) kann nur in einen solchen Zustand übergehen, dessen Entropie größer ist als die Entropie des Anfangszustandes. Man könnte meinen, daß der Begriff Entropie nur *physikalisch* sei, d. h. nur gültig für tote Prozesse, (solche, die wie ein ‚Gefälle‘ gespeist werden und nicht aus sich selber leben). Aber dem ist nicht so. Die letzten Begriffe der Physik, wie: Energie, Entropie, sind *seelisch* und nichts als Spiegelungen des *Erlebens*. Das Wort Seele (seivan = bewegen, seivas = der See) bedeutet das See'ele.

[2] Eine bloße Orientierung mit dem Vorbehalt, daß, was wir nach Analogie des Spektrums als von zwei unwirklichen Sphären begrenztes Feld vorstellen, für ein allumfassendes Auge sich zur Einheit des Kreises runden möchte.

vorbewußt ist, während vom anderen Pole nur ausgesagt werden kann, daß in ihm Leben und Bewegung eben zur Ruhe kommt.

Die uns einzig zugängliche, nach beiden Seiten hin eingestellte Wirklichkeit liegt in der Mitte, als Bezirk der Verwirklichung einer Sphäre idealer Gültigkeiten am Lebenselement.[1]

Je nachdem wir uns hinwenden reinem Geiste oder reinem Elemente zu, erscheint, von der uns gemäßen Mitte aus gesehen, unsere Einstellung gerichtet auf die Verneinung je des entgegengesetzten Poles. Richtung auf Geist: lebennegierend. Richtung auf Leben: geistnegierend.[2]

Wie nun vermitteln wir uns den Übergang des einen Pols der Geschichte zum anderen? Dadurch, daß wir nach Vorgang alles Lebens auch den historischen Gesamtprozeß als Übergang von Jugend zu Alter, von Geburt zu Tode hin vorstellen.

Wie der ungebrochene Leib solchen Lebensrausch trägt, daß jede künstliche Reizung der Kräfte zur Lähmung wird, während umgekehrt der abflauende Organismus Lebens-feuer und -rausch nur durch künstliche Reizung aufrechtzuerhalten vermag, so dürfte alle Kraft absinkenden Lebens sich in der Erzeugnng von Rausch-Ersatz bewähren, ähnlich wie wir mangelnde Wärme des Leibes durch unentbehrliche künstliche Wärmezufuhr ergänzen.

Dieser Vergleich des Bewußtseins (als der Gesamtheit der sekundären Lebenskräfte) mit einer künstlichen Unterheizung des an sich selbst rein triebhaften Lebens wird als mehr denn bloßes Bild erscheinen, wenn man überlegt, daß der das Leben speisende Wechsel von Schlaf und Wachen immer Wechsel von Vergiftung und Wieder-Entgiftung ist.

Alles Bewußtsein ist Notstand, Fremdstoff, Wunde, Hemmung. Andrerseits aber Beseitigung und Ausheilung von Notstand, Fremdstoff, Wunde, Hemmung. (§ 78.)

---

[1] Wir pflegen die beiden Pole gern antithetisch zu benennen als Eros — Logos, Wille — Vorstellung, Apoll — Dionysos, Europa — Asien.

[2] Reiner Kultus des Lebens schlösse von sich aus: Urteilsentscheide und Wertunterschiede. Reiner Kultus des Wertes mündete in Aufhebung des Lebens selbst. Es ist der Gegensatz von Lebensreligion und Wertreligion (Brahmanismus und Buddhismus).

Dürfen wir voraussetzen, daß der Vorgang der menschlichen Geschichte anwachsende Erweiterung von Bewußtseinsinhalten in sich schließt, so scheint es uns, daß der ganze Sinn der sogenannten Weltgeschichte in der Erfassung einer mittelbaren Lebensfähigkeit sich erschöpft, derart, daß jeder Fortschritt zum Wert nur Notausgang des Lebens und umgekehrt jede Nötigung des Lebens Pforte zum Werte ist.

Somit erscheinen uns Ideale (handle es sich auch um scheinbar lebensfeindliche, weltabgewandte) als Notausgänge des Lebens, das sich selber erhält, ausheilt, steigert und im Steigern verbraucht.

Die Kraft, Ideale immer neu vor sich hinzustellen, ist die Kraft des Lebens selbst.

Hätte unser Leben nicht mehr die Fähigkeit zur Selbsttäuschung, so wäre eben damit auch die Fähigkeit zum Leben selber erloschen. Im Erschaffen der das Leben verbrauchenden Werte erschöpft und unterhält sich das Leben selbst.

Dort, wo der Erkennende in Gefahr gerät, an Hoffnungs- und Wahnlosigkeit der Erkenntnisse zugrunde zu gehn (alle Erkenntnis ist Niederschlag einer Enttäuschung!), da wird unser Fortlebenkönnen abhängig von der Frage, ob wir genug Lebenskraft haben, um neue Ersatzmittel für Lebensdrang und blinden Werdedurst[1] (neuen Trug, neue Rauschsurrogate, neue Wahn- und Blütenträume!) aus uns zu erzeugen. Diese Einblendung (wir nennen sie Wahrheit und Ideal) unterheizt unser Leben nicht anders, als wie Kohle Wärme schafft, wenn Lebens-Wärme zu erlöschen droht.

Und wie die riesigen Kohlen- und Torfflöze der Erde, diese starren Aufspeicherungen gewesenen Lebens alle Frühlinge der Vorwelt in sich aufbewahren, so bewahrt das Geschichte genannte Mausoleum der Wunsch-Anbilder und Wahnformen das längstverschollene Leben und die Frühlinge der Vorgeschlechter, damit sie Wärmequelle werden für das gegenwärtige.

Ist das Täuschung, Trug, Schleier der Maya? Nennt es so! Aber vergeßt nicht, daß Kraft des Lebens sich erfüllt mit der Fähigkeit, die allgemach das Leben bindende Erkenntnis immer neu in erkenntnisfremdes Element aufzulösen.

[1] Buddhas bhava- tanhā; von Schopenhauer Wille, von Hartmann das Unbewußte, von Bergson évolution créatrice und élan vital genannt.

§ 89. Die Bewußtsein-hintan-haltenden Kräfte.

‚Nimm dem Menschen Hoffnung und Schlaf, und du machst aus ihm das elendeste aller Geschöpfe.‘

Kant.

Indem wir den Gesamtvorgang einer Geschichte als Aufblühn und Abblühn einer endlichen Lebenskraft anschauen, bekommt der hohe Besitz von ‚Kultur‘, ihr Anwachsen an geistigen Werten und die Erweiterung ihres Reiches menschlicher Bewußtseinswirklichkeit ein noch nie bemerktes ernstes Gesicht. Wohl rühmen wir uns des Geistes und seiner Werte. Wohl sind wir stolz auf diese selbstgeschaffene zweite Natur. Und dennoch unterströmt unseren Stolz leiser Schauer, jenem gleich, den der Wissende verspürt, wenn die blauen Eisfelder an den Polen der Erde, von denen gesagt wird, daß sie nach 21 000 Jahren die Oberfläche des Erdballs neuerdings übergletschern werden, nach jedem Erdumlauf um eine unscheinbare Spanne gewachsen sind. . . .

Da Geschichte der Menschen, (vergleichbar dem natürlichen Prozeß der Energie-Umwandlung), als eine nicht mehr umkehrbare, einseitig gerichtete (‚irreversible‘) Entwicklung zu Bewußtseinswirklichkeit hin zu betrachten ist, so enthüllt sich das denkendgewordene Leben und die Welt der Bewußtseinsinhalte als — Sackgasse.

Damit erst werden Erscheinungen begreiflich, welche unerklärlich wären, wenn Denken und Erkennen ursprüngliche Äußerung des Lebens und nicht gleichsam Ersatz und Entgelt für Leben bildeten.[1]

Die rätselhafte Dummheit und Dumpfheit geschichtlichen Geschehens, seine ungeheure Sinnlosigkeit, ja Sinnwidrigkeit, das Pflichtgebot des Lebens: ‚Möglichst wenig denken‘, das allgemeine Mißtrauen, ja die Verschwörung wider das wache Licht des Geistes, all das, was dem wägenden Betrachter das Geständnis abnötigt, daß noch nie ‚Vernunft‘ auf Erden Lebensmacht gewesen ist, all das wird erst verständlich, wenn wir die nebengeordnete, sozusagen krankhafte Natur des Bewußtseins und sein Widerspiel zum Lebenselement klar erfaßten.

Soviel man auch vom künftigen Siege der Vernunft, dem kommendem Reiche des Geistes auf Erden träumen mag, nie wird, solange

---

[1] Schopenhauer, Wagner, Nietzsche S. 323 f. Intellektualisierung der psychischen Energie. Der Lärm. Eine Studie über die Geräusche unsres Lebens. Kap. I Psychologie der Betäubung.

die Erde kreist, ihr durchaus triebhaftes Wesen vernünftig werden, es sei denn, daß das Menschengeschlecht, ein Endziel setzend, Leben in den Dienst der Aufhebung von Leben zwingen sollte.

Der äußere Anblick einer Welt voller Ausgeglichenheit scheint freilich Lüge zu zeihen die Überzeugung, daß hinter allen Scheinordnungen der Bewußtseinswirklichkeit das unausschöpfliche Chaos lauere. Aber abgesehen davon, daß alle Vorrichtungen der Vernunft sehr wohl im geheimen Dienste dieses Vernunftwidrigen stehen könnten, verführt die Tatsache, daß wir Wert und Vernunft, dank deren allein wir uns selbst erhalten, dringlich nötig haben, zu dem falschen Schlusse, was für die Schätzung das Wichtigste am Leben ist, auch für das Wesen des Lebens selber zu halten.

Immer erwies der Mensch sich geneigt, diejenigen Eigenschaften, die er festzuhalten bestrebt sein mußte, für den Kern der Welt anzusehen.

So verfällt er der Täuschung, sich für ein Vernunftwesen, ja sogar eine Macht hinter der Welt für vernünftig zu halten.

Es könnte aber sein, daß der ausschätzende Mensch nur an eine notwendige Täuschung sich anklammert und Vernünftigkeit der eignen Natur vorspiegeln muß, um dank solcher Täuschung ein Ideal der Ordnung in unendlicher Annäherung verwirklichen zu können.

Es ist, als ob in den dunklen Massen ferne Ahnung davon dämmere, daß die Verlockung zu Bildung und Aufklärung sie hineintreibe in wachsende Entnüchterung und Entzauberung, bis Bewußtwerdung in Logik und Ethik das Leben gleichsam vergletschern macht.

Darum fordert der Mensch zuerst und vor allem über Wahrheit und Wachheit hinweggetäuscht zu werden.

Er liebt und bewundert den Verklärer und tötet die Aufklärer. Er vergöttert die großen Schwermacher der Weltschau und verachtet ihre Vereinfacher. Er gewinnt hundertmal lieber eine Verzückung als ein Urteil. Denn das wache, abbauende Wissen droht — den Tod.

Das gesamte Leben der Geschichte durchpulst der Hang nach Bewußtseinsersparnis. Nie wird wissend bewirkt, was triebhaft gewirkt werden kann. Und wo notgedrungen der Weg zur Bewußtheit eingeschlagen wurde, tritt auch schon das Bestreben in Kraft, das bewußt Geschehende mechanisch werden zu lassen. Am liebsten möchte der Mensch seine Welt in eine von instinktivierter Gewohnheit und heiliger Überlieferung fraglos geregelte kosmische Maschinerie umwandeln. Denn wir sind durchaus **nicht**-gedanklichen Wesens; und nur darum, weil wir es nötig haben, halten wir uns für ‚intellektuell‘.

Wie der Hase unter allen Tieren das gehetzteste ist, so ist das wache Licht von einer allgemeinen Lebensverschwörung umlauert, überall gehaßt und unwillkommen, wofern es sich nicht in den Dienst der irrationalen Gewalt, also in eine untergeordnete Glut- und Wärmequelle zurückverwandeln läßt.[1]

Der religiöse, metaphysische, künstlerische, mystische Mensch, der Schöngeist, der Gelehrte, jeder versichert, daß er ‚anti-intellektualistisch‘ sei, und doch ist diese Versicherung ganz unnötig, da wissende Urteilskraft das l e t z t e ist, was die Erde hervorbringt, ungleich seltener als alle Mächte des Lebens und der Phantasie und schließlich nichts als ein flüchtiges Hervorleuchten schwachen Lichtstrahls aus undurchdringlichen Nebeln des Vorbewußten.

Die Träume einer jeden Nacht, die vollständige Hilflosigkeit, in die das menschliche Denken verfällt, sobald es aus den Geleisen der gewohnten Sachlichkeit und vertrauten Dinglichkeit heraustritt, die Unzulänglichkeit, ja vollkommene Verrücktheit auch der besonnensten Natur unter dem Einfluß körperlicher Wunden, Entbehrungen, Leidenschaften, alles das könnte klar erweisen, daß das urteilende freie Gehirn das zarteste, bedrohteste, seltenste Erzeugnis der Erde ist und daß es keiner Verpönung des ‚Intellektualismus‘, ‚Rationalismus‘ usw. bedarf, weil ein solcher nie etwas anderes sein kann als — Selbsttäuschung.

So wirken illusionschaffende, bewußtsein-hintan-haltende Mächte, (von Alkohol und Lärm, Nikotin und Haschisch, von den großen Rauschmitteln der Sinne bis hinan zu verfeinerten Rauschmitteln der Bewußtheit selber, bis hinan zu Musik und Dichtung, Religion, Mystik und allen schönen Kräften hohen Wahnsinns und erhabenen Rausches), um das schwere Ende des Todes im Wissen (Buddhas ‚letzter Tod‘, cetovimutti) Jahrtausende h i n t a n z u h a l t e n.[2]

---

[1] „Menschen, Hunde, Wölfe, Lüchse, — Katzen, Marder, Wiesel, Füchse, — Adler, Uhu, Raben, Krähen, — jeder Habicht, den wir sehen, — Elstern auch nicht zu vergessen, — alles, alles will ihn fressen.“

[2] Auf die Untergründe der von Wachheit entbundenen Gewalt deutet die verwundersame Erfahrung, daß grade die lebensdünnen Typen die Blässe der Kultur daran offenbaren, daß sie versichern, ‚a n t i - i n t e l l e k t u a l i s t i s c h‘ zu sein.

Ja man könnte schließlich die gesamte Kulturwelt, ihre rastlose Arbeit, ihre Aufspeicherung von Werten, ihre Pflichten und Sitten, Zerstreuungen und Genüsse als eine riesige Vorrichtung zur Erkenntnis-Verlangsamung und -Übertäubung auffassen. Das wache Licht, das ist der Feind. Oder wie ein Dichter sagt: ‚Das Denken ist das Gräßlichste.'[1]

§ 90. Die Betäubung durch Geschichte.

Erlaßt mir der Geschichte Totenschrein,
Ich will vergessen und vergessen sein.

Wer einen ehrwürdigen Namen eingereiht sieht in Geschichte und nun beobachtet, wie schon durch Zusammenhang und Nachbarschaft, in die jeder eingestellt wird, alle Besonderheit des Wesens verwischt, die Züge des edlen Antlitzes entstellt und jedem Werke seine Lebensfarbe genommen wird, der weiß, daß, wenn die großen Toten der Geschichte auferstehen und sich in diesem Hohlspiegel wiedererkennen könnten, sie entsetzt rufen müßten: Was hat mein Ruhm mit mir zu tun?

Die unergründlichen Unterschiede der Menschen spiegeln sich nicht ohne weiteres in der sachlichen Sphäre der Arbeiten, Taten, Werke, Leistungen, sondern liegen in dem Geistganzen der Lebensschicksale und Lebensgefühle (so daß fast zufällig ist, ob Größe im Praktischen oder Theoretischen, ob als Denker, Dichter, Techniker, Soldat oder sonstwie sich in der Geschichte darlebt). Das echte Interesse kann nur persönlich sein, indem man in Taten und Werken schnell dahinsterbender großer Persönlichkeiten die Lebensspuren und Niederschläge ihrer Seelengeschichte aufsuchen muß; dagegen wird alle Anschauung und Gestalt

---

[1] In runden Zahlen ausgedrückt, kostete der sogenannte Weltkrieg, welcher von 1914 bis 1918 etwa 10 Millionen Menschen dahinraffte, dem Menschengeschlechte in jeder Sekunde seiner Dauer 6000 Mark, in jeder Minute eine halbe Million, in jeder Stunde 30 Millionen Mark, mit jedem Tage seiner Dauer gingen Werte von 700 Millionen Mark für die Erde verloren. Mit der Hälfte dieser im wörtlichen Sinne verpulverten Kraft hätte man die Wüste Sahara in einen blühenden Garten verwandeln, den Atlantischen Ozean austrocknen, den Kaukasus abtragen können. Es gäbe keine elenden, keine hungrigen Menschen mehr auf Erden, wenn diese Werte und Kräfte statt in den Dienst der auf Jahrhunderte hinaus wirkenden Selbstzerstörung in den Dienst der Vernunft gestellt worden wären. Aber im Jahre 1930 werden die Historiker beweisen, daß alles ‚historisch notwendig' war: der große Krieg für die große Revolution, die große Revolution für den großen Krieg: und so ins Unendliche weiter, denn wir Menschen sind — ‚intellektuelle Wesen'.

vertrübt, wenn die geschichtlichen Hinterlassenschaften so behandelt werden, als gelte es nur so schnell als möglich die ‚objektiven Resultate‘ einzureihn. Das ist die Unart der Gelehrten! Solch eine Staats-, Kultur-, Geistesgeschichte von Deutschland, England, Rußland usw. verzeichnet viele Tausende Namen ohne Teilnahme am Leben, indem der Historiker sofort auf das ‚Objektive‘ sich stürzt als auf den Punkt, wo er mitreden kann, wo es gilt, besser zu wissen, Widersprüche aufzuweisen, zu vergleichen, zu verbessern, gegeneinander auszuspielen.

Geschichte ist daher auf jenen Gebieten am vertrauenswürdigsten, wo das Seelenleben ausgeschaltet werden kann. Kriegsgeschichte und Kriegskunst ist vertrauenswürdiger als Wissenschaftsgeschichte, diese vertrauenswürdiger als Geschichte der Literatur; am zweifelhaftesten ist die Geschichte der Philosophie, weil in ihr die sachliche Leistung nichts anderes als Ausdruck der Größe und Würde eines M e n s c h e n ist.

Indem wir von allen Seiten mit Sachlichkeiten: Tatsachen, Leistungen, Kenntnissen, Werken umstellt werden, erstirbt der Mensch und das lebendige Leben. So wird die Historie zur Feindin des Genius und (insofern sie nur s a c h l i c h e r Natur ist) zum Hemmnis höheren Lebens der Seele. Denn diese ‚versteht‘ zuletzt doch nur, wovon sie selber ein Fünkchen in sich trägt und kann wahrhaft richtige Aussagen nur von dem machen, was sie lebendigwirkend l i e b t.

Wir lesen in Büchern, daß Geschichte der ‚gerechte Richter‘ sei! Mit unbarmherziger Folgerichtigkeit zerpflücke sie die falschen Kränze des Ruhms, aber entlohne die ungekrönten Stirnen für die Wege ihrer Lebensmärtyrerschaft. Dieser Glaube an ‚historische Gerechtigkeit‘. ist die Illusion, welche der Mensch festhält, weil kein Sterblicher weiterleben möchte, wenn er die ganze Unsinnigkeit und Willkürlichkeit aller der von ihm mitgeschleppten historischen Urteile durchschauen könnte. Es mag freilich in einzelnen Fällen einmal geschehen, daß ein Mozart dem Armengrabe, ein Kleist oder Hölderlin der Nacht seines Irrsinns, ein Schopenhauer oder Nietzsche der Wüste seiner Einsamkeit entsteigt, um vom nachlebendem Geschlechte historisch entschädigt zu werden. Was aber besagen denn diese beseligenden Akte historischer Gerechtigkeit gegenüber den zahllosen und ungezählten Vergessenen, die von vornherein in die Ecke gedrückt, überlärmt und überschrien, durch Armut und Alltag zermürbt, zu ewiger Wirkungslosigkeit verdammt gewesen sind, indes überall die alles könnende, alles leistende glückliche Mittelmäßigkeit unter sich das ausmachte, was die sogenannte Menschheit für ihre Kultur hält. Und sei dem selbst so, daß eine zweifelhafte Nachwelt gerechter sein könnte, als es eine immererbärmliche Mitwelt ist, sei es, daß der Ruhm das Grab erwärmt, tröstet das für den Schmerz des Sichnichterfüllenkönnens? Der Genius sucht auf Erden die Stelle, wo er wurzeln, den Dunstkreis, der ihn tragen kann. Er begehrt Freiheit zu sich selbst; weiter nichts! Wo das verwehrt wird, siecht er hin an geselligen Rück- und Vorsichten. Daß die Geschichte ihn von nachhinein für einen braven Mann erklärt und die Zeitgenossen, die ihn nicht kannten, für Dummköpfe, das tröstet niemanden. Selbstachtung und Selbstwürde sind die einzigen Erträgnisse des Lebens. Der Ruhm der Geschichte ist für seine Eigner wertlos.

XVII. Geschichte als Formung.

Natura omnes fecit judices, paucos artifices.

Die Stellung der phänomenale-Wesenheit-aufzeigenden Geschichte zur Zusammenhang-schaffenden Wissenschaft ist die selbe, wie die der von Goethe gegen Newtons Farbenlehre bevorzugten ‚Phänomenologie der Sinnenwelt' zur mathematischen Physik.

§ 91. Geschichte als allgemeine Gestaltenkunde.[1]

σῶμα, σῆμα.

In Victor Hugos ‚Glöckner von Notredame' findet sich ein schönes Gesicht. Dem fuchsschlauen Könige Ludwig IX wird das erste gedruckte Buch überbracht. Indem er es gegen die Steinmasse des Liebfrauenmünsters hält, spricht er das hellseherische Wort: Dieses hier wird den Bau vernichten.'

Man kann in der Tat die mächtigen Bauten der Vorwelt, die Säulen und Paläste Babylons, die Pyramiden der Ägypter, die Tempel Indiens, die massenhaften Bildnissäulen des späten Roms als die ursprünglichste Art von Geschichteschreibung betrachten, während die Möglichkeit, seine Gedanken auf bedrucktem Papier an die

[1] Über die Möglichkeit universaler Charakterologie. Archiv f. System. Philosophie, 1917, 23. 4. Diese Arbeit erläutert die Stellung der Universalen Charakterologie (Allgem. Ahmungsseelenkunde) zur sogen. Phänomenologie und Gegenstandstheoretik.

Folgegeschlechter zu übermitteln, unterdrücken mußte die Begier, sie in Stein und Erz einzuformen.

Dieser Zwiespalt deutet tief.

Jedes Wort muß als Ausdruckssymbol unmittelbaren Erlebens um so mehr verblassen, als es als Rechenmünze im Weltverkehr dem Verstande nutzbar wird. Nur in der Sprache als Seelenausdruck liegen urtümliche Regungen geborgen, welche man nicht mehr heraushört, wenn das Wort nicht als Gefühlsleib und Seelenlaut, sondern als Verständigungsmittel, auf ‚Bedeutung' hin verwendet wird.

Der gleiche Widerstreit besteht zwischen Geschichte als Ausdruck und Geschichte als kausaler Wissenschaft.

Die ungeheure Masse unmittelbarer Ausdruckserscheinungen des Lebens, welche verflossene Menschengeschlechter aufhäuften in Bildern, Bauten, Waffen, Geräten, Trachten, Wissenschaften, Staatsverträgen, Gemeinschaftsformen, kurz in allem, was Überlieferung ist, kann als Lebensausdruck nicht erahmt werden, sobald sie unter dem Gesichtspunkt des kausalen Zusammenhangs ‚wissenschaftlich' verstellt und verstanden wird.

Wofern man aber nicht darauf ausgeht, das geschichtliche All als Gegenstandswelt für Nutzzwecke und Absichten zu betrachten, sondern es unmittelbar ahmend als Ausdruck gewesenen immergegenwärtigen Lebens erfaßt, bedarf es keiner künstlichen Unterstellung kausaler Ketten, keiner Erfindung von Zahlenmäßigkeit und Wellenbewegung des Geschehens, sondern jede Erscheinung unzerstückelt, nicht zerkleinernd, nicht starr, nicht gegenständlich, sondern einfältig hingegeben, o b e r f l ä c h l i c h betrachtet, enthüllt dem lebendigen Beschauer ihr Glück und ihre Träne.

So muß man denn versuchen, die Gebildemassen der Geschichte von seiten ihres Formenleibes zu bewältigen, nicht von seiten der wissenschaftlichen Ursächlichkeit. Geschichte wird dann zum Sondergebiet der von uns verkündeten Formenkunde, welche die Gestaltartung menschlicher Füße, Hände, Nasenformen, Schädelformen nicht minder umspannt als die der Blattformen und Blumenkelche, der Tiere einer jeden Landschaft in jeder Zeitspanne, die Volkstrachten, Hausgeräte, Familienbräuche, Gemeindeformen, kurz die gesamte Symbolik der Gestaltgebung und Gestalt; und zwar nicht nur als Physiognomik des ruhenden, sondern vor allem als Mimik bewegten

Lebens. Geschichte in diesem Sinn hat die Aufgabe, sämtliche sichtbaren sinnlichen Erscheinungen jeder Zeit zu vergleichen und auf vereinfachende Urformen zurückzuführen, ähnlich wie Plato die Welt auf Ideen, Goethe auf Urphänomene hin erschaut.

Indem Geschichte nichts anderes sein will als Gestaltenkunde des Lebens (vermöge Mitahmens von Lebensformen), hört sie auf, Wissenschaft, entsprechend den Naturwissenschaften, zu sein. Sie sucht nicht, wie diese, nach der Wirklichkeit *hinter* Erscheinungen und nach Ursachzusammenhängen. Diese grade gelten ihr als etwas Mittelbares. Sie bleibt bei den Erscheinungen *selber* und betrachtet sie als Ausdruck jener Ideale, die das wechselnde Bewußtsein an der Wirklichkeit und als Wirklichkeit verwirklicht.

Indes beharrt sie nicht bei der immer unvergleichlichen, niemals *zweimal* vorhandenen Einzelerscheinung; sondern sie muß, da Geschichte eben nur Gedanke ist, notgedrungen vereinfachende Wesensurbilder aufzustellen unternehmen. Damit aber sinkt in Nichts zusammen das immerwiederkehrende Wahnbild naturgegebener Stufen und Wandelfolgen der Geschichte (§ 80).

Ein vollkommen neuer Begriff von Weltgeschichte tut sich vor uns auf. Die veraltete Vorstellung von Geschichte sieht Jahrtausende als unendlichen pragmatischen Bandwurm vor sich und hinter sich. Dieser Bandwurm immerwiederkehrender Schlächtereien und Katzbalgereien stößt von Zeit zu Zeit ein neues Gliedstück ab; das nennt man dann eine Epoche. Babylon, Ägypten, China, Indien, alles gilt vor unsrer ahnungslosen Maulwurfblindheit als bloße Vorbereitung und Vorschule für die bürgerlichen Staatsangelegenheiten unsres Kulturkreises; für die Bauten und Baustörungen in unserm preußisch-deutschen Maulwurfshügel und für seinen ‚Weltkrieg‘, so daß im Geiste Darwins und Hegels die geschichtliche Entwicklung hinauskommt auf die offenbar endgültige Zeit aller Zeiten: die ‚Jetztzeit‘.

Diese Vorstellung von Gradlinigkeit zusammenhängend kausalen Geschehens ist endgültig überwunden. Lebendig ist nichts als ewige Gegenwart, in welcher alle Formen, Bilder, Perioden, Gezeiten von Geschichte stets beieinander sind, so wie alle Jahreszeiten und Lebensalter auf Erden gleichzeitig währen.

Dem Immergegenwärtigen gegenüber ist Geschichte bloß Gedicht und Gedanke. Und mithin *tot*! Denn ihre vermeintlichen Stufen-

und Wellengleichheitsgesetze sind Bindungen des Lebens im Bewußtsein, vermöge normativer Welt der Idee. Sie ist Sinngebung von nachhinein (logificatio post festum). —

Damit stehen wir vor dem letzten Kern unsrer Untersuchung.

Als Opfer der erst halbwahren Naturwissenschaft Goethes hängen die besten Deutschen an Goethes Irrtum: man könne Formtypen, Urphänomene, Zielanlagen aus der sinnlichen Erfahrung von Natur und Geschichte ablesen, während doch Formtypen, Urphänomene, Zielanlagen dem Geiste, nicht aber dem Elemente zugehören.[1]

Die den Sinnen gegebene ‚Wirklichkeit' ist bereits Verwirklichung von Zahl und Idee am Lebenselement vermöge Bewußtseins. Es ist daher wahrlich kein Wunder, daß jeder Tropf Zahlenmäßigkeiten, Lebensgezeiten, Rhythmenabläufe, Gleichheiten und Urbilder des Geschehens in der Geschichte entdeckt, da ja die ganze bewußtseinswirkliche Geschichte dank der Formelemente des Geistes da ist und jede neue Kultur nur das wieder aus Geschichte herausholt, was sie selber, Geschichte wissend und wirkend, ins Urelement des Lebens hineinschaut, indem ein richtunggebender Himmel formaler Geltungstatbestände vermittels Bewußtseins am Lebenselement teils wissenschaftlich-zurechtweisend, teils willenschaftlich-wertend verwirklicht wird.[2]

Hüten wir uns aber wohl, die kausale Wissenschaft (nach Vorbilde der Physik) als das schlechthin Tote, Mechanische entgegenzusetzen der von menschlichen Sinnen angeschauten Wirklichkeit als dem schlechthin Lebendigen. Ein solcher Schnitt (wie auch Goethe ihn führt) ist falsch geführt! Denn das, was uns als geschichtliche Überlieferung vor Sinnen steht, das ist schon Verwirklichung von Idee und Ideal am Elementarischen durch den Menschen.

Wir werden daher beide Hauptpunkte: das Elementarische und

---

[1] Kant und Schiller, obwohl lebensferner, sahen klarer.

[2] Möchten doch Geschichtsphilosophen endlich aufhören, die vier Jahreszeiten und die vier Lebensalter für Geschichte zu bemühen. Da Geschichte nach diesem Vorbild gedacht wird, wäre es wunderbar, wenn man den Wechsel von Werden und Vergehen in ihr nicht fände. Die geschichtliche Welt ist aber nur das tote Überbleibsel der Formgebungen des Menschenlebens. Es gilt für sie der Satz: semper idem, nunquam eodem modo. Man versuche anzugeben, worin z. B. die altgriechische, die amerikanische, die russische Kultur sich gleichen; man wird finden, daß jede unter der Weltschau der andern selbst anders wird.

das Mathematische, immer gleichzeitig an Wirklichkeit und als Wirklichkeit vorfinden.[1]

§ 92. Versöhnung von Wissenschaft und Kunst.

Ich entsinne mich eines Albumblattes, zu dem zwei deutsche Dichter, Joseph Viktor von Scheffel und Wilhelm Jordan, einen Beitrag schrieben. Der erste hatte folgenden Spruch verfaßt:

‚Ein gutes Blatt Geschichte
Ist besser als tausend Gedichte.'

Darunter schrieb der andere:

‚Ich unterschreib es ohne Einspruch,
Doch wahr, Freund Scheffel, ist auch mein Spruch,
Daß Großes immer nur geschieht,
Wo vorgespielt ein großes Lied.
Was haben wir mit Ruhm errungen?
Was Schiller, Arndt uns vorgesungen.'

In diesen Versen tut ein Gegensatz sich kund, dessen Versöhnung (Verwirklichung der Ideale in Geschichte, Auferhöhung von Wirklichkeit mittels Geschichte) das Ziel ist, für welches Geschichte und Dichtung einander ergänzen.

Aristoteles zuerst hat die beiden Gebiete (das Ersonnene und das Erfragte, de poet. c. 9) unterschieden, wobei er die tiefe Bemerkung macht, daß die Dichtung philosophischer sei als die Geschichte. In der Anwendung aber hat er die eigentliche geschichtliche Kleinarbeit begründet, für die er alle Tugenden selbstlosen Sammler- uad Sichtertums, Arbeitsbeschränkung, Gewissenhaftigkeit, entsagende Zucht von sich und seinen Schülern fordert.

Es wäre sehr ungerecht, wollte man diese trockene, nüchterne Kärrnerarbeit verwerfen, weil bei ihr für Erkenntnis in der Tat nicht mehr herauskommt als die Einsicht:

Daß überall die Menschen sich gequält,
Daß hie und da ein Glücklicher gewesen.

Die Kleinarbeit der Wissenschaft ist nötig; aber wahrlich nicht eines Lebens Ziel. Denn zum Lebensgarten wandelt sich die Totenkammer Geschichte nur dann, wenn die Phantasie dichterisch formender Geister ihre toten Blätter belebt. Geschichte ist Gedanke, mittels

[1] Strenges Festhalten an der Dreiweltenlehre führt uns durch den Irrgarten abendländischer Philosophie.

dessen der Mensch sich aus Natur erhebt; nicht Wissenswirklichkeit, welche nur mechanische Ursachen, d. h. Zufälle, kennt.

Alexander der Große und Cäsar, Gregor VII und Luther, Perikles und Sokrates, alle Schicksale aller Geschöpfe leben nicht dank der Zeitbücher und Urkundensäle, sondern dank zahlloser Sagen, Gedichte, Märchen, zu denen sie Anlaß boten.

Das Verhältnis des Geschichtsschreibers zu den Dichtern gleicht dem der Philosophiegelehrten zu jenen schöpferischen Künstlerphilosophen, welche die Wissenschaft nicht verschmähen und ersticken, nein, als ihre beste erfüllende Rechtfertigung herbeiwünschen sollte.

Man darf daher getrost die eigentliche Geschichtsschreibung dichterischen Seelen überantworten, welche die Gabe besitzen, Vergangenheit, von deren Leben wir zuletzt nur wenig wissen und deren Kenntnis als bloßen Gewesenseins auch nicht wissens*wert* ist, nach sich selber neu zu verjüngen, womit nicht das widrige ‚Modernisieren' gemeint ist, sondern die Neubeseelung dank erneuernder Liebeskraft immergegenwärtigen Lebens.

§ 93. Geschichte und Phantasie.

‚Und daß die alte Schwiegermutter Weisheit
Das zarte Seelchen ja nicht beleidige.'

Man erzähle einem unverdorbenen Gemüte von Krieg und Sieg. Es schaut die endlosen wimmernden Wüsten der Leichenfelder, die kotbedeckten Soldaten, Bäche voller Blut, verkohlte Roggenfelder, brennende Städte. Die wissenschaftliche Meinung und Sprechart dagegen verwandelt die natürlichen Gesichte in Buchstaben und Worte, deren tägliches Nachgesprochenwerden für die Vorstellungskraft des Geistes ebenso verödend ist, wie für die Schaukraft des Auges seine Gewöhnung an die verwaschenen Abbildungen der Bilderzeitschriften, die nichts-als-wirklichen Lichtbilder und Filme, welche der Natur ihre Farbe nehmen, wie Naturwissenschaft sie der Sonderzüge entkleidet.

Es ist unvermeidlich, daß das geschichtliche ‚Wissen um' auf Kosten selbstschöpferischer Schaukraft sich verbreitert; daher große Phantasie-Begabungen keine weiten Gesichtskreise ertragen und fast immer in engumgrenzten Verhältnissen geboren werden und bleiben; wogegen diejenigen, welche viele Länder und Menschen kennen lernen oder große Weltkenntnis, Menschenerfahrung und Wissensreichtümer erwerben, unvermeidlich an ihrer Einbildungskraft Schaden leiden.

Grade die Kernfrage der Geschichte: Ist das auch wirklich?, ihre dauernde Einstellung auf Unterscheidungen von Wirklichkeit und Phantasie verschuldet die ungeheure Seelenerschöpfung, an der das nutzhaft rechnerisch gewordene, von unsinnigen Wissensmassen erdrückte Leben krankt. Aus dieser Phantasieverödung erklärt sich die grauenhafte Tatsache, daß alles tausendmal in Geschichte Dagewesene, alle Kriege, Staatsumwälzungen, Ächtungen, Verschwörungen in jedem neuen Geschlechte von neuem gelernt werden müssen, so daß die Kinder die Erfahrungen der Älteren niemals auszunützen vermögen.

Jede Zeit übernimmt von der andern nur die Zahl hingerichteter Heere, verbrannter Städte, in den Grund gebohrter Schiffe; jede glaubt, das sei gewesen und könne nicht wiederkommen, bis es in veränderter Form wieder da ist.

> ‚Man löse doch in der Geschichte und Zeitung die so kurz und leicht hinschwindenden Laute ‚Schlachtfeld‘, ‚Belagerungen‘, ‚hundert Wagen Verwundete‘, welche durch ihr ewiges, historisches Wiederkommen aus Gebilden zu Gemälden und dann zu Getöne geworden, einmal recht in ihre entsetzlichen Bestandteile auf, in die Schmerzen, die ein Wagen trägt und tiefer reißt, in einen Jammertag eines Verschmachtenden.‘ (Jean Paul, Levana, Bildung eines Fürsten V, 1.)

Die selben Menschen, welche ihre Wohnstätten bewimpeln, wenn sie in der Morgenzeitung lasen, daß ein Schützengraben mit zweitausend Muttersöhnen siegreich in die Luft gesprengt wurde, die selben könnten nicht vor eigenen Augen das Leiden einer Katze sehn, wenn ihr ein Knochen im Halse stecken blieb. Aber sie sehen ja gar nichts! So vergreiste und vereiste das Herzensleben ihrer Vorstellung, daß alles, was nicht unmittelbar ihnen vor Augen liegt und ihr eigenstes Ich angeht, so gut wie gar nicht für sie vorhanden ist. Daher denn auch die blutige Wirklichkeit des gestrigen Tages heute schon zum kitzelnden Schauspiel der Schauhäuser entartet. . . .

Da das Gesetz der Darstellung den Inhalt modelt, so *bildet* der Geschichtschreiber die Wirklichkeit. Man kann ihn dem Maler vergleichen, welcher nicht das Gegenständliche nachahmt, sondern seinerseits bestimmt, was als Gegenstand und wie ein Gegenstand gesehen werden solle.

Jeder einflußreiche Maler lehrt altbekannte Gesichte neu sehen und zwingt vielleicht sein ganzes Volk, Formen, Farben, Eigenheiten wahrzunehmen, welche zwar immer da waren, aber nie zuvor grade so beachtet worden sind.

So begann Turner die englische Landschaft, Nebel, Wolke, Wind und Meer, so zu sehen, wie sie seither von vielen gesehen wurde. So schuf die Schule von Barbizon und die von Worpswede neue Gegenständlichkeit. Der gebildete Deutsche vermag keine Pappel am Grenzkreis zu sehen, ohne zu sagen: ‚Ganz Böcklin‘, und keine Wiese mit Butterblumen, ohne zu rufen: ‚Ganz Thoma‘. Er sieht durch das Auge seiner Maler, wie nach Swedenborgs Meinung die seligen Geister durch die Augen der Lebenden sehen.

Gleich den Malern wirken Geschichtsdichter. Sie erfinden nicht die Volksgeschichte, sondern halten sich an etwas Gegebenes. Aber sie betrachten doch alles Gegebene als fließend und haben im glücklichen Falle die Kraft, das ganze Volk zu einem bis dahin unerhörtem Schauen seiner alten Gesichte zu zwingen, indem sie bald eine bislang mißachtete Gruppe oder Person in den Vordergrund rücken, bald eine bis dahin einseitig beachtete auslöschen und mithin die Schnittflächen der Aufmerksamkeit stets ändern; nicht aus Laune, sondern wechselnder Überzeugung und veränderter Vorliebe gemäß.

Ein Dichter sagte, daß nie zwei Personen einander küssen, sondern stets zwei Urbilde einander suchen; und so könnte man sagen, daß nie zwei Völker Kriege führen und Frieden schließen, sondern stets zwei Urbilde, denn da nicht Geschichte aus bloßen Wirklichkeitsurteilen ohne Wertbetonung besteht, sondern in Haß und Liebe (Gegen- und Mit-ahmung) beständig Sinn, Vernunft, Gerechtigkeit, Fortschritt usw. erfinden muß, so kann nicht Wirklichkeitssinn zum Geschichtsschreiber machen, sondern nur die Einbildungskraft.

Man berichtet von einem Geschichtsschreiber, dem Abbé de Vertot, welcher eine Geschichte der Belagerung von Valette schrieb, daß, als ihm ganz neue Quellen und Grundlagen für dieses Werk angeboten wurden, er ruhig erwiderte: „mon siège est fait“; das mag dem Wissenschaftler als ein Mangel erscheinen, der Künstler im Geschichtsschreiber aber hat nicht nur das Recht, sondern sogar die Pflicht, an dem Störenden vorüberzugehn und zu dem ihm Fremdem gleich

Buddha zu sprechen: „Das bin ich nicht, das gehört mir nicht, das ist nicht mein Selbst.“

Einbildungskraft allein vermag in mechanisch-kausierte Ketten von Gegebenheiten den allumspannenden, sinngebenden Zusammenhang hineinzuschauen, während die nichts als wirkliche Zeitgeschichte keinen Sinn offenbaren würde, sondern nur wechselndes Bedürfnis und Notstand. Auch der Ruhm und Erfolg entspringen Schöpfungsakten der Einbildung, insofern die idealen Sehnsüchte des Menschen (Verehrung, Ermutigung, Verklärung und Heiligung) sich anheften an einzelne Ereignisse und Personen, welche phantasieaufregende Gewalt besitzen.

Auf die Dauer können nur solche Tatbestände als Geschichte währen, an denen Dichter Freude haben. Ja man darf behaupten, daß noch niemand unvergessen blieb, an dessen Person nicht das Klatschgeschichtchen anknüpfen konnte. Nach einigen Jahrhunderten bleiben vielleicht nur die wenigen Phantasiezüge übrig; der übrige Inhalt von Geschichte vermodert in Büchergewölben.

So ist jede geschichtliche Persönlichkeit zur Hälfte Gebild der Phantasie. Kein Philologe, der Isokrates und Plato, kein Kunstgelehrter, der Giotto und Rembrandt zu kennen glaubt, vermöchte mit den im Fleische Wandelnden sich zu verständigen. Selbst die würdigste Menschlichkeit würde sang- und klanglos verwehn, wenn nicht phantasieaufregende Macht ihr innewohnte. Wird aber Einbildung rege, so rettet sie mit all dem Wertlosem und Zufälligem auch vieles wahrhaft Große zur Kunde der Nachwelt. Die Überlieferung bemächtigt sich der zu Geschichte geeigneten Stoffe. Die nachträgliche Untersuchung, was eigentlich ‚historisch wirklich‘ war und was Einbildung umgestaltend hinzubrachte, ist so aussichtslos als unfruchtbar.

Es ist ‚nicht historisch‘, daß Boccaccio aus Schmerz über Petrarcas Ende, Kleist an der Erniedrigung Deutschlands, Byron für Griechenlands Freiheit gestorben ist; aber dennoch ist es w a h r. Nach Berichten älterer Historiker starb der jüngere Pitt mit den Worten: „England, mein England, wie verlasse ich Dich.“ Lord Baconsfield aber stellte mit Mühe fest, daß er mit den Worten verschied: ‚Ich könnte wohl noch eine Pastete essen.‘ Das mag ‚historisch wirklich‘ sein, das andere aber ist wahrer.

Ein bezeichnendes Geständnis aus der Seele des Künstlers macht J. Burckhardt in seinen Vorträgen über Geschichte. Er spricht von großen Zeiten und meint, daß sie eigentlich nur Schöpfung der Einbildung seien. Denn unter großen Zeiten verstünde man solche, in denen vieles geschieht. Indem man Geschichte schreibt, strebt man unwillkürlich, schnell zu den Punkten zu gelangen, wo die Darstellung schwelgen kann. Die Zwischenzeiten ergebnisbunter Umwälzungen erscheinen kleiner, bürgerlicher:

'Summa: Wir nehmen uns Ignoranten interessant Erscheinendes für ein Glück, gegen das Langweilige als gegen ein Unglück.'

Die Wertung der Geschichte nach großen und kleinen Zeiten kommt also nicht aus Natur der Sache, sondern aus der Darstellung. Sie ist so sinnlos, als wenn einer, der am Wechselfieber leidet, seine Krampfanfälle als seine bedeutenden, seine gewöhnlichen Zustände als seine unbedeutenden Tage der Nachwelt überliefern wollte.[1]

Nicht bewußt der umgestaltenden Erdichtung, in dem Wahne, nichts zu tun als natürliche Strömungen sicherer Erfahrung festzustellen, erhöht und bewertet Geschichte das Sinnlose und gibt ihm geistigen Sinn und geistiges Ziel. Damit wird der Geschichtsschreiber zum heilenden Arzte am Menschengeschlecht. Er gibt dem großen Menschenameisenhaufen Bedeutung und steigert gleich dem Dichter Lebensgefühl und Selbstbewußtheit, indem alles Gleichgültige, Unbrauchbare, Heillose, Verneinende übersehen und vergessen wird und als Auszug des Wirklichgewesenen nur Kunde von großen Taten, schönen Begabungen, bewegten Schicksalen, vorbildlichen Lebensabläufen und herrlichen Seelen übrig bleibt. So scheint es zuletzt, als ob die ganze Erfahrungswelt sich danach dränge, ihren Dichter zu finden, als ob alles Werden und Wandeln darum eifre, vom beschreibendem und beurteilendem Gedenker aufgegriffen und ins Buch der Geschichte als Reingewinn ewig vorüberfließenden Lebens eingeschrieben zu sein.

Der Glaube, daß Helden waren und große Herzen schlugen, erweist sich dauernder als die zuletzt gleichgültige Wirklichkeit aller der Gauklerbühnen, Räuberhöhlen und Narrenhäuser. Ja, die Wirklich-

[1] Man nennt in der Geschichte 'groß', was dynamisch und quantitativ eindrucksvoll ist, wobei also viel Geschrei, Pulver, Blut, bedrucktes Papier vergeudet ist. Würde aber hat nur der Einzelne, der freilich in bewegten Tagen Gelegenheit hat, hervorzutauchen.

keit, wie wir sie wahrnehmen, ist schon Verwirklichung unsres Glaubens am Elemente des Lebens. Sinnlose Gewalt scheint die Gegenwart zu spiegeln; doch getrost! auch unsere Leiden versinken

,Und wo rotes Blut geflossen,
Werden neue Rosen blühn.'

§ 94. Geschichte und Eros.

,Nun aber bleibt Glaube, Liebe, Hoffnung, diese drei;
aber die Liebe ist die größte unter ihnen.'

Es wäre möglich, den Verlauf des Weltprozesses als einen Wettlauf zwischen Liebe und Erkenntnis zu denken, vergleichbar jenem Wettlauf des Hippomenes und der Atalante. Immer wenn Hippomenes die Atalante fast erreicht hat, so wirft sie ihm einen goldenen Apfel vor die Füße, und da er nicht widerstehen kann, die köstliche Gabe aufzuheben, so wird er Atalanten nie erreichen.[1]

Erkenntnis und Wahrheit sind ihrem Wesen nach abbauend, insofern sie alles, was am Leben sinn- und wertvoll scheint, als Notergebnis und Notausgang der jeweiligen wirtschaftlichen Bedürfnisse und Anpassungen zu entschleiern vermögen. Für ihre entzaubernde Natur ist schon dies kennzeichnend, daß man unter ,Menschen'- und ,Lebenskennern' solche Geister begreift, welche über das Nichtige (über Gemeinheit, Unbelehrbarkeit, Knechtschaffenheit, Stumpfheit und Notigkeit des Menschen) gut Bescheid wissen. Diese durchdringende Erkenntnis des schleierlos gewordenen Lebens kann nur aus Verkümmerung der menschlichen Einbildungskräfte oder aus immer neuer Enttäuschung fließen.

Die Geschichtsschreibung aber darf diesen erkennenden und daher wahnfreien Geist nicht dulden! Ihre Macht ist die Macht des Wähnens. Ihre Kraft ist eine der abbauenden Gewalt der Erkenntnis entgegengestemmte Gewalt der Liebe. Man kann und darf daher nur ,cum ira et studio' Geschichte schreiben.

Wenn Erkenntnis und Wissen sprechen: ,Mache dir nichts vor. Sieh die Welt nüchtern. Es ist alles unnütz. Nichts hat Sinn!' dann kommt tröstend und mit linder Hand die Geschichte und flüstert: ,Das weiß ich. Und grade darum bin ich notwendig.'

---

[1] Zu seinem und ihrem Glücke. Denn erreichte er sie, dann wäre mit dem Leiden des Wettlaufs und dem Glücke der Illusion das Leben zu Ende.

In einer nach Maßen der Sternenkunde nahen Zeit, in 17 Millionen Jahren, wird die Erde durch Abwärtsbewegung der Isothermen von den Polen zur Mittellinie unbewohnbar geworden sein. Die wärmezeugende Zusammenballung der Sonne muß ihren Höhepunkt bis dahin erreicht haben. Dann geht die Sonne in Rotglut über und wandelt sich aus einem selbstleuchtendem Körper in einen beleuchteten Wandelstern. Das Leben auf Erden, der Sauerstoffaustausch läßt nach und es tritt ein Zustand ein, wie wir ihn an der uns zugekehrten Seite des Mondes wahrnehmen. Wieder einige Zeit später wird die Erde in einen Schwarm zertrümmernder Steine zerfallen und in die Sonne stürzen, woselbst ihre Reste zu nebelartigen Gebilden sich verflüchten werden. Man kann mehr als eine Sonnenwelt wie die unsere in kosmische Nebel sich-auflösen und aus den Nebeln wieder neue Sonnenwelten entstehen denken, (die Astronomie nimmt 40 Millionen Sonnensysteme gleich dem unseren an); zuletzt wird aber immer das Ziel der Geschichte völlig verloren gehen. War es der Mühe wert, von dieser Vergänglichkeit viel gesehen, viel von ihr gewußt zu haben? —

Ein Trost ist uns gewiß! Grade die schmerzlichste, enttäuschendste Erkenntnis ist Prüfstein für die Kraft der Liebe. Bemißt sich Erkenntniskraft an der Menge von ihr durchschauter Wahnbilder und Erdichtungen, so bewertet sich Lebens- oder Liebeskraft an der Fähigkeit, aus alter Hoffnung-Getrümmer immer neue Hoffnungsbilder und Erdichtungen neu erstehen zu lassen.

An jedem Lebensmorgen gilt es neu den Glauben für diesen Lebenstag zu zimmern. Enttäuscht, ernüchtert uns Wissenschaft? Her damit! Dann können wir an ihr erproben, wie stark die Macht unsrer Liebe sei.

Wenn daher die Erkenntnis zuletzt entschleiern, enthüllen, entgöttern muß, so ist die Fürsorge der als Willenschaft aller Wissenschaft weit enthobenen Geschichte: immer neue Schleier für götterlos gewordene Naturtatsächlichkeit zu weben, der Spinne vergleichbar, welche, wenn die erbarmungslose Scheuerfrau tausendmal ihr Netz zerstörte, dennoch an irgend einer andern Stelle das tote Holz neu mit silbernen Fäden zu überspielen versucht.

Führt geschichtliches Wissen in alexandrinischen Seelen just zur Abschwächung alles Aufschwungs, ja zur Lähmung alles Wollens und gilt das ‚Bewundere nichts!‘ als Tugend der alles begreifenden Köpfe, so ist das der schlimmste Mißbrauch von Geschichte, welche entweder als Baumeisterin am Ideal oder überhaupt keine Geltung zu beanspruchen hat. Ja! jenem Wettlauf des Hippomenes und der Atalante vergleichbar ist der Wettstreit erkennender Wissenschaft und dichtender Willenschaft! Ist Wissenschaft so weit gekommen, die Willenschaft zu ergreifen und ergreifend am Weiterlaufe zu verhindern, dann hat die Willenschaft von neuem ihren goldenen Apfel auszuwerfen.

Der Geschichte kommt es gar nicht zu, nackte Tatsächlichkeiten festzustellen. Ihre Aufgabe ist es, als Hüterin des schönen Scheins und edlen Bildes die unheilige ernüchternde Erkenntnis unsres Wissens aufzuwägen. Um so mächtiger also naturwissenschaftliche Denk- und Verfahrungsart fortschreitet, um so kräftiger muß die auferhöhende Gegenwart geschichtlichen Wollens angespannt werden: Fortschritt, Zusammenhang, Einheit in die zerstückelte, am Wissen erstarrende Welt hineinzuschauen, — Baugedanken, welche zwar niemals wirklich sind, aber alle Wirklichkeit zusammenbindend, wahrer sind als Naturwissen und Wirklichkeit.[1]

Goethe hat das kecke Wort gesprochen: ‚Wenn ich dich liebe, was geht's dich an?‘, womit er sagen wollte, daß das Geliebte eigentlich nur Vorwand ist für die im Lieben sich selbstgenügende Kraft einer liebenden Seele. Ähnlich, meine ich, ist für die geschichte-bildende Gewalt des menschlichen Wollens die Erfahrungstatsächlichkeit der Geschehnisse bloßer Vorwand. Wie die Seele, welche liebt und glaubt, keineswegs nur das Geliebte und Geglaubte in seiner natürlichen Bedingtheit erfaßt, sondern mit dem Geliebten auch die Liebe liebend und im Glaubensgegenstande auch sich selbst und den Glauben selber festhaltend, der natürlichen Gestalt nur benötigt, um aus ihr, wie die deutsche Sprache schön sagt, ‚sich etwas zu machen‘, so ist der Geschichts-

[1] Diese Geschichtsauffassung steht jenseits von Pessimismus und Optimismus. Auch steht sie ferne einer abendländischen Philosophie, deren auftrumpfende Zweifelsucht gerne das Erdichtete der menschlichen Erkenntnis betont. Daß hinter Bewußtseinswirklichkeit der Geschichte nichts als Glaube, Hoffnung, Liebe oder kurz gesagt Willenschaft des Menschen steht, das eben betrachte ich als sinngebende Bedeutung des Lebens. Vorüberfließende Tatsächlichkeit ohne die Anbild-erbauenden Mächte des Gemüts wäre nichts als ein Fluß ohne Grenze und Bett. Schöpft aber der Geschichteschreiber, so gilt das Wort: ‚Schöpft des Dichters reine Hand, Wasser wird sich ballen.‘

glaube, durch welchen Völker und Völkergruppen in Liebe oder Haß Götter und Helden, (als Träger ihrer völkischen Tugenden und Verdienste), Bösewichter und Störenfriede, (als Büßer und Sündenböcke aller Fehlschläge erschaffen), ein Vorgang, durch den die dichtende Volksseele sich selber fühlt, trägt und hält; Hoffnung, Glauben, Liebe darlebend, wobei die Erfahrungs-tatsächlichkeit gleichsam nur als Steinbruch, als Farbenbrett des Malers, als ‚Illusionsfassade‘ dient.

Darum gewinnt das Wirkliche als Geschichte eine Bündigkeit und Schönheit, welche die bloß natürliche Wirklichkeit nicht besitzt. Denn im unmittelbarem Geschehen, soweit nicht das Ich bewußten Wollens die Willkür und den Zufall ausscheidet, ist alles nur zufällig und willkürlich. Aber die natürliche Zufallswelt der Geschehnisse ist der Stoff, an welchem im Gestalten von Geschichte Bilder des Wollens verwirklicht, Ausheilungen und Wunscherfüllungen vollzogen werden.

Handlungen, Ereignisse, Personen welche als Vertreter einer völkischen oder gemeindlichen Willensnotdurft ergriffen werden, treten damit aus der natürlichen Erfahrungswirklichkeit heraus und werden in eine mehr als nur wirkliche Welt und in einen mehr als nur natürlichen Weltzusammenhang hineingestellt. Sie werden erhoben in das Paradies und die Nachwelt der Geschichte.

Dies ist der Vorgang der Geschichtswerdung des Lebens durch den Menschen. Mögen also Geschichtstatsachen selbst durch Lüge, Täuschung und Betrug zustande gekommen sein, sind sie einmal zustande gekommen, so hängen sich Glaubensgesichte und Wertgefühle an das zu Geschichte gewordene Leben und beginnen es aufzuerhöhen, so wie der starke Haß und die starke Liebe ihren Gegenstand bejahend oder verneinend umwandeln und aufahmen. Für diese Auferstehung und Himmelfahrt nach dem irdischen Tode sind Himmel- und Höllenglaube ein Gleichnis.

Hier wieder abzubauen, die Bedingtheit, den Betrug, die Allzumenschlichkeit hinter Geschichte zu zeigen, ihre Helden des Ruhms zu entkleiden, ihre Stiefkinder zu verteidigen, die Überspannung des Glaubens zu entnüchtern und das Ideal als Lüge zu enthüllen, das ist das traurige Geschäft der ‚Wissenschaft‘. Groß und schön aber ist es, grade in das Alltägliche das Erhabene, in die nüchterne Bürgerwelt Unsterbliches hineinzuschauen. Das vermag jene Liebe, von der ein Denker sagt, sie sei Mitleid mit verhüllten Göttern.

XVIII. Geschichte als Auferbauung.

‚Voll tiefsten Sinnes ist das Wort ‚erbauen'.
Was vor- in ihrem Gott die Völker schauen,
Ist Riß zum Bau, der leibhaft werden soll,
Ist Volkes-Bildform, diese wächst es voll.'

§ 95. Das angeborene Ich und das eingeborene Selbst.[1]

‚Vor jedem steht das Bild des, der er werden soll,
Bevor er das nicht ist, wird nicht sein Friede voll.'

Sobald man das Ich als Träger des Geschehens betrachtet, zeigt sich unumgänglich ein Doppeltes.

Die Vor-stellung des Zieles (also des Leit-bildes der Handlung) muß notwendig unterschieden werden von dem die Handlung tragendem Ich selbst. Plato bezeichnet diese Zweigeteiltheit als die des ersten und des zweiten Bildes (des *πρωτότυπον* und *ἔκτυπον*).

Es ist unmöglich, bewußtes Handeln zu denken, welches nicht von einem Ich getragen und von der Vor-stellung eines Leitbildes begleitet wird.[2] Die Spannweite der beiden Ichs bedingt diejenigen Regungen und Erlebnisse, welche man als die eigentlich menschlichen (d. h. beurteilenden, auswertenden) bezeichnen kann. Ihnen gegenüber stehen die naturhaften Erlebnisse, als welche der Zweigeteiltheit im Ich entbehren.

Nur dem wollenden Menschen (im Gegensatz zum ästhetisch-fühlenden) ist die hier in Rede stehende Zweigeteiltheit eigen. Man wird diese Zweigeteiltheit im Ich überwunden und überwindbar finden, im selben Maße als die Erlebnisse der bewußten Aufsicht des wachen Willens entgleitend, sich annähern jenem rein anschauendem Zustande, welcher als der schlechthin ungespaltene, ursprüngliche, vorbewußte Zustand der Einsfühlung (Ahmung) aller Zweigeteiltheit, die unser Wissen um Ich und Gegenstand unterströmt, entweder noch entbehrt oder sie wieder aufhebt.[3]

---

[1] Ich benenne mit einer in der deutschen Romantik geläufigen Begriffsabgrenzung die erfahrbare gegebene Person als das angeborene Ich; das Leitbild ihrer Geschichte dagegen als ihr eingeborenes Selbst.

[2] Wie man denn aus ‚Ausdrucksbewegungen' (z. B. Gehen, Tanzen, Schreiben usw.) keineswegs das gegebene zugrunde liegende Ich des Sichbewegenden entnimmt, sondern entnehmen muß, welches Formbild der betreffenden Bewegung vorschwebt, indem nach diesem Anbilde (*ἔκτυπον*) das tragende Ich sich zu strecken pflegt.

[3] Mit dem Gegensatz ästhetisch — ethisch hängt der menschenkundliche der selbstliebenden und selbsthassenden Naturen zusammen (*φίλαυτοι* und *μίσαυτοι*).

Aus der Doppelnatur von Gegebenheits- und Form-Ich erklärt sich eine Fülle der merkwürdigsten, geheimnisvoll anmutenden Erfahrungen. (Schopenhauer, Wagner, Nietzsche S. 463—475.)[1]

Überall dort, wo das gegebene Ich starr geworden und gleichsam festgeronnen verdinglicht scheint (z. B. angesichts des Leichnams, der Wachsfigur, des eigenen Bildnisses, des Automaten, der Marionette, des Doppelgängers, auch der menschenähnlichen Felsen, Bäume, toten Gegenstände), erlebt die wachbewegte strebende Seele ein lähmendes Erschrecken und Erschaudern in Angst. Dieses liegt daran, daß die Bewegtheit des Lebens grade gründet auf Fortdauer des Zerspaltenseins in fertige, dinggewordene Gegebenheit und strebendes Verwirklichen der Welt (‚Wirklichkeit' und ‚Ideal'), welche Zerspaltung zwar fortdauernd eine Forderung der Vereinheitlichung stellt, niemals aber beseitigt werden kann, weil die den Bruch endgültig aufhebende Einheit auch die Lebensbewegung selber aufheben würde.[2]

Das Verhältnis der beiden Ichs im wachen Bewußtsein läßt eine dreifache Auslegung zu.

1. Das Form-Ich wird gedacht als das Ideal, d. h. als Richte des handelnden Willens.

2. Das Form-Ich wird gedacht als das Wesen der Person (ihr besseres Ich, neuer Adam, eingeborener Engel, intelligibler Charakter), auf welches sie zwar von Natur angelegt ist, aber welches in dieser auf Neid und Not aufgebauten, sich wechselweise zerfleischenden Raubtierwelt immer nur unvollständig vertrübt zum Vorschein kommt.

Diese beiden Möglichkeiten unterscheiden sich so, daß im ersten Fall das Form-Ich als zu verwirklichendes Ziel am Ende der Geschichte steht. Im zweiten Fall dagegen denkt man die gestaltende Idee in den Ursprung der Geschichte hinein, als metaphysische Grundlage der Erscheinung.

3. Endlich kann man beide Ichs untrennbar in eines zusammenschauen, indem man ihr Zweierlei nur als notgedrungene Auseinanderlegung in Begrifflichkeit gelten läßt. . . .

---

[1] Die Belege für die Lehre vom Doppel-Ich finden sich an allen beigebrachten Stellen über Ahmung. Eine besondere Anwendung auf die Ästhetik der Schaubühne bietet die ‚Theaterseele' sowie die Abhandlung über das Schauspielerdoppel-Ich im ‚Fröhlichen Eselsquell'. — Die Schrift ‚Hypnose und Suggestion' vom Jahre 1907 enthält die Ahmungslehre im Keime.

[2] Der Mensch wird von zwei Toden umgraut. Er kann einmal sein Ich auflösen und verlieren an die Umwelt. Er kann zweitens im Ich verstarren gegenüber Umwelt. Er stirbt als Schwamm oder Bildsäule. (Schopenhauer, Wagner, Nietzsche S. 465 über Entartungs-Synthese und Dissoziation.)

Es handelt sich um den Kern des sogen. Universalienstreits. Die Universalia post rem, ante rem und (für den sogen. Konzeptionalismus) in re entsprechen dem dreifachen Verhältnis der beiden Ich.

§ 96. Gestaltträger und Gestaltform. Menschheits-Ich und -Selbst.

Die im § 95 dargelegte Unterscheidung gilt zunächst nur für Geschichte im Ich, Geschichte des Ich.

Nun hat aber die erkenntniskritische Untersuchung des ersten Buches (§ 7) klar dargetan, daß Geschichte immer Geschichte des Ichs ist; d. h.: daß sie eines als Träger des Geschehens gedachten und dem Zeitabfluß unterstellten persönlichen Seins bedarf, welches letzthin nur Wiederspiegelung des Geschichte formenden Geistes sein kann.

Indem dieser unterschobene, gemeinmenschliche Träger als in Geschichte handelnd und wollend, gleichsam als die im Leibe der Ereignisse sich auswirkende Geschichts-Seele gedacht wird, bedarf es notwendigerweise eines richtungsetzenden Form-Anbildes, an Hand dessen die Geschichtsseele ihren Leib auferbaut.

Jede abgeschlossene Kultur- und Volkheitsgeschichte ist Verwirklichung eines solchen Form-Anbildes, d. h. einer bestimmten Möglichkeit von Lebensgestaltung.[1]

Welches Form-Anbild das ‚Wesen‘ einer Kultur- oder Volkheitsgeschichte erschöpfend darstellt und als ‚Stil‘ der Zeit, ‚Charakter‘ des Zeitabschnittes ergriffen wird, das kann erst von nachhinein (unter Nichtberücksichtigung anderer, in selber Zeit gleichfalls vorhandener, aber nicht für die Zeit ‚wesentlicher‘ Formgedanken), durch die Sinngebung von nachhinein ausgemacht werden. (Vgl. § 28.)

Man kann diesen Vorgang der Bildung geschichtlicher Formeinheiten mit der Heraushebung von Zahlenwerten aus der fließenden Zahlenreihe vergleichen.

Für die nichteuklidische Mathematik gibt es keine festumrissenen Größen. Der Zahlenkörper als ideale Geltungseinheit ersteht vielmehr durch einen rein-gedanklichen, zuletzt willkürlichen Schnitt durch die fließende Stetigkeit der Reihe, welche nicht bloßes Nebeneinander starr

---

[1] Aristoteles nennt den Gegensatz formenden Trägers und zu formenden Bildes mit den Worten ἐνέργεια und δύναμις, ὕλη und εἶδος (ἐντελέχεια), d. h. Stoff und Form.

umfassender Gebilde, sondern unbegrenzte und unbegrenzbare ununterbrochene Entwicklung von Beziehungsgrößen ist.

Dem entsprechend muß man auch die geschichtlichen Formgebilde (wie Geschichte Indiens, Rom, das Judentum, die Neuzeit, Gotik, Stil der Renaissance, Zeitalter der Technik, Weltkrieg usw.) für nichts anderes betrachten, denn für rein gedankliche, zuletzt willkürliche Schnitte durch das nie unterbrochene, stetige, grenzenlos verfließende Leben.

Wie aber kommen diese Querschnitte zustande? Alle Möglichkeiten, unzählbar und unermeßlich, liegen jederzeit in jedem Volke, ja in jedem lebendigen Einzelwesen immer-gegenwärtig beisammen. Was Geschichte eines Volkes zur bestimmten Geschichte bestimmten Volkes, was das Einzelereignis zum unwiederbringlich-geprägten Gebilde macht,[1] das ist: daß aus Milliarden möglicher, wohl am Leben zu verwirklichender Formgedanken ein einziger vorgewertet, herausgegriffen, zu Leib und Blut gewandelt wird.

Das ist der Sinn des verächtlichsten aller Fremdworte, des Wortes: Kultur. Zu Deutsch: Aufbau.

Je umfassender das in ihr verwirklichte Anbild, um so höher steht ‚Kultur', denn die allerhöchste, nie zu verwirklichende und nur als im-Unendlichen-liegendes Ziel gegebene, würde reine Verwirklichung sein (d. h. in ihr würde sich die Verwirklichung der gesamten Überwelt des Idealen am Lebenselement vollendet und mithin die Dreiheit: Leben—Wirklichkeit—Wahrheit aufgehoben haben).

Unerläßlich also ist die Begrenztheit und Bestimmtheit des Lebens vermöge formenden Gedankens.

Ich habe wiederholt den Versuch gemacht, den Vorgang der Formverwirklichung am Lebenselement klarzulegen. (Besonders Schopenhauer, Wagner, Nietzsche S. 412 f.)[2]

Indem aus dem Gesamtbewußtsein des sich auswirkenden Lebens beständig Teilinhalte herausgegriffen, bewußt-gemacht, als An- und

---

[1] Des Aristoteles: τόδετι; ‚Jetzt und Hier'. (Einmaliges Erleben, im Gegensatz zum Individual-Begriff.)

[2] Man kann von keinem Ideale, es sei das wunderlichste, sagen, das es ‚Utopie' sei, denn Ideale sind immer Teilinhalte des Seelenlebens, welche vor anderen Inhalten (an hand gewisser Wertaxiome) vorgewertet werden. Das Ideal ist also stets gegenwärtig als Möglichkeit oder Vorangelegtheit des Werdens.

Auf-bild der Lebensbewegung aufgepflanzt und zu verwirklichen angestrebt werden, ist jede Bildung, jede Geistigkeitsstufe nichts als Verleiblichung einer unter zahllosen möglichen Formideen am Lebenselement.[1]

Das ist die Zweiheit in jedem Glauben! Das gläubige Herz sieht in der Gesamtgeschichte das Bild eines seienden oder werdenden Gottes. Damit tritt der Zwiespalt in Geschichtsträger und Geschichtsformbild klar an den Tag. ‚Gott' wird immer als ein Doppeltes gedacht. Man denkt ihn einmal als die Einheit und Gesamtheit weltumspannenden Seins (brâhma, ὄντως ὄν). Sodann aber denkt man ihn auch (wie das deutsche Wort ‚Gott' = gut rührend zum Ausdruck bringt) als das richtunggebende Anbild der Geschichte (Geist, Wahrheit, Logos). Er ist zugleich Seinsbegriff und sittlicher Begriff, Gegebenheit und Aufgegebenheit.[2]

In der Sprache meiner Philosophie würde ich sagen: Die uns einzig zustehende bewußtseinswirkliche Welt birgt den Zwiespalt der Verwirklichung einer idealen an einer elementaren Sphäre vermöge Bewußtseins. Oder anders ausgedrückt: die Wirklichkeit ruht zwar im Schoße des Lebenselementaren, aber ist überspannt vom Jenseits des Reinformalen. Das Verhältnis der Geschichte als Wirklichkeit (Buch I u. II) zu Geschichte als Ideal (Buch III) ist das selbe Verhältnis, welches jegliche Theologie zwischen ‚Gott als Leben' und ‚Gott als Wahrheit' bestehen läßt. (§ 84.)[3]

---

[1] Tiefsinnig sind die Worte ‚Bild'ung und Ein‚bild'ung. Ebenso das schöne ‚Wirk'lichkeit, worin das Gleichnis des Webstuhls (wirken = weben) steckt. Idee bedeutet: Gesicht, Anschau.

[2] In diesem Sinn sagt christliche Symbolik, welche nicht der Lebens-, sondern der Wert-gläubigkeit entquillt, ihr Gott sei der Schöpfer der Welt.

[3] Ich verweise als auf ein äußerst lehrreiches Beispiel für die Übertragung der Ideale auf die zeitliche geschichtliche Ebene auf das Gleichnis des christlichen Abendmahls. — Indem der Priester das gesegnete Brot aus feinem Weizen und die Schale voll Weines nach vollzogener Beichte zur Erneuerung darreicht, spricht er das Wort: ‚Dies ist mein Blut; dies ist mein Leib.' Das will sagen: Gedenke, indem du issest und trinkst, mit den Verrichtungen deiner tierischen Natur aufzuerbaun den Leib Christi als das Form-Ideal deines Kulturkreises. Dazu lebst du, darum issest und trinkst du, damit an dir und in dir Christus Fleisch werde. — Daß aber grade das Brot und der Wein des zum Gleichnis diene, ist von hoher Schönheit. Denn das weiße Brot (‚Mark der Mannheit' nennt es Homer) ist der zarteste Auszug aller menschlichen Mühen. Die ganze Wirtschaft und Arbeit des Volkes wird im Brote Frucht. Der Wein aber ist Auszug der Natur. Wir genießen

§ 97. Staatskörper und Volksbaubild.

Die Beziehung von ‚Ich' und ‚Selbst' kehrt überall wieder, wo ein lebendig-wandelbares Element (beispielsweise eine Gemeinde, eine Körperschaft, ein Regiment Soldaten) in eine unwandelbare, feste, ideale Bauform gleichsam hineingegossen wird, um an ihr Gestalt zu empfangen. Was man dann die Geschichte der Gemeinde, der Körperschaft, des Regimentes nennt, das ist sowohl die Geschichte des tragenden Ich wie des richtunggebenden Selbst, es ist die Baugeschichte der Verwirklichung des einen am andern.

So sind alle Stil- und Form-Anbilder (der Gedanke: antike, byzantinische, arabische, gotische Kunst; Ideale; wie: Weltherrschaft, Weltverbrüderung, Weltfrieden, Völkerbund usw.; Ideen, wie: Nirwana, Sokratische Schule, Stoa usw.) gar nichts anders als Baugedanken zum Zweck von Wirklichkeitsgestaltung; künstlichen Prägeformen vergleichbar, dank deren formlos-zerstiebender Wüstensand eine Zeitlang sinnvoll gebunden wird.[1]

Den immerwechselnden an hand zeitloser Axiomatik auszuwertenden Baugedanken verdankt das Menschengeschlecht die ‚Weltgeschichte genannte Sinngebung des Sinnlosen.

Der in der Einzelseele lebendigwache Gegensatz: Ich und Selbst kehrt im Völkerleben wieder. Es ist der Gegensatz von Volkskörper und Volksseele. Er ist nicht minder künstlich und nur begrifflich wie jede Entgegensetzung einer leiblichen und einer geistigen Seite von Natur, da ja Leib nie etwas anderes als Ausdrucksform seelischen Baubildes und mithin gestaltgewordene Seele ist.

Man kann (um ein naheliegendes Beispiel anzuführen) die Beziehung des Abendlandes zu der sogenannten antiken Kultur dem Verhältnis von Ich und Selbst vergleichen. Das die abendländische Erde seit 2000 Jahren beherrschende Anbild des griechischen Altertums (welches nie natürlich-wirklich war, sondern: Umdichtung, Um-

---

in ihm das Blut gewordene Licht. Alle Gestirne müssen wirken, daß die Traube zum Weine reift. Die Abendmahlsspende also besagt: Vollende in dir das Weltall und deine Erde zu Gott, wandle das historische Ich zum zeitlos wahren Selbst der Geschichte.

[1] Von den Baugedanken der Willenschaft unterscheide ich die Arbeitsgedanken der Wissenschaft. Diese dienen der ‚übermächtigenden Orientierung'.

denkung, Illusionsschöpfung) ist gleichsam das ‚bessere Selbst', dank dessen der europäische Mensch sein Ich auferbaut.[1]

Erst von diesem Standpunkt aus begreift man die notwendige Unduldsamkeit der Geschichte. Das Musterbild, welches jedes Volk, jede Kaste oder Gruppe von sich selber hat, wird mit solcher Andacht ergriffen, daß der Zweifel an den Verklärungen der Geschichte in den vorwiegend geschichtlich eingestellten modernen Zeitaltern so geahndet wird, wie in den ungeschichtlichen der Frevel am Göttlichen. Es handelt sich in der Tat um Grunderlebnisse des Glaubens.

Trug wäre es, zu wähnen, daß schon die elementare Natur Zucht und Richtung berge. Das Element kennt nur blinden Drang, dem Schmerz, dem Untergange zu entgehn. Alles ist von Natur möglich. Jeder Keim, jede Anlage ist millionenfach vorhanden. Was wirklich werden soll, bestimmt erst das Bewußtsein. Alle Möglichkeiten werden sinnlos chaotisch verschwendet, wo nicht als rettender Notausgang Bewußtsein dem Elemente sich enthebt, um formend und fordernd seine Welt aus Millionen möglicher Welten aufzuerbaun, seine Welt der Vorstellung, welche jedes Bewußtsein in ahnungsloser Vermessenheit die ‚wirkliche' nennt. So verfügt Bewußtsein: Zucht und Züchtung. Das will sagen: ein Gerichtetsein des Lebens im Sinn vorbestimmenden Bereiches der Wahrgesichte und Richtunganbilder (norma).

Dem Leben geben wir das Ziel; wir bringen ihm Gott, Gericht und Wahrheit. Daß wir diese ‚vorzufinden', der Natur zu entnehmen wähnen, erfolgt gemäß jenem seelengesetzlichem Zwange, Erhofftes als verwirklicht, Ewiges als zeitlos annehmen zu müssen.

An jedem Gemeinschaftsleibe kehrt sie wieder: die Verwirklichung des Glaubens mit Hilfe der Annahme, daß das Geglaubte wirklich sei. Der Mensch baut seinem Richtbilde den Leib dadurch, daß er bestimmte Möglichkeiten des Werdens vorwertet. Und während er glaubt, das Erstrebte in Stoff und Natur ‚vorzufinden', offenbart und bewährt sich an Stoff und Natur sein weltgestaltender Formungswille.

Die bekannten ‚Nationaltugenden', welche jede Volkheit ihren Helden, Führern und Göttern zubilligt, ja sogar noch in den Zerr-

[1] Besonders deutsche Bildung und Bildungssprache ist — leider! — fast ausschließlich an Hand erträumten Altertums auferbaut.

bildern der eigenen Eigenart anbetet, jene Tugenden, von denen es in den Geschichtsbüchern heißt: ‚Sie waren seit Ursprung unsern Ahnen eigentümlich‘, sind schließlich wie Fenster, durch welche man auf Wünsche, Hoffnungen, Bedürfnisse, Wunden, Gefährnisse des Volksganzen hinblickt. Volk und Mensch bedürfen des Glaubens an Geschichte, um sich ausheilen und vollenden zu können.

Indem wir in Einfalt diejenigen Eigenschaften uns zubilligen, die wir zu haben benötigen, indem wir sie an uns wachhalten und hochzüchten, gewinnen wir die Ermutigung, daß künftig wirklich werden kann, was angeblich schon ehemals wirklich gewesen ist.[1]

Die Nationaltugenden eines jeden Volkes sind daher solche, die grade diesem Volke besonders schwer fallen. Seine Mängel werden zu Augen, mit denen es sein Ideal erblickt.

Ich greife aus vielen möglichen Beispielen die deutsche Volkstugend: Treue heraus.[2]

Die deutsche Treue wird in Millionen Liedern täglich gepriesen. Spricht die Geschichte: der ewige Kampf der Kaiser gegen die Fürsten, der Fürsten untereinander, beider gegen die Städte, der Städter unter sich; spricht der Wirrwarr aller Mund-, Stammes-, Landschaftsarten, spricht die ruchlose Unzuverlässigkeit des deutschen Volkstums in fremden Landen, seine niederträchtige Verwelschung, Verengländerung, Verslawung, spricht die grauenhafte Flickwörternatur der neuhochdeutschen Umgangssprache vom Ruhm dieser Treue? Wenn wir morgen die Wiederkehr des alten deutschen Bundesstaates erleben, wird dann diese vielgepriesene Treue stichhalten? Beginnt übermorgen der Zerfall Deutschlands in kleine Volksfreistaaten, wird dann diese vielbemühte Treue wieder mal ‚auch anders können‘?[3]

In den alten Liedern der Edda rühmen die Helden ihre Treue, indes immer der eine dem andern übers Ohr haut. Besonders ab-

---

1. Christi Geburt in irdischmenschlicher Gestalt wurde schon von der Gnosis damit begründet, daß die Ermutigung Christi Hoch- und Hehrbild künftig zu erwachsen nur aus der Gewißheit kommen könne, daß es in Stoff und Zeit gegenwärtig gewesen sei.

2 Nach A. Ficks Vergleichendem Wörterbuch der indogermanischen Sprache bedeutet arya: treu.

3 Das wurde 1916 geschrieben, nun wo es gedruckt ist, da ist die vorausgesehene große Revolution, (genau um vier Jahre und drei Monate zu spät), eingetreten.

scheulich ist die unbefangene Verschlagenheit in der Eddaerzählung vom Schmiede Wielant, der, als ihm von seinem Könige Unrecht geschieht, sich dadurch rächt, daß er die Königskinder heimtückisch an sich lockt und ermordet, um aus ihren Knöchelchen Schmuckstücke für die Eltern zu verfertigen, ja zuletzt sogar die zuvor durch einen Schlaftrunk niederträchtig betäubte Königin schändet. Man darf durch das vielangeführte Wort Treue nicht sich verleiten lassen, in den Heldenliedern der Skandinavier, Angelsachsen und Germanen eine echte bewußte Pflichtsittlichkeit zu suchen.[1] Wo steckt die Treue im Epos von den Nibelungen? Blutrache, Sippenehre, Gemeinverantwortlichkeit, hartnäckiger Kampfesmut, das alles ist nicht Treue. Gunther bricht Siegfried, Siegfried Brunhilden, Krimhilde dem Gunther, Hagen der Krimhilde die Treue. Ein blutiger Faden von Verrat zieht sich durch das barbarische Epos, indes man zur Messe geht und zum Meister der Liebe singt. Auch das schönste deutsche Liebesgedicht, das Lied von Tristan und Isolde, zeigt eine natürliche einfältige Freude am gelungenen Betruge, ohne daß sein herrlicher Meister, Gottfried von Straßburg, je auf den Gedanken käme, daß das falsche Spiel seines blauäugigen Helden und seiner blondlockigen Heldin, ihre Lügen und Listen, falschen Eide und gegen den arglosen Marke geübten Sinnrückhalte den Wert ihrer Liebesleidenschaft vermindern könnte. Deutschlands berühmtester Volksheld, Hermann, der Cherusker, offenbart sowohl in Kleistens wie in Grabbes Drama eine Verschlagenheit, wie kaum je ein hinterhaltiger Punier sie offenbart, aber strömt doch über vom Ruhme der deutschen Treue. Endet sie an der Landesgrenze? Dann wehe jedem, der sich auf sie verläßt! Reineke Fuchs, das Urbild niederdeutschen Volkshumors, zeigt nicht minder wie die kerndeutschen Lügengeschichten des Freiherrn von Münchhausen eine urbehagliche Freude am Überlisten und Übervorteilen. Wollte man das gute deutsche Schrifttum auf die berühmte Treue hin durchmustern, dann würde man zu seiner Verwunderung sehen, daß die herzliche Betrügerei mit gutem Gewissen im deutschen Wesen tiefe Wurzeln schlug. Sogar bei unsern grundehrlichen Luther und Lessing wird treuherzig gelogen. Luther wettert zwar knorrig wider welsche Tücke und römische Arglist. Aber wenn's

[1] Zur Seelenkunde der Treue: ‚Weib, Frau, Dame' S. 109 f.

mal nottut, dann genehmigt auch er sich List und Lüge, nur freilich mit Entfaltung von viel warmherziger Schützenbrüderlichkeit. Sogar der wackere, biedere Tellheim, der alle undeutsche Windbeutelei verachtet, vermag mit Moral und aus Moral wie ein Franzos zu flunkern. Die Helden Richard Wagners überlisten einander, wo sie können, und seine germanischen Götter begaunern sich mit Tiefsinn und Innigkeit. Nietzsches Zarathustra vermag, während er die neue welterlösende Sittlichkeit begründet, die ‚höheren Menschen' in seine Höhle zu locken und durchs Schlüsselloch heimlich auszuspähn. 1914, nach Ausbruch des Krieges, gab der Dichter Gustav Frenssen ein Epos ‚Bismarck' heraus, durch welches er dem deutschen Volk in der Schicksalsstunde ein Vorbild großer Staatskunst zu errichten glaubte. Bismarck ward dargestellt, wie er war: treuherzig-listig, gemütvoll-verschlagen. Das gab einen Sturm der Entrüstung, und dem Dichter blieb nichts übrig, als sein Werk zurückzuziehn und einstampfen zu lassen. Wie nennen wir das bei den Engländern? cant. Und bei uns? Treue.[1]

Hier sei eine Frage berührt, deren Verständnis viel Leidwesen, Streit und Bitterkeit würde verhindern können. Ist das einem Staatskörper vorschwebende Volksbaubild Ausdruck bestimmten Blutes fest umgrenzter Rasse? — Überall wird man die Erfahrung machen, daß diejenigen Eigenschaften, die ein Volk als die reinsten Verkörperungen seines Blutes verehrt, von den blutsfremden Gliedern des Volkes am reinsten auferrungen und verleiblicht werden. Die reinsten Vertreter des Deutschtums, Engländertums, Russentums usw. sind durchweg Menschen, die noch nicht allzulange in dem betreffenden Volkskörper verwurzelt sind. Es geht damit wie mit den Bakterien, gegen welche ein Körper, auf dem sie längere Zeit ansässig sind, schließlich völlig gleichgültig und unempfindlich wird, während die Keime sofort neulebendig und sogar für den gegen sie schon unempfindsam gewordenen Körper wieder wirksam werden, sobald sie

[1] Vielleicht ist das, was man gemeinhin ‚Treue' nennt: jene stiernackige Rammklotzigkeit des Wesens, welche Tacitus an der bekannten Stelle, Germania Kap. 24, erwähnt: ‚So hartnäckig sind die Deutschen selbst in verwerflichen Dingen; sie selber nennen das Treue.' Diese von Tacitus erwähnte ‚pertinacitas' ist eine gewisse selbstgerechte Ernsthaftigkeit, der gegenüber die Prahlerei und Ruhmsucht südlicherer Völker kindlicher und darum liebenswürdiger anmutet.

mit einem blutsfremden Organismus, wenn auch noch so flüchtig, in Berührung gekommen sind.[1]

Die Könige, Führer, Helden, Götter eines jeden Volkes sind daher von fremdher zugewandert. Es ist, als ob kein Volk für das bei ihm selber Geschehene, weder für seine Tugenden noch für seine Fehler, ein genügend unbefangenes Auge habe, so daß erst immer der fremde Blick eine neue Aufmerksamkeit erregen kann. Man kennt ja auch die alte Erfahrung, daß die Sehenswürdigkeiten jeder Stadt wohl von den Durchreisenden besichtigt und gewürdigt werden, dagegen ganz unbeachtet sind von denen, die mitten darunter leben. Von fünf preußischen Hofhistoriographen ist keiner ein Preuße gewesen.

Wie die Bewohnerschaft eines Ameisenhaufens durch einen nur ihr allein wahrnehmbaren feinen Geruch von der Bewohnerschaft jedes anderen Ameisenhaufens sich unterscheidet und daher die von auswärts in den Umkreis des Haufens hereingeratenden fremden Ameisen überfällt und tötet, so verneint eigentlich jeder Mensch den Dunstkreis jedes andersartigen Menschen. Wenn aber der Ameisenforscher die Tierlein aus verschiedenen Haufen in die selbe Zuckerlösung tauchte, so können sie sich nicht mehr auseinanderhalten, sondern wimmeln friedlich beisammen und lecken sich brünstig.

‚Und mit solchen Dingen verbringen wir unser Leben
Und droben auf Wolken sitzen die Unsterblichen und lachen über uns.‘

Shakespeare.

[1] Ich habe a. a. O. diese Tatsachen als Gesetz des Wiederauflebens durch Stauung erläutert.

Die Kuppel.

Die Aufgabe des erkenntniskritischen und seelenkundlichen Teiles (Buch I und II) war es, die natürliche Auffassung von Geschichte als Wissenschaft zu zerstören. Die Aufgabe des zweiten, aufbauenden Teiles (Buch III) bestand darin, das über-natürliche Wesen von Geschichte (als Verwirklichung menschlicher Bauanbilder) zu würdigen. Dagegen war es nicht unseres Amtes zu entscheiden, welches unter den unzähligen möglichen Bauanbildern der Völker und Zonen das letzte und rechte sei. Wenn wir nun zum Schluß Entscheidung zu treffen scheinen, so soll der Leser darin nichts sehn, als den bedingten Ausdruck eines nur persönlichen Erlebens. Es darf ihn auch nicht kümmern, ob die großen Anbilder, die grade diesem Leben vorschweben, als Gipfelblüte oder Herbstlandschaft von Kultur zu betrachten sind.

§ 98. Freude. Lebensglaube. Epikur.

‚Uns bedrückt nicht solches Wissen,
Unser Jahr ist uns die Grenze,
Unser Licht die Glut im Ringe
Und ihr Dienst uns Ziel und Pflicht.‘
George.

Oberhalb Athens, auf sanft ansteigendem, veilchenüberblautem Hügel, über den Menschen, aber nicht fern von ihnen, steht ein stiller, weinumrankter Gartentempel, darin endlichen Geistes schönster Traum sinnlich-volle Erfüllung ward.

Hier wohnt die kleine Gemeinschaft der ‚Freien und Erlösten‘: Männer und Frauen, die das Ziel des Lebens gewannen, indem sie jedes Ziel von sich entfernten, des Lebens Sinn erkannten, indem sie die falsch-gestellte Frage nach ‚Sinn‘ hinter sich ließen.

Hier schloß sich der Ring! Man wirft keine Zwecke über erfüllte Stunde hinaus. In jeder lebt die ganze Zeit, (was gewesen und was sein wird); gestaltgeworden, endlich-unendlich, ewiggegenwärtig. In diesem Hause hängen keine Spiegel. Unter diesem Dache schlagen keine Uhren. Blumen blühn, die immer erneuten; sie lachen nicht noch weinen. Von einfachen natürlichen Speisen wird der Leib gebaut. Feigen, Trauben, Datteln reifen zu. Übervoll hängt der Pfirsichbaum, als drücke er seine Früchte dem Schönsten in die Hand, bitten: Lasse mich Du sein. . . .

Wir sprechen von Schönheit und Würde des griechischen Stadtstaates, aber nicht die Polis war die Blüte lichteren Lebens; höhere Würde besaß ihr Gegenspiel: der Thiasos.

Aus dem Thiasos sind die Geheimnisse von Eleusis und die unsichtbaren Gemeinden des ersten Christentums, dionysische wie gnostische Mysterien, hervorgeblüht. Die frühesten Christen waren Glieder einer heiligen Lebensgenossenschaft, welche weder bürgerlich-sittliche noch staatlich-politische Ziele kannte, sondern um des Lebens Tiefe zu gewinnen, sich in Grenzen einschloß, seien es die eines Gartens oder eines Kerkers. Denn sie wußten: nicht Staat, Vaterland, Familie, gesellige Gruppe, sondern nur der Eine ist Keimzelle sowohl, wie Blüte des Lebens, und wenn jene Bindungen bezwecken, den Einzelnen zu verbrauchen, so heiligt die nach Überwindung aller weltlichen Bindungen erbaute neue Gemeinschaft des Mythos: die Auferhöhung der Seele zum Gott. Nur die Befreiung vom Staate ermöglicht diese neue Staatskunst! ...

Streben wir nach Ruhm? nach Macht? nach Kronen des Ehrgeizes? nach Glück? Wir wollen vergessen und vergessen sein, und die Ehren des Marktes, sein Wettbewerb, sein Neid, seine Bewegkräfte und Zwecke liegen weitab von uns! Wir haben großen unmittelbaren Glauben, und welche Beglaubigung hätte Glaube, wenn nicht einzig die Freude, die von klaren Stirnen leuchtet.

Den vollkommensten Menschen zu entfalten, das ist Zucht- und Selbstzuchtgedanke des Thiasos. Als Dionysos trug er die Krone aus Rosen (als Christus blieben die Dornen zurück). Jeder Lebenskeim, jede Lebensmöglichkeit soll entwickelt werden; nicht vereinzelt in Verkümmerung anderer, sondern in eines Seelenganzen Gleichmaß, nicht um zu wirken, sondern um zu sein.[1] ...

Das Gedeihen einer schönen Wiese ist wichtiger als die Frage: Demokratie oder Aristokratie? Sie wissen nicht, was Vorgesetzte sind und Untergebene. Höhere Vollkommenheit ist Dienst, Neid, Liebe, Pflicht. Alle gelten gleich; darum ehrt man des Blutes Unterschied. Jeder erfüllt in der Arbeit nur Sich. Die niedrigsten Arbeiten entlohnt der sinnlichste Genuß; die höchste Arbeit aber, ihren Lohn in sich selber tragend, lohnt nur des Geistes Ruheglück. Körpersport

[1] Thiasos (sodalicium) war der Name des dionysischen Festschwarms; es war auch der Name der ersten christlichen Liebesgemeinschaften.

und Gespräch sind des Tages Erholung. Was ist das Niedrigste, den Menschen am tiefsten Entwürdigende? Arbeit um der Arbeit, Schaffen um des Schaffens, Erkennen um der Erkenntnis willen! Dichter, Künstler, Denker, Gelehrte, das sind die letzten, die armseligsten unter Menschen, wenn nicht ihr Gedicht gilt als Ausdrucksspur höheren Lebens, wenn nicht ihr Gedanke höheren Lebens schon dieses höhere Leben selber ist.

Freue dich, daß dein Leben währt, und freue dich, daß es nicht lange währt. Diese lebten als wahre Könige; und die Erde sah nichts Höheres.

§ 99. Schmerz. Wertglaube. Buddha.

„Bauherr, ich spotte dein, jetzt kenn ich dich.
Nie baust du mehr ein beinern Haus für mich.
Der Geist entflohn der Sinne Herrlichkeit
Vertilgt den Durst. So endet Lebens Leid!“

Dhammapadam.

Dennoch ein Höheres! Und der es brachte, war ein wirklicher Königssohn. Der aber verließ der Freude umhegten Garten und verschmähte der Liebe Paradiese aus höherer Liebe; trennte sein Auge von allen Reizen der Blumen und der Kinder, sah nicht mehr des Weibes Schönheit, wendete den Blick ab vom Sinnenschein der Rubine, Smaragde und Perlen.

Warum geschah das? Weil an einem stillen Abende über des Gartens wohlumhegende Rosenhecke ein Schrei gedrungen kam, der Qualenschrei der Nichterlösbaren, der Notschrei aller, die außen stehn. Da verblich die Röte der Rosen; da hing der Norden über dem Pfirsichbaum, und als Schmerz sich senkte auf das Blumenleben, stieg aus dem stillen Gartenlande etwas schauerlich Fremdes empor. Seit aber dieses Fremde da ist, kann der Mensch nicht mehr blühen mit seinen Hecken, nicht mehr leuchten mit den Sternen, nicht mehr im Winde Busch und Baum segnen. Jetzt friert durch Tag und Stunde das: Wofür?

Der Schrei der Not hat das Leben wach gemacht; und daran welkt der Garten, davor gilben die Hecken, und jenseits des entzauberten Gartens liegt eine Wüste.

Wie heißt das Schwert, das durch die Wüste hilft? Geist ist das notgeborene Schwert! Mit dem Geiste ist das Ideal geboren, mit dem Ideale der Tod. — Kann die Lebensblume nicht mehr im Kelchblatt sich verschließen, selig schlafend ohne Sehnsucht und Angst, — — was dann? Dann gibt es nur einen Notausgang! Tageshelle Überwindung dessen, wovor die Seele sich nicht verriegeln kann. Sie muß dem Nächtig-Fremden zu Leibe gehn, sie muß es umwandeln in Menschenwirklichkeit und einkerkern in Menschenwort. Geist überwindet.[1]

Die ‚aus Leiden wissend Gewordenen‘ (dukha-satya) sehen zu tiefst: ‚Schuld‘ ist Wesen des Lebens selbst. Keine Gartenhecke schützt vor dem Notschrei. Aufhebung des Schmerzes ist Ziel eines Lebens, welches doch nur gespeist, unterheizt, unterhalten wird dank und vermöge des Schmerzes. So steht nur Eines offen: Überwindung der Schuld und Not durch Überwindung des Lebens selbst.[2]

Unter diesem Gesichtspunkt verkehren sich die Pole. Jetzt heißt der Geist: das wahre Leben. Das Lebenselement aber ist nichts als der Stoff und das Mittel, daran der Geist sich erfüllen wird. Nur im Geiste ist Dauer, denn in ihm wird Zeit zu Ewigkeit. Alles Irdische lebt nur dank der Form, aber der Geist zertrümmert jede Form, denn Form ist Grenze und Grenze ist Tod. — Will nicht alles Leben Lust? Fordert nicht alle Lust Dauer und Ewigkeit? Wie also könnte die ‚Welt im Ich‘ (ākāsha) das ‚wahre Wesen‘ sein? Nein! Unser wahres Wesen ist nicht ‚Wissen aus Schmerz‘. Das ist nur unser Ich. (nāmarūpa, wörtlich: Name und Form.) Aber die Not, die die Wirklichkeit des Bewußtseins schafft, ist vergänglich. Ihre Erlösung, Auflösung, Überwindung, das Erwachen vom Traum, die Genesung von der Krankheit, das Jenseits von Tod und Leben nennen wir: Nirvāna.

§ 100. Der Widerstreit.

Der Widerstreit der beiden Lösungen des Lebensrätsels (der beiden einzigen folgerichtigen) ist unvermeidlich. Er ist der Widerspruch des Menschenbewußtseins selbst, als welches immer von zwei Polen des Unbekannten begrenzt ist und nach beiden unzugänglichen Grenzgebieten hinblicken muß: Hie Wahrheit! Hie Leben! (§ 2.) — Ich will im folgenden

[1] Dem Thiasos der griechischen Welt entspricht in der asiatischen der nur geistige Orden der Überwinder, die Sangha. Buddha (der Vollendete), Dhamma (die Norm) und Sangha (die Gemeinde) sind die ‚drei Kleinodien‘ Asiens.

[2] Leben = tanhā, wörtlich: Durst.

versuchen, den **Urwiderspruch** knapp in Worte zu fassen, ohne dabei die eine der zwei Einstellungen höher zu werten als die andere.[1]

Epikur: Alles Leben ist Vergänglichkeit. Was folgt daraus? Es folgt daraus, daß du den Tag ergreifen sollst. Es folgt daraus, daß du die Rose küssen mußt, ehe sie verblüht. Gib dich der Gegenwart hin, die nur darum süß ist, weil sie nicht dauert.

Buddha: Alles Leben ist Vergänglichkeit. Was folgt daraus? Es folgt daraus, daß dein ‚wahres Wesen' jenseits des Vergänglichen liegt. Es folgt daraus, daß dein Ich, das vergänglich ist, kein ‚wahres Gut' sein kann.[2] Wirf die Zeit von dir, streife die Täuschung ab, so gewinnst du das wahre Ziel.

*

Epikur: Die Vollendung des Geistes ist Ende des Lebens. Was folgt daraus? Wage zu irren!

Buddha: Die Vollendung des Lebens ist Ende im Geiste. Was folgt daraus? Wage weise zu sein!

*

Epikur: Ziel ist: Leben. Also muß Wollen bejaht werden. So fordert Lebensreligion.

Buddha: Ziel ist: Geist. Also muß Wollen verneint werden. Also fordert Wertreligion.

*

Epikur: Der Mensch irrt, so lange er strebt. (Ethik bleibt Traum.) Also gilt es nicht Ziele zu werfen über den Augenblick hinaus. Alles was ist, ist wert zu sein.

Buddha: Der Mensch irrt, so lange er strebt. (Ethik bleibt Traum.) Also ist geboten, die Aufhebung des Strebens selbst. Alles was ist, ist wert unterzugehn.

*

---

[1] Es ist ebenso falsch, Epikurs Heiligung des Gegenwärtigen als Glückseligkeitslehre (Eudämonie, Hedonismus) zu vergewöhnlichen, wie es unsinnig ist, dem Buddha (im Sinne des Abendlandes) ‚Pessimismus' zuzuschreiben. Buddhas Verwerfung der geschichtlichen Welt stammt nicht aus Erkenntnis ihrer Not, sondern aus unmittelbarem Anschaun der Vergänglichkeit auch der frohesten Gegenwart.

[2] anattā (Nichtselbheit), avidya (metaphysischer Wahn), pathavisaññ (nur Erdbewußtsein).

Epikur: Nichts ist wesenhaft-ewig als Werden. Alles fließt. Fluß ist Sein.

Buddha: Nie kann sein, was wird. Alles fließt. Fluß ist nicht Sein.

*

Epikur: Erde ist Reich der ewigen Geburt.

Buddha: Erde ist Reich des ewigen Todes.

*

Epikur: Es gibt nur ein Unbedingt-Verwerfliches: Erstarren in Tod. Besser als Sklave leben, denn gar nicht leben. Traurigsein ist mehr als gar nicht sein.

Buddha: Es gibt nur ein Unbedingt-Verwerfliches: Hingabe an Leben. Besser gar nicht leben, denn als Sklave leben. Gar nicht-sein ist mehr als traurig-sein.[1]

*

Epikur: Alle Vollkommenheit Form. Ungeformtes unvollkommen. Gott ist Gestalt. Frevel ist: Unausmeßliches erschauen.

Buddha: Alle Form unvollkommen. Unendliches allein vollkommen. Gott ist Aufhebung von Gestalt. Frevel ist: Unausmeßliches begrenzen.

*

Epikur: Uns ängstet das Unermeßliche. Abgeschlossenes Bild, meßbare Größe ist Welt. Alles hat Maß und Zahl.

Buddha: Uns verkäfigt das Endliche. Abgeschlossenes Bild,

---

[1] Vgl. im ‚Fröhlichen Eselsquell' das Schlußstück: Der süße Schmerz. Die hier gestellte Wahl zwischen ‚Lieber Sklav als tot' und ‚Lieber tot als Sklav' kennzeichnet zu tiefst den Gegensatz der lebensgläubigen und wertgläubigen Natur. Ich verweise auf die höchst merkwürdigen, jede erträgliche Art von Lebenslobpreisung überbietenden Verse des rein-ästhetisch gestimmten Mäcenas, welche Seneca Ep. 101 anführt. Sie lauten deutsch: „Laß erlahmen mich an Hand und Fuß und Hüfte. Schlag mir die Zähne wacklig. Es ist mir alles recht, wenn ich nur lebe. Erhalte nur mein Leben mir, ich bitte, und müßt ich schwer gequält am Kreuze hängen." — Wie schön ist dagegen Senecas ‚non potest cogi. qui potest mori' (unbezwinglich ist, wer zu sterben weiß). — Die angeführten Briefe Senecas und die Lebensweisheitsoden des Horaz sind der schönste Ausdruck edlen Epikuräertums. Aristoteles freilich behauptet: ‚Nicht leben ist besser als schlecht leben' (*μὴ ζῆν ἄμεινον, ἢ κακῶς ζῆν*). Auch Zeno fordert: ‚Nicht Glück, sondern Schmerzlosigkeit' (*μὴ τὸ ἡδὺ, ἀλλὰ τὸ ἄπονον*).

meßbare Größe ist Schleier der Māyā. Jenseits der Sinne liegt Wahrheit.[1]

*

Epikur: Die Welt im Raum, den Sinnen gegeben, ist Ausdruck und Oberfläche des Lebendigen. Glauben wir ihrer Anschauung, denn ihre Wahrheit ist augenscheinlich.

Buddha: Die Welt im Raum, den Sinnen gegeben, ist Auslegung des Lebendigen. Mißtrauen wir ihrer Anschauung! Ihre Wahrheit ist nur augenscheinlich.

*

Epikur: Ich liebe die Raum- und Sinnenwelt. Nur darin offenbart sich Element.

Buddha: Ich liebe die Zeit- und Geisteswelt. Nur darin vernichtet sich Element.

*

Epikur: Der Mensch ist ein Stück Natur, ein begrenztes, geformtes, erfaßliches Wesen im Raume, ein Objekt, erkannt und erkennbar; ein Gebilde.

Buddha: Natur ist Gleichnis und Auslegung der Seele, der unbegrenzten, unerfaßlichen, ihres unerkennbar fließenden Werdens, dessen Vergegenständlichung in Raum und Zeit bloßer Wahn ist: eine Musik.

*

Epikur: Alles Leben: Ja.

Buddha: Alles Leben: Nein.[2]

---

[1] Daß ‚Wahrheit' auf vollständige Entsinnlichung hinausführt, dafür ist die Geschichte der Mathematik seit Euklid der beste Beweis. Die ganze lebenzugewandte und praktische Mathematik des Altertums ruhte auf Sinnenschein, denn sie geometrisierte auch die Arithmetik, während die moderne Mathematik umgekehrt erst mit der Arithmetisierung auch der Geometrie beginnt. Darum vollenden die nichteuklidischen Mathematiken Schritt um Schritt die Entsinnlichung des Menschen. (Ein Grundsatz wie das von Eugen Dühring totgerittene ‚Gesetz der endlichen Anzahl' ist im modernen Weltbilde eine ungeheuerliche Unzeitgemäßheit.)

[2] Der tiefste Unterschied Buddhas auch gegenüber dem Christentum, welches durchaus den Menschen und das Menschenleben in den Mittelpunkt des Seins stellt, liegt darin, daß Christus das Fortleben nach dem Tode als Belohnung behandelt. Für Buddha ist Unsterblichkeit, Wiedergeburt, Fortdauer nichts als Bestrafung. Der Vollendete wird nicht wiedergeboren; auch nicht als Gott. — Es wurde schon bemerkt, daß der Gedanke ‚Unsterblichkeit' nichts als der des Lebens- oder Zeitflusses selbst ist.

§ 101. Der Weg ins Freie.

Patet janua, exi!

Die Versöhnung beider Lösungen kann in dreifacher Art versucht werden.

Man mag erstens geneigt sein, die Lehre Buddhas als letztes folgerichtiges Zu-Ende-denken Epikurs zu betrachten.[1]

Zweitens wäre möglich, daß beide Weltanschauungen nebeneinander bestünden, indem man die eine als allen-zugehörende (exoterische), die andere als das Geheimnis einer einsamen Gemeinschaft und der einsamsten Stunde forthegt; weltzugewandt also als volkgeborene, naturgebundene Kinder der Erde aus dem Geiste Epikurs lebend, dennoch als einsame, weltabgewandte Geister dem Buddha den Kranz erteilend.

Drittens — und das wäre das Höchste — könnten in einer Seele die beiden polaren Gedankenkreise so einander durchdringen, daß ihr ‚Widerspruch' ganz verschwindet als bloße Vordergrundsnotwendigkeit des Begreifens und begrifflichen Erfassens, während das unmittelbar dargelebte lebendige Leben jenseits alles Gegensatzes wie aller Begrifflichkeit in beider Sinn und Geiste sich ausblüht, einer der beiden Ausdeutungen zufallend immer erst dann, wenn in Bewußtsein und Wort etwas Unerfaßliches faßlich verstirbt.

Dies scheint mir das letzte verstattete Wort, das aus Jahrtausendkämpfen des Abendlandes abschließend hervorbricht. . . .

Hier begrenze uns in Ehrfurcht nicht mehr lehrendes und erklärendes Schweigen derer, die um eine langsam reifende Erneuerung christlicher Jahrtausende wissen, ausmündend (um die Formel eines großen Erweckers zu gebrauchen) in Einklang von Erdentreue und Jenseits, Begrenzung und Unendlichkeit.

Tragödie verklingt in Ironie, großes, tiefes Pathos bricht aus dem Erdreich der Komik, ein ungeheurer neuer Ernst langer Verantwortung erscheint gekleidet als das freudigste Spiel.

Das neue Leitbild des ritterlich bejahenden Christus, des nordisch-deutschen Buddha, des Kreuzes in Rosen, der Einheit von Asien und Europa ward zur Gewißheit beider Stammgeschlechter einsamer und vereinender Genien, der Abenteurer und Heilande, der großen Spötter und großen Heiligen, der Vaganten und Eremiten, derer, die kühn mit

---

[1] S. 190.

dem Leben gespielt, und derer, die stolz das Leben überwunden haben; Jünger aus dem Samen Epikurs, Mönche aus dem Erbe Buddhas.

* * *

Ein Buch, das in Tagen, wo Geschichte alle Herzen erfüllt, von Geschichte befreien will, darf nicht selbst historisch beurteilt werden. Daß daranhaftet alle Grenze und Schwäche, Ausdrucksschwere, Dunkelheit, Blindheit und Enge zeitlichen Menschentums, die Landschaft der Not, die Landschaft der Gedrücktheit, die ernste Sprache einer späten, überwachen Wissenschaft, das Weltgesicht eines kleinen Erdteils, das alles darf nicht darüber täuschen, daß geistiges Werk immer am Ziele steht. Denn wie alles, was auf Erden vollkommen ward, alle Arten anderer Vollkommenheiten mitumfaßt, jedes Kunstwerk alle Kunstwerke, jedes System alle Systeme, wie mithin alles Vollendete die Elemente seiner Herkunft, ja die ganze Geschichte in sich aufsog, so möge auch dies Buch aus grausiger Zeit und strengem Schicksal eingehen in ein Reich ungeschichtlichen und zeitlosen Seins, wo es ehrlich-erarbeitet, nüchtern-wahr, fremd dem Orakeltone der Geistreichen wie dem Lehrton der Klüglinge, ungekannten Freunden den Schlüssel bietet zum Leben von Geschichte.

Daß ein bloßer Schlüssel zum Leben nicht selber Leben ist — wer darf es beklagen? Immer war Erkenntnis Opfer; vielleicht ein Frevel; aber nicht jeder ist wert, sich opfern zu dürfen. Und es mußten wohl vieler Herbste reife Trauben zerpflückt werden, um sie zu zertreten, zu keltern und abzuziehen auf die vertrauend, ins große Meer geworfene, so nichtsmehrhoffende, so alleshoffende kleine Flaschenpost des Begriffs.

Zeitfracht Medien GmbH
Ferdinand-Jühlke-Straße 7
99095 Erfurt, Deutschland
produktsicherheit@kolibri360.de